大数据时代的图书馆信息服务模式变革

郭燕平　王锐英　主编

中国建筑工业出版社

图书在版编目（CIP）数据

大数据时代的图书馆信息服务模式变革/郭燕平，王锐英主编. —北京：中国建筑工业出版社，2017.12
ISBN 978-7-112-21455-6

Ⅰ.①大… Ⅱ.①郭…②王… Ⅲ.①院校图书馆-图书馆工作-情报服务-研究 Ⅳ.①G258.6

中国版本图书馆CIP数据核字（2017）第267818号

本书所收录文章是高校图书馆馆员对大数据时代背景下的图书馆工作的理论研究及实践探讨，其中既有985高校馆员在图书馆服务空间再造、增强用户体验方面所开展的创新服务研究，也有211高校馆员在数字资源为王的现阶段对纸本资源建设的理性思考，同时还有其他普通高校馆员在知识信息服务、数字资源建设及评价、信息素养教育、读者阅读行为分析及阅读推广方面的实践总结。并特别收录了全国高职高专院校图书馆馆员在移动图书馆建设、区域图书馆联盟建设、图书馆社会化服务方面的经验之谈及实践案例。

本书的主要读者对象是高校图书馆馆员、高校教师及学生读者，其他类型图书馆的工作人员也可作为学习和工作参考。

* * *

责任编辑：蔡华民
责任校对：王　瑞　芦欣甜

大数据时代的图书馆信息服务模式变革
郭燕平　王锐英　主编

*

中国建筑工业出版社出版、发行（北京海淀三里河路9号）
各地新华书店、建筑书店经销
北京科地亚盟排版公司制版
环球东方（北京）印务有限公司印刷

*

开本：787×1092毫米　1/16　印张：16½　字数：409千字
2018年2月第一版　2018年2月第一次印刷
定价：68.00元
ISBN 978-7-112-21455-6
（31133）

版权所有　翻印必究
如有印装质量问题，可寄本社退换
（邮政编码100037）

本书编委会

主　编：

郭燕平　王锐英

参编人员：

邹积亭　王锐英　张兆忠　车俊铁
杜慰纯　刘素清　郭燕平

序

——从围棋谱到知识图谱看图书馆的大数据服务

当2016年阿法狗战胜李世石后，人们大多只是惊叹机器智能的强势及其不可限量的未来。但2017年阿法狗再次战胜柯洁后，令人们震惊的不再是人工智能的发展，而是机器智能似乎进入了完胜人类的新阶段，甚至使得人工智能这个概念已然落伍了。总而言之，机器智能自有其套路，可以不必依照人类智能来发展，在我们的身边可以有不同于人类智能的机器智能。

"思大抓小"，让我们从人工智能、机器智能的发展背景来看图书馆智能的进化吧！虽然还是很模糊，甚至似乎还很遥远，可是对于高校图书馆来说，实在是极为重大的挑战。

阿法狗的知识来自于成千上万的围棋谱，也就是关于围棋的大数据。那么这些大数据是否类似于图书馆的图书和论文等文献资源呢？仔细想来，倒有下面几点值得深入思考：

首先，也可以说图书馆的文献资源与围棋谱一样，只不过它覆盖了"围棋"、"象棋"、"建筑"、"车辆"、"BIM"等尽可能多的不同的专门领域的文献信息资源及其知识服务。

其次，正是图书馆文献信息资源的覆盖面如此之广，却反而弱化了其服务能力的发挥，它只能是"一次能源"的供应商罢了。

面对大数据时代的文献信息资源需求，图书馆如何提供服务呢？

第一步，不在于我们拥有多少图书和多少数据库，而是针对"围棋"、"建筑历史"、"建筑设计"这样的专门化领域，我们能够为各种专门领域的课题任务搜集和提供多少"棋谱"，这是基于图书馆传统的也是最为基本的职能的发挥。

第二步，图书馆的智能化的新任务就是对"棋谱"进行符合"下棋"任务要求的大数据加工，就是基于专门领域的信息情报和知识分析、提取和分类，以形成并建构出专门化的"知识图谱"；

还有第三步，即"下棋"。当然，下棋的任务图书馆无法承担，那是读者自己的事。不过我们必须了解下棋的规则，以使我们的服务不至失去针对性。

关于"棋谱"的大数据如何建构比数据挖掘更加重要。而且值得创造性展望的是我们可以不必按照人类的思路来建构专门化领域的大数据，如果能够拥有图书馆的"阿法狗"，这个阿法狗其实就是由读者自己操控的类似"知识发现"的系统平台，不是仅仅靠输入几个关键词、主题词来大海捞针，而是在图书馆已经建构"棋谱"即"知识图谱"的框架内，搜索信息、情报与知识，而且能够采用一套自动整合分析的数据挖掘技术，来解决特定领域的专门问题。

说到此，搞清楚了图书馆的大数据如何建构，那么大数据时代的图书馆知识服务模式的变革，就自然成为图书馆界应该极为关注的任务。

北京建筑大学图书馆非常注重图书馆的发展方向和服务模式研究与实践，并集成学术论文集以与图书馆界和社会各界同仁进行交流，自2010年6月出版《图书馆资源建设与创新服务研究》、2011年12月出版《网络环境下的信息服务理论与实践探讨》、2013年7

月出版《云服务时代的特色图书馆建设》三本图书馆学论文集以来，特别是结合我校2013年更名为北京建筑大学、2014年新校区新图书馆的建成与投入使用，对如何建设具有大学水准的图书馆，对大数据时代图书馆如何开展知识服务的创新进行了深入的思考与实践。

本次汇编的《大数据时代的图书馆信息服务模式变革》论文集包含58篇论文，主要反映了近年来我校图书馆和兄弟院校图书馆的新思考与新实践，并应职业教育院校图书馆之约，专门汇集了高职院校图书馆同仁的30篇论文与28个案例。在此，对积极投稿的各位同仁和参与本次论文评审、编辑的所有馆员致以衷心感谢！

北京建筑大学副校长　李爱群

2017年7月10日

目　　录

序 ……………………………………………………………………… 李爱群

Ⅰ　数字资源建设与知识信息服务 …………………………………………（1）
北京地方文化网络信息与知识地图研究 ………… 王锐英　魏智芳　芦玉海（2）
北京市属高校图书馆数据库资源评价实证研究 ………………… 孙秀丽（16）
大数据环境下高校图书馆信息服务的思考 ……………………… 蔡时连（24）
高校图书馆数字化发展应着力实现三个转变 …………………… 李　婧（29）

Ⅱ　纸质资源发展对策研究 …………………………………………………（35）
高校图书馆纸质文献资源发展政策研究实证——以北京科技大学
　　图书馆为例 ……………………………………………… 张　利　王　瑜（36）
浅谈高校图书馆地方文献特色馆藏建设工作——以北京建筑大学
　　图书馆为例 …………………………………………………… 朱晓娜（41）
新技术环境下高校图书馆中文纸质图书采访模式的思考 ……… 朱再春（45）

Ⅲ　图书馆空间设计与用户体验服务 ………………………………………（51）
"高校第三空间"理念下的大学图书馆空间设计初探 …………… 马　琳（52）
基于新媒介的高校图书馆空间服务研究 ………………………… 李　伶（57）
图书馆多媒体设备体验服务的用户需求分析 …………… 赵　飞　艾春艳（63）

Ⅳ　移动图书馆建设与服务创新 ……………………………………………（69）
高职院校移动图书馆发展的现状与对策研究 …………………… 黄　宇（70）
移动图书馆在高职院校图书馆中的应用 ………………………… 费　庶（74）

Ⅴ　信息素养教育 ……………………………………………………………（79）
大数据时代文献检索课程多种教学模式的构建 ………………… 刘春梅（80）
大数据时代信息素养教育的创新与发展——以福建工程学院为例 … 陈信春（84）
大数据时代云南高校信息素养教育创新模式的可行性研究
　　………………………………………………… 李海洋　廖　寅　宋野草（89）

高校信息素质教育的研究与实践——以北京建筑大学为例 ………… 赵燕湘（95）
基于《中国学生发展核心素养》的信息素养教育 …………………… 郭燕平（102）

Ⅵ 读者阅读分析与阅读推广实践 …………………………………………（107）

高校阅读推广长效机制初探——以北京建筑大学为例
　…………………………………………… 何大炜　芦玉海　沈　茜（108）
高职院校图书馆开展移动阅读服务的问题及对策研究 ……… 赵学云　杜长娥（113）
基于移动图书馆的高职院校读者阅读服务创新研究 ………………… 李德家（116）
建筑专业学生阅读倾向实证研究（续）——以北京建筑大学
　图书馆馆藏为例 ……………………………………………………… 陈靖远（119）
移动阅读环境下高职院校图书馆读者阅读行为研究 ………………… 汪艳玲（136）

Ⅶ 发展中的高职高专图书馆 ………………………………………………（141）

读者行为模式变化下的图书馆创新服务的实践探索 ………………… 赵红杰（142）
高职院校图书馆在现代职业教育中的意识提升和角色转换 ………… 范帮义（146）
广东科技职院图书馆"十三五"时期事业展望 ………………………… 周跃红（151）
浅析十三五规划下高职院校图书馆的发展 …………………… 杨　骞　蔺伯华（156）
浅议高职院校图书馆发展定位 ………………………………… 娄　冰　张　虹（160）
新常态背景下的高职高专图书馆发展模式探索 ……………………… 刘　畅（163）
新常态下高职高专图书馆区域合作发展模式探析 …………… 齐国佳　司丙新（167）
新常态下高职院校图书馆服务模式创新研究——图书馆的服务
　转型与未来发展思考 ………………………………………………… 邵魁德（171）

Ⅷ 高职高专图书馆信息服务案例 …………………………………………（177）

"创意工坊"助推高职馆空间延伸服务 …… 林斌霞　郑　静　蓝少华　杨　琳（178）
搭建章丘市图书馆联盟　构建公共文化服务体系平台
　………………………………… 孔　燕　陈　超　李　林　姜　红　冯　磊（182）
大数据时代图书采购模式变革——以杭州职业技术学院图书馆
　为例 …………………………………………………………… 潘秀琴　谢　川（184）
大学生阅读融入社会——高职院校图书馆读者服务模式创新 ……… 林　梅（186）
当图书馆遇上"微"商 …………………………………………… 唐小洁　黄秋宁（189）
发挥"新媒体"宣传作用　助力"深阅读"全面推广——浙江金融
　职业学院图书馆新媒体工作室纪实 …………… 吴　冰　章　洪　王金森　陈　君（191）
服务应满足移动阅读的变化需求——高职院校图书馆读者服务

模式创新 …………………………………………… 濮　伟　朱继朋（195）
高职高专图书馆开展服务功能的拓展设计 ………………… 韦　宁（197）
"红色书库"为"知史爱党"教育添助力
　　………………… 王静颖　苗蕴玉　陈志晓　段艳英　邱丽敏（200）
基于移动图书馆的高职师生服务创新研究
　　………………………… 李德家　张伟华　田　向　崔慧玉（202）
基于数字图书技术培训O2O服务平台的项目创新 ………… 李建明（204）
金职院"活力图书馆"的打造 ………………… 胡朝德　郑丽仙（207）
"书海徜徉　数字添香"——大连职业技术学院图书馆
　　阅读推广案例 ………… 梁　盟　马庆忠　李英女　邹　晶　马爱民（210）
"书香致远　悦享职院"——大连职业技术学院图书馆
　　阅读推广案例 ………… 李英女　刘　颖　梁　盟　赵晓辉　李树忠（212）
提升学生人文素质，服务专业人才培养——潍坊护理职业学院图书馆
　　人文素养教育案例 ………… 刘子骥　高　芹　钟晓莉　陈晗曦　陈佳祺（215）
图书馆读者荐购图书绿色通道 ……………………………… 王　鑫（217）
图书馆"服务超市"模式的建立与研究——图书馆服务转型与
　　发展案例分析 ……… 邵魁德　边国尧　杨　柳　高　兰　章建新　曾爱斌（219）
图书馆"十二五"发展成效 …… 金瑜雪　梅喜雪　季瑶娴　丰　玮　郭熙焕（221）
图书馆阅读推广案例——二级院系书屋建设
　　………………………………… 费文媛　赵华迪　熊　筠　聂俊涛（223）
图书一扫进口袋　万卷千册随身带——盘锦职业技术学院移动图书馆借阅
　　宣传体验活动案例 ……………………………………… 张振宜（225）
微信在高职图书馆社会服务中的应用——大连职业技术学院
　　图书馆社会服务案例 ………… 王家莲　赵晓辉　姜笑楠　郭香凝　葛　亮（227）
新常态下的图书馆阅读推广创新案例 ……………… 张凤霞　杜长娥（231）
依托移动图书馆，感受图书馆创新服务 …………………… 韩　玲（234）
阅读·成长·提升——第四届读书月活动纪实 ……………… 田　芳（238）
阅读传经典、书香盈校园——基于移动阅读环境下
　　读书节活动 ………………………… 郑丽仙　胡朝德　胡雁飞（242）
正确定位　创新发展 ………………………… 方　丽　张　燕　张军荣（246）
知识竞赛：从"现场抢答"到"手机作答" ………………… 宋其湖（249）
抓好学生图书信息员队伍建设　推进"互联网+"时代阅读推广工作
　　………………………… 黄旭伟　双林平　陈芝华　吴　冬　任勇旗（252）

Ⅰ 数字资源建设与知识信息服务

北京地方文化网络信息与知识地图研究

王锐英　魏智芳　芦玉海

(北京建筑大学　图书馆　100044)

摘　要：为促进和引导北京地方文化网络信息资源的健康发展，避免盲目、重复、低品质、庸俗化建设和知识内容的重大缺失，本文全面调查研究了北京地方文化方面的各种各样的网络信息资源情况，包括其发生发展的历史和类型、规模、建设、应用与服务情况；探讨各种各样网络信息资源开展网络社区的共建共享方式、途径和机制；提出将其组织起来成为系统化的知识导航系统，构建北京知识地图的思想和实现途径，对于人文北京和北京信息化建设具有重要意义。

关键词：北京地方文化；网络信息；知识地图

1　问题的提出

关于北京地方文化方面的各种各样的网络信息资源有很多，如老北京网（http://www.oldbeijing.net）、畅游北京（http://visitbeijing.com.cn 外文网站）、新华网北京频道（http://www.bj.xinhuanet.com/bjpd_sdwm/jyyf.htm）、首都之窗（http://www.beijing.gov.cn）、北京胡同（http://www.china.com.cn/chinese/hutong）、胡同网（http://www.hottoo.com）、北京胡同情（http://www.bjhtq.com）等众多网络平台以及散布在各个网站中的栏目信息等。从全面、系统展示北京地方文化角度观察，除少数网站分别在网页设计、资源拥有、组织宣传方面各有特色外，大部分处于凌乱和自发状态，对于用户和研究者来说，一是过于分散和随意，二是从介绍北京地方文化的知识体系来看存在重复、盲目、粗细不一和内容的缺失等等，不利于全面地、系统地了解和把握北京及其地方文化的类型、特点和具体内容。为此，本课题的任务为：1）全面了解和掌握关于北京地方文化方面的各种各样的网络信息资源情况，包括其发生发展的历史和类型、规模、建设、应用与服务情况；2）探讨上述各种各样网络信息资源开展网络社区的共建共享方式、途径和机制，促进北京地方文化的交流与发展，为"人文北京"做出贡献；3）促进和引导北京地方文化网络信息资源的健康发展，避免盲目、重复、低品质、庸俗化建设和重大缺失，对于人文北京和北京信息化建设具有重要意义。

本课题研究提出了《北京地方文化网络信息资源调研报告》和《北京地方文化网络信息资源知识地图》，在确定北京地方文化的性质、内容和类型基础上，力图建立一个针对北京地方网络资源的、面向概念的知识地图。这是基于"分类学"的一种划分知识组织（本课题将现有的各个网站界定为知识组织的基本单位）等级和进行内容分类的一种方法。在知识管理中，分类学一般被用于网站站点或知识库中的内容管理。北京地方文化网络资源的知识地图，就是将其组织起来成为系统化的知识导航系统，实现可以依靠网络进行检索查询的大系统平台。

2 课题研究重点

首先，古都北京城市与建筑的历史悠久，积累的文献和知识类型繁多、主题多样、内容广泛、数量庞杂，题材和体裁异样纷呈，名、物实体与概念、术语及其知识领域时常交错流变，在知识体系方面既有深厚悠久的地域文化特性，又有独特的类目特性，以及与政治、经济、军事等学科的密切联系，致使对其进行地方文化类目体系的划分相当困难，增加了分类的复杂性。但是，古都北京城市与建筑的历史递次演变自有其规律可循。随着城市的发展、建设与建筑技术的进步，表现为由简单到复杂、由单一性到多样性的阶段性、层次性、系统化的历史进展特点，具有时空连续性与间断性的周期变化及其相对的稳定性。所以，抓住知识体系的时空演变和进化路线、科学的知识体系的逐步发展和成熟的脉络，将有助于这个类目体系的分析与建立。

其次，对北京地方网络信息资源的分析与评价，工作量相当大，短期内无法做到非常全面和彻底，需要长期的观察和积累资料。故本课题着眼于若干主要的网站进行剖析，以探讨提出进一步较为全面的研究思路。

3 课题研究的基本原则与依据

课题研究的基本原则：1）历史原则。尊重历史，历史的发展脉络要清晰；2）学科属性原则。以城市、建筑、文化、生活等学科属性及知识体系为主要的分类依据；3）深度适中、粗细得当原则。类目的最底层结构应建立在具体的实体对象之上，这是类目设计的基础；4）实用性、可持续原则。强调实用性和随着研究的深入、材料的丰富而可扩展、可调整和可持续发展。

北京地方历史文献和大量的北京学研究文献，以及众多网络信息是本课题的研究依据。其中，中国传统的方志文化和珍贵的北京历史古籍中的类目体系，恰好给本课题的研究提供了可资借鉴的典型历史标本。而现代方志学和现代科学知识体系则从发展的角度为本课题的研究提供了充分的科学依据。

一是，文献类目的设置也可以说是相当于主题词表中能够作为类目功能的词表。所以，《中国分类主题词表》和《中国图书馆分类法》的编制思想和方法是本课题的科学理论基础之一；二是城市与建筑的文献类目体系是城市与建筑科学知识体系的一种体现。大多数北京地方文化与北京历史建筑紧密相关，所以城市与建筑科学知识体系，包括知识构成与知识管理方面的科学思想与成果也是本课题的科学基础之一。

4 北京地方文化网站调查与类型分析

4.1 北京地方文化名站的分类及统计

北京地区集聚着一大批具有重要影响力和辐射力的互联网络公司，网络技术和网络文化高度发达。涉及北京地方文化的网站以1998年首都之窗为代表，一些著名网站在2000年前后就创建开通了，多数网站是在2008年前后开通的。

本课题依据互联网上相关的网站数据，在160余个导航网站中调查研究了仟亿网、北京网址大全、千龙网、2345网址大全、5566网址大全、毒霸网址大全、59365网址大全、百度网址大全地方网、好看123网等9家导航类网站有关北京地方网站（内容主要为北京服务的网站）的数据信息（见下表）。

有关北京内容的网站类型统计表（截至2013年10月）

序号	导航网站名称	有关北京内容的网站类型数量	网站数量
1	仟亿网		3691家
2	北京网址大全	33	1452家
3	千龙网	9	624家
4	2345网址大全	6大类18小类	592家
5	5566网址大全	16	390家
6	毒霸网址大全	13	276家
7	59365网址大全	13	148家
8	百度网址大全	6	118家
9	好看123网	9	91家
平均		13～15 粗分6～13 细分18～33	460 主要100 全部3691

根据调查，北京地区服务北京的网站细者分为33类，粗者分为6大类，平均大致分为15个类型，有一定影响的网站估计不超过600家，影响力较大的460家，影响力大的100家左右。

根据对既有的北京地方网站的调查分析，北京地方文化特征最为突出的网站有70余家，大致可总结为如下7种类型：

（1）综合类网站：首都之窗、老北京网、千龙北京、北京信息门户网、墙根网等。

（2）城市文化类网站：北京文化热线、北京市文物局、北京文化、北京胡同网、北京文网、北京站台网等。

（3）博物馆类网站：首都博物馆、北京文博、北京宣南文化博物馆、北京民俗博物馆等。

（4）生活类网站：我爱北京网等。

（5）旅游类网站：北京旅游信息网、驴评北京旅游指南、北京旅游网、北京旅行网、北京旅游景点、北京周边旅游等。

（6）社区类网站：天通苑社区网、望京网、八通社区网等。

（7）政区类网站：北京市各级政府网站。

上述类型划分是否科学合理，是否完整地表达了北京地方文化的内容，值得探讨。如北京历史、北京建筑文化就宜单独建类。根据本课题的调查，可以看到北京地方网站类型丰富多彩、五花八门，主要网站70余个，虽然在系统性方面存在严重不足，但几乎覆盖了北京地方文化的方方面面，为访客提供了较为全面的信息资源的内容与服务。

本课题对北京地方文化相关网站的调查，应该说具有相当的代表性和足够的覆盖度，但并不是面面俱到的，也不可能一网打尽和覆盖所有网站，加之某些网站在本课题研究期间也在变化着，既有优化也有止步不前，维护不力、乱码、打不开现象，甚至有被淘汰、待售、被黑等情况。确实需要从北京地方文化的内涵和总体系统上进行研究，结合各个网站的经验，提出北京地方文化网站体系的设计与建设指南，是非常必要的。

4.2 关于网站栏目的考察分析

1）根据调查分析，多数网络平台设计活泼、界面友好，少数达到较高水准。普遍来看，无论网址大全还是网站、论坛，其中许多存在着明显的、共同的问题，集中表现在：

（1）存在内容空的栏目或页面；

（2）存在错误链接或空链接，甚至被恶意链接问题；

（3）以为内容越丰富多样越好，导致信息过载、页面拥挤花哨和垃圾信息过多；

（4）存在太多的弹出窗口和广告窗口，影响阅读，令用户深恶痛绝；

（5）过于钟情于动画或JS小功效，过于花哨反而盖过主题，让用户无从阅读；

（6）过多地用弹出式链接，打开页面烦琐复杂；

（7）强制用户珍藏或设为主页；

（8）过于强调完整的依照搜索引擎的模式来设计栏目和内容，而淡化或失去了网站的主题。

2）对于既丰富又较为复杂的网站设计，以及各行其是的作风，自然无可厚非，每家网站自有其资源特点、服务面向的不同，因此其类型设计当然要强调针对性。但应看到，对于网络用户或访客来说，面对眼花缭乱、粗细不一的网络页面和栏目内容，如何高效快捷方便地搜寻到其所需求的信息和知识还是非常困难的，甚至有束手无策的感觉，更谈不上是否全面、新近，是否科学、系统。有许多网站，即使著名的老北京网，其内容之丰富是其他网站无法相比的，但是要想系统地追寻某方面的信息非常困难。多数情况下看到的都是最新推出、挂接的内容，对于某一知识信息的来龙去脉的整体把握，无法实现。

例如，首都之窗的人文北京，有北京概览、北京快报、文明城市、历史名城、数字图书生活、北京08数字博物馆、北京年鉴、图说北京、电子杂志、网上世博北京馆、北京数字博物馆、专题等。显然，针对北京地方文化或人文北京，这样的栏目是较为混乱的，不成体系。

例如：老北京网，内容丰富庞杂，类目有特色且直接但不清晰。如［建筑］中没有·长城·颐和园·天坛·明十三陵等，［坊巷］中·会馆故居·四合院·宗教寺院_·城门牌楼·祠堂陵墓均可单独成为栏目。艺术家放在［博物］中、京剧放在［民俗］中不妥当。总体顺序缺少内在联系和逻辑关系。作为知识体系，其检索颇为不便。

例如，某网站的【北京文化】，有：酒吧夜店、北京历史、旧京故事、今日北京、京韵遗风、古都风情、北京故事会、胡同、民俗村、影像京城等；某网站的北京文化有：文化导航｜北京文化｜北京胡同｜燕京风情｜京味书屋｜文化论坛｜新街口社区等；某网站的北京文化有：京城古建 庙宇寺院｜古建遗址｜王坟皇陵｜城门城墙｜老牌楼方言故事｜风云人物｜地名趣闻｜历代建制｜文史资料｜典故传说｜曲艺人物｜武术｜京剧｜民间曲艺｜商业街等；某网站的北京文化有：老北京土话、老北京风俗、老北京地理、老北京玩艺、老北京食品、老北京建筑、老北京文化等。

上述网站的内容混杂，既不系统也缺少层次感，要想依据这些类目是无法直接找到需要的内容的，只能猜测或试错了。本课题考察的各个网站，在科学检索方面均存在较大困难，是严重的通病之一。

4.3 北京地方文化的性质、内容和类型的初步界定

中华文化博大精深，而北京是一个集中华史前文明、东方古国文明，直到现当代国际化大都市的文化生活的大熔炉，其中蕴涵了久远的古代文明，遗留着三千年丰富多彩的风俗余韵。近代以来，现代文明与文化风尚劲吹古都大地，生机勃发，类型丰富，琳琅满目。如何认识和对如此丰厚的文化做出类型体系的划分，不是容易的事情，但是非常重要的。本课题试图对北京文化网络栏目体系提出如下初步的分析与设计。

4.3.1 从文化的本义来看，文化有广义和狭义之分

什么是文化？关于文化的学说可以说五花八门、不一而足，在此仅援引较为大家接受的说法，即广义的文化指人类创造的物质文明和精神文明的总称，狭义的文化指精神领域的文明成果。一般来说将人类文化分为物质文化、制度文化和精神文化。物质和精神可作为北京文化网络栏目体系的分类基础，但不能够作为类目。制度文化虽然可以自成类目，但涉及礼制礼仪又与城市政治、经济、生活和建筑空间存在紧密依存关系，也不能够孤立而存在。

4.3.2 从文化的大空间来看，文化有辐射、交流的分布区域

所谓北京地方文化，是指具有北京地域特点的文化。从地域上看，按照不同的历史文化时期，北京的范围当有所变化，但均以北京古城为核心，以现北京市边界为中心范围，周边涉及涿州、涞源、怀来、张家口、坝上、蓟县、廊坊及至天津。北京有着悠久的历史，在辽、金、元、明、清五代近一千年间，北京的历史文化特点鲜明，具体体现在三个层次的交融：即中原农耕文化和北方游牧文化的撞击与融合、京师文化和周边地方文化的辐辏与辐射、中华文化与外来文化的排斥与吸纳。故可以考虑汉族传统文化与其他少数民族的文化、京城文化与郊坰和周边地方的文化、中华本土文化与外来文化的框架式区分。

4.3.3 从文化的历史时代来看，文化有起源、形成、演变和传播

从时间上看，包括以周口店北京猿人为代表的北京史前时期，以商周燕蓟古国为代表的古代文明时期，从春秋战国的燕都、秦汉唐宋的北方重镇，到元大都，直到明清北京的古都文化时期，自民国以后到新中国的近现代都城文化发展时期。考虑北京城池的变迁和社会生活的流变与文化遗存，取厚今薄古的思路，北京古代文化应该以春秋战国和元大都的建立为分界，春秋战国以前为远古时期，春秋战国至元以前为中古时期，元明清为近古时期，总之清末以前为古代。近现代以来，应以民国为近代，新中国成立为现代。新中国文化建设的历程可以分为：1949～1966年为前期，1966～1976年"文化大革命"时期，1977年至今为改革开放时期。

4.3.4 从文化的意思表达来看，一个能够称为文化的东西，应该满足如下条件

首先，它要达到类型化程度，即该文化要能够在众多的文化系列中独立地凸显出来，具有其自我存在的价值和传播力量，可以说与网站中的特定栏目相当，如北京胡同、北京小吃等；

其次，它要达到能够叙说的程度，即要有相当丰富的文化内涵，而不是一个简单的观点、图片和符号，应该有其源流演变，如北京城、北京中轴线等。

最后，它要达到能够通过不同传播媒介所传播，尤其是通过计算机网络网站所表达的文化，那一定是达到了可以表达的情况，即可用文字、符号、图像、声音、视频等手段来表述、表现、表白以及表演出该文化的内容、形式和含义，一个可解说、可解释、可描述

的文化，就是该文化的可视化的过程及其结果。如北京建筑文化，可通过文字解说和深度解读，通过图片表达和解析，通过多媒体形式表现和解构等。

4.3.5 从文化的内容类型和构成因素来看，文化本身是紧密相关的庞大多维系统

从文化内容上看，北京地方文化包括北京地区的历史地理、自然环境、文化教育、城池建筑、风土民俗、政治、经济、军事、生产生活、五行八作、三教九流等等。文化的内涵和外延极其复杂多样，甚至相互嵌套包含，很不好划分。例如北京皇家宫廷文化、北京四合院文化、北京寺庙文化、北京会馆文化等，都与建筑文化相关，作为建筑物都是建筑文化的组成部分。但又不都是建筑文化，还有衣食住行、礼仪礼制等文化。解析和重构北京地方文化，要想达到全面、清晰、系统的程度相当困难，但依据文化的本义和时空因素，还是可以做出较为系统的分类体系的。

首先，按时间顺序，以中国朝代变迁为依归，主要针对北京的历史概貌、地理与交通文化、城市发展与演变等，着眼时代特征较强的各项文化进行时间因素分类（分期、分代）。

其次，按空间分布，以北京城池、城址的变迁为依归，主要针对北京的城市地理、城市的街坊、胡同与交通、皇城与宫城、建筑和园林的分布等，着眼空间特征较强的各项文化进行空间因素分类（分区、分片）。

最后，按文化载体，以物质、精神、制度文化为依归，主要针对北京各具特色的文化现象，如北京四合院、宫殿、寺庙、皇家园林、古迹、文物、北京小吃、旅游景点、北京戏剧、北京竹枝词等，分别以建筑、做法、工艺、技术、故事、文本等形式，着眼其独特的形式和内容进行载体因素分类。

4.3.6 从文化的发生、发展和时代变化来看，给予其现代科学知识体系的揭示

基于文化的历史与传承，应该以传统文化的知识体系为依据，梳理其源流。然后，基于文化的演变与发展，应该以现代科学的知识体系为根据和归宿，表达其演变。

一般来说一个知识门类下可进一步细分知识集合、知识单元、知识模块和知识点，它们相当于课程、章、节和知识要素。各种文化现象一般总是作为类型化的知识集合或称为知识体系存在着并进化着，知识体系是由知识系统、知识子系统、知识的基本要素（知识模块、知识点、知识的基本单元）集合而成，在知识系统的各要素之间存在着紧密的相互关联性，在各个知识子系统之间、在不同的知识系统之间存在着信息的交流、融合、反馈。知识体系不仅是一种客观存在，不仅是一种稳定的具有内部结构的体系，而且存在着知识的载体与表现，存在着显性知识与隐性知识，存在着知识的文字、图像、符号、实物等表现形态，需要解读、解释和表达。在基本稳定的、可传承保护基础上，知识表现为一定程度上、有时剧烈的动态变化之中。依靠着主观和客观的整理、批判、揭示、系统化、反馈、释疑解惑、认证等，知识体系成为相对稳定的开放的系统，成为可探讨、可理解的，具有一定知识丰度的存在。较大的知识体系可成为支撑一个网站的内容。其子系统以及较小的知识体系可成为一个网站中的某一中间层级的类目。各个知识系统中的知识的基本要素（知识点、知识的基本单元）则是网站栏目的基本构成。

4.4 北京地方文化网站的类型探讨

1) 根据网站的知识范畴和特色划分

（1）全特色网站，该类网站的宗旨和网络资源的主体，绝大部分栏目及其内容均为北

京地方文化，且包括北京地方文化的各个主要方面；特别强调本网站内容和栏目体系（知识体系）的完备性，应该由政府文化机构主导，鼓励民间力量兴办。诺大北京，众多网站，应该扶持建设一个能够让人们整体上全面把握北京地方文化的网站。

（2）单一特色网站，该网站的宗旨和网络资源的主体，绝大部分栏目及其内容均为北京地方文化的某一主要方面，即构成北京地方文化知识体系的子系统，不求全而求特色突出、内容深厚。

2）按北京文化含义和类型划分

（1）着重介绍北京历史的"历史知识型网站"，如北京历史、远古北京；如周口店类型的网站，古代北京如燕都（古燕国和蓟国）、汉唐蓟都、元大都、明清北京；近代北京、新北京、文革北京、改革开放的北京等特色网站；

（2）着重介绍北京地理空间的"地理知识型网站"，如北京地理、北京地图、北京城、北京空间等特色网站；

（3）着重介绍各具特征的北京文化现象的"知识＋服务型网站"，既适合文化叙事，也适合旅游服务需求的，如北京四合院、皇城宫殿、寺庙园林、文物古迹、博物馆等旅游景点类，北京小吃等餐饮类，北京话、北京风土人情、北京戏剧、北京竹枝词、北京故事等语言文化艺术类，这些特色网站着眼显现文化现象的独特的形式、载体和内容。

3）鉴于城市基础设施和城市文化、建筑和建筑文化、考古和考古文化、胡同和胡同文化等内容的丰富性、复杂性，可建立北京城市、北京建筑、北京考古、北京胡同等，集知识、信息、服务为一体的综合性的特色网站。

按照城市的知识体系，将其各组成方面重新组织建构，网站类型也可以分为：（1）文化知识型网站；（2）新闻信息型网站；（3）生活信息服务型网站；（4）旅游信息服务型网站。或者：（1）政府网站；（2）社区网站；（3）单位和社会组织网站；（4）个体网站。从语种上划分为：（1）中文网站；（2）外文网站；（3）中、外文网站。

当然，上述设想既可以作为网站类型，也完全可以作为网站类目体系划分的参考。

实际上，目前看到的网站中，北京地方文化的全特色网站极少，老北京网站可为典型代表。单一特色的北京地方文化网站也极少，多数介乎在两者之间，要不追求大而全，要不过于简单缺少深度，大部分缺少知识体系设计。

为减少用户的困惑，满足不同用户的多样化需求，为减少网站建设的盲目性、随意性和过度商业化，杜绝网络垃圾，为建设好体系科学、检索高效、内容深刻而全面的网站，应提出市场运作模式下的北京网站体系的规划、设计与建设指南，支持推选一批大家喜闻乐见的，能够当得起北京门户、北京窗口和北京名片的各具特色的网站。这是非常迫切的，也是极其重要的。

5 北京地方文化知识地图探讨

5.1 知识地图的含义与构成

知识地图是一种基于计算机网络的知识（既包括显性的、可编码的知识，也包括隐性知识）导航或揭示系统，并显示不同的知识体系（关联存储）之间的多层面的动态联系。传统地图要素所传达的知识是静态的，内容极其有限，而且需要间接地表达，难以直接地阅读。

与传统地图相比，知识地图则更加生动、丰富和深刻，它是知识发现的基础，可以在片刻间展示出多层面的、动态的、关联度极高的知识体系。它是知识管理系统的输出（展现）模块，输出的内容包括知识的来源，整合后的知识内容，知识流和知识的汇聚。它的作用是使隐性的、混乱的知识转化为显性的、组织化的知识，成为有效的知识资源。

建立北京地方文化知识地图的主要目的，一是提供高效的、较为全面的北京地方文化的知识检索和发现的手段，减少盲目性和零乱性；二是促进北京地方文化网站的系统化、科学化建设，减少重复和混乱；三是为其他知识体系的网站建设提供参考。

所以，本课题关注的知识地图包含相互关联和递进关系的三大层次结构：

一是，知识体系的管理和导航。以现实存在的各个北京地方文化主要网站，即北京地方文化的知识系统及主要的子系统为对象，进行北京地方文化知识的系统组织和展现，试图建立一本北京地方文化的"实景"地图册；二是，知识组织的构成和表达。以北京地方文化体系为依据，以北京地方文化的特色知识子系统为对象，提出建立北京地方文化网站类目体系的指南，即建立地图要素和地图导读的思路与要点；三是，知识内容的来源和表达。以北京地方文化内容和形式为依据，着眼北京地方文化的知识要素的相互联系，提出北京地方文化网站显性和隐性知识的揭示途径与表达方式，即绘制地图的思路和要点。

知识地图的网络实现就是知识发现，其中必须处理好检索与浏览之间的关系。以检索为主导的网站，偏向知识信息型的、传统的图书馆模式，便于高效、系统地寻找、搜集和学习所需要的知识内容，但不便于阅读、欣赏、发布信息和互动交流；以浏览为主导的网站，偏向信息服务型的、传统的服务网站模式，便于高效、全面地阅读、欣赏、发布信息和互动交流，反而不便于寻找、搜集和学习所需要的知识内容。网络上的北京地方文化的知识地图，既要强调其检索学习的知识性，也要强调其阅读交流的服务性。如何达成此目的，是需要精心设计的。

5.2 北京地方文化知识体系的管理和导航

通过网络信息的链接式和实时更新的"扒取"技术，目前已经实现了对网络最新信息的汇集和系统展示，如学科导航、知识发现等系统。技术不是问题，知识的组织是关键问题。编制北京地方文化的"实景"地图册，需要设计好地图册的版本格式。考察各种网站的内在体系和表现，除了通过栏目体系和关键词点亮方式所展开的知识链接模式外，还可以采用真正地图的模式并加以改进来展开知识。知识地图的地图图形表达方式，用于展现北京地方文化知识体系是非常恰当的，也是最好的方式之一。

特别对于北京地方文化涉及时空要素的内容，均可以通过不同时期的二维、三维北京空间地图形式，通过设定的时空点和知识点的绑定，并通过用户点击模式显示出来，并可链接展开相关网站、相关的知识信息与服务。这样，还可从二维、三维知识地图推展到动态显示的四维知识地图。可以实现的方案有如下设想：

如：输入北京地方文化，显现出北京地方文化的知识体系图表（地图、分布图和枝状图表），按图索骥、点击即可弹出相关的网站，再打开不同的网站以搜索和浏览具体的知识内容。这里汇集显示的不仅有类似百度、谷歌的条目化的信息，还有图、表化的信息。

如：输入北京音乐文化，或打开北京音乐文化知识地图层，显现出北京地方音乐文化的知识体系图表（地图、分布图和枝状图表），按图索骥、点击即可弹出相关的网站，或相关网站的音乐栏目，再打开不同的网站、栏目以搜索和浏览具体的音乐文化知识内容。

如：输入文化服务信息需求，或打开北京文化服务知识地图层，在北京地图上即可实现按信息服务类型，显现出相关的服务网站，通过点击任意一个信息点，查阅其地址和服务信息；通过输入任意的服务需求，如旅游、演出、讲座、报告、球赛、展会、购票等需求，知识地图可显示出文化服务网点、服务时间、图片等相关信息。

如：打开北京城市和建筑文化知识地图层，在北京地图上展现出老北京的城墙和城门、建筑遗迹等的空间平面位置、名称、类型等属性信息，点击它们就可以弹出文字、图形、动画、音视频等知识信息资源，显示其建造历史、结构、材料、尺寸、相关故事和拆毁情况；可以通过点击模式量测和显示任意的空间距离等尺寸信息；可以整体、分层（叠加）或局部放大地模拟显示城墙和城门的形成过程（二维或三维），通过拖动模式以任意角度观看到其静态的（三维）和动态的（四维）形成过程；可以关联到城市内外交通、当时的商业贸易、政治、军事和社会等广泛的信息（源）。

如：将各种服务信息点按类型设计在北京地图上，通过点击任意一个信息点查阅其地址和服务信息；通过输入任意的服务需求如住宿、加油、修车、邮递、各种采购等需求，知识地图可显示出服务网点、服务时间等相关信息。

上述设想，实际上部分功能已经在百度、谷歌地图等搜索引擎中实现了。完备的知识地图，不仅着眼于信息服务，而且还应该在页面上同时并置相关文献、数据的显示栏目，可以为用户提供相关的文献检索、知识和数据的汇集（即狭义的知识发现）。

5.3 北京地方文化知识组织的构成和表达

北京地方文化体系包含着各具特色的知识子系统。通过本课题的支撑课题也是本课题的重要实践内容《北京地图》特色资源平台的研制，作为北京地图的文化专题知识子系统，研究提出了"北京地图资源历史文化信息类型标注方案"和"北京地方文化的历史知识体系"及其"知识型类目体系设计方案"，可以作为北京历史文化的知识子系统及类目体系参考。

1）《北京地图》历史文化信息类型标注方案

作为本课题的前期研究和提出本课题的基础工作，2010年6月我们即提出了"北京地图特色资源包"建设，深入调查研究了北京建筑文化及建筑知识体系的类目设计问题。其成果为：《北京建筑工程学院图书馆老北京地图资源历史信息类型标注方案》，其中标注范围确定为：①首次标注分为大北京和老北京两大部分。②大北京部分突出北京在世界、亚洲、中国和华北地区的位置，涉及天文、地理等总体性内容。老北京部分分为金元都城、明清北京城两部分。③均采取地图、符号和文字标注、链接文字和图片材料方式。

2）《北京地图》历史文化信息层次体系及内容设计

第一部分　北京湾（大北京）

①天文地理；②山脉水系；③人类文明曙光；④中华文明神韵

第二部分　金元北京都（老北京前期）

①都城序幕——辽南京、金中都；②壮丽大城——元大都（汗八里）

第三部分　明清北京城（老北京后期）（一期工作重点）

①城墙与城门（重点在城门的标注）；②城坊与街区；③皇城与宫城（紫禁城）；④街巷、胡同与民居（四合院）；⑤庙宇与祠堂（一期重点）；⑥历史古迹（专题）

第四部分 象数北京
①建筑易学与风水学说；②北京象数

第五部分 文献北京
①历史文献（含方志）——燕都古籍；②北京地图文献游记、舆图；③古地名

3）北京地方文化的历史知识体系（一个北京文化专题地图）

第一部分 大势北京（北京概述）
①北京湾（天文地理）；②北京人（人文地理，远古、中古北京）

第二部分 大都北京（北京演进）
①五朝都城变迁（辽、金、元、明、清）；②京城序幕——辽陪都；③都城奠基——金中都；④壮丽大城——元大都；⑤恢宏帝都——明北京；⑥盛世京华——清北京；⑦烽火动荡——民国北平；⑧首善之都——新中国北京

第三部分 大象北京（北京营建）
①象数北京（清以前的北京规划）；②规划北京（民国以后北京规划）；③建设北京（新中国的首都建设）

第四部分 大观北京（北京文汇）
①历史文献（含方志）——燕都古籍；②京都舆图——北京地图文献、游记；③东北亚文化——辐射区域；④中国文化——历史背景；⑤华北文化——周边区域；⑥北京文化——凝聚、传播和彰显；⑦国际交流——走向现代化、国际化大都市

5.4 北京地方文化知识内容的来源和揭示

绘制北京地方文化的知识地图，如同地图要素的选择表达，关键在于知识内容的确认和选择恰当的表现形式，以及在知识要素之间建立相互联系（这种联系通常通过链接和打开模式实现知识系统和领域的跨接。但目前看到的链接往往是知识的扩展和解释，并未体现出其中的系统关系）。通过建立和明确知识要素之间的相互联系，将北京地方文化的显性知识系统化，将其隐性知识给予系统揭示，并与显性知识建立直接联系，从而形成知识体系。

如：点击介绍"北京胡同"的（N层）知识模块（标题、文字内容、注释等）中的某个已经链接的知识（系统、点），如"皇城"或者"府学胡同"，目前的链接大致能够给出（打开）关于"皇城"的（可能为 N-1 层）知识模块（体系、内容），或者关于"府学胡同"的（N+1 层）知识（体系、内容）。其中并没有体现出胡同、皇城、府学胡同之间的知识联系，即系统性不完全，知识概念层次不清。

知识的价值和意义，一般体现在内容和类型上，如什么是胡同？什么是皇城？什么是府学胡同？但比内容更加重要的往往不在于知识内容，而在于知识之间的联系及其概念体系。如何改进呢？或者本节的中心思想就是如何表现出或揭示出知识的源流、层次关系？故此设想一种方案，当链接给出（打开）某一层级的知识模块时，通过字体大小、符号或颜色，以及旁注等方式，表明该层级的知识与本层级的知识的关联紧密程度和上下层级关系。如同某些网站软件表现科研论文的相关性、表现人际关系的紧密程度一样，如果能够实现知识单元、知识体系的向上和向下的递进关系、横向领域的跨接关系，将使人们能够更加清晰地把握住知识和知识范畴，并且能够确定知识的回顾、知识的拓展方向，了解知识发展中的热点和空白点。

6 北京地方文化网络生态与群化特征——一个活的北京文化知识地图

本课题研究认为决定未来文化网站的决定因素是"群"。群，人的群，读者的群，图书的群，信息的群，知识的群。未来的文化网站是服务于"群起而攻读之"的读者群、用户群，为用户创造一个可以相互阅读、交流、研究、欣赏的群知识的空间、资源、平台，一个生态群落的文化网站，这些群化文化网站的汇集将成为一个活的北京文化知识地图。

6.1 文化网站的生态和群特征

网站，基本上是一个专门用来提供信息交流的平台，也是一个服务窗口。决定网站的基本的也是决定的因素是用户个体及其所需求的信息。作为文化网站的特征，每个网站就是探讨某一文化知识的空间，必将集聚了一批关注这一文化知识的群体，通常称为用户群、读者群，而且只能够是借助这个文化平台，才能够形成虚拟的、临时搭建的，具有共同意识和追求的意味。只要发生信息与知识的交流，更典型的是只要发生一定知识领域内的有着共同语言的信息知识交流，就具有了鲜明的群特征。

人以类聚，物以群分。一个文化网站必须创造一个集知识信息群化、阅读空间群化、用户群体群化为一体的群服务体系。知识信息的群化，需要建立健全基于内容和类型分析的群化的知识信息集合，要能够即时（动态的）响应用户群的议题、话题、课题、项目、任务的知识信息服务。阅读空间的群化，需要建立健全基于形式的群化的知识信息平台，在这个平台上便于用户群进行各种形式的知识信息的交流、展示、记忆、汇集和组织，形成一个活的知识体系，成为活的北京文化知识地图的组成部分。

某一文化的知识信息集合及其扩展构成了关于这个文化的知识链，即围绕该文化事物所产生的知识衍射，其所涉及的知识形成了与众多学科、事物相关的知识链条。知识链具有内部性和外部性两方面特征：内部性是指该文化知识中的内在联系，由其本身内容所涉及的知识链接；外部性是指该文化知识的学科事物领域，在此学科事物领域中所形成的知识结构或知识链接。某一文化的知识链就是这个文化事物赖以生存的知识土壤，与自然科学、人文科学等多学科知识形成紧密联系，最终形成了以该文化事物为载体的各种知识链接集合，可称作该文化事物的知识生态环境，在网络上即成为其网络生态，并进而成为关于这个文化的活的、立体的知识地图。

网络社区群，以及由虚拟的网络组织发展到实体意义的众多网友们，无疑是具有时代特色和未来意义的网络社会组织形态，代表了未来社会的重要发展方向。这也正是本课题提出文化网站群化方向的根据。关注群，把书本为代表的各种知识打碎了再重新整合的知识群，把人群打乱了再重新组合的用户群，这是建设文化网站的钥匙。群的极致是个体，文化网站自然应能够实现针对用户个人的群知识信息的服务。许多网络服务商、数据库服务商和图书馆已经进行了类似如个性化的"我的网站"、"我的图书馆"的探讨和服务。所以，设想北京文化知识地图中将建立起一座座挂着门牌号码的文化殿堂或文化院落吧，街道和胡同就是文化院落间的联系，知识内容则流动在这个城池的街坊之中，其中有旧知识，也有时常外来的新知识，以及新旧知识之间生成的新新知识。

6.2 群建构与群服务

知识信息服务的群特征，既依赖群的自发形成，也要注重群的建构，这是建设北京地方文化网站的关键。一个群化的或群形态的文化网站，须建立并能够提供群化的知识信息服务，即满足各级各类各种各样群组织需求的交流学习服务平台。群化的知识信息服务需要提高知识信息群的完备性、扩展性和交互性。

完备性（大致为知识地图的要素和内容）即知识信息及其类型的完备性，如关于北京城墙和城门的知识，应该包括每座城门的文献知识、图像知识、视频知识的完备，保证不同时代、不同层次、不同见解的知识完备，以及保证与其相关的各种文化事物的完备。

扩展性，除了及时地更新、充实外，应能够短期内甚至片刻之间迅速聚集所需求的知识信息（可认为是知识地图的类型多样性，各种专题地图，形成地图册的能力）。

6.3 群模式与群范式

知识信息的群建设与群管理的关键是规范化，不仅要建立明晰的知识信息资源（内容）的群数据库，还要在知识管理层面上，建设明晰的知识群（网站）的数据库，形成高效的知识挖掘的资源库。为此，需要建立三个相互关联的工作范式：一是上述基于群完备与群扩展需求的知识信息资源（来源）的群数据库的建设、更新与管理范式，简称群建设管理范式；二是基于知识信息内容相互关系的群知识体系重组与揭示的工作范式，简称群重组工作范式；三是知识信息挖掘、展示、交流的群服务范式，简称群知识服务范式。群建设管理范式是基础、是源头、是水库，是绘制知识地图的内容；群重组工作范式是核心、是内容、是鱼，是绘制地图的规则与方法；群知识服务范式是方式、是手段、是渔，是展示和运用地图的方法。

6.4 群技术即数字化、网络化与可视化

数字化、网络化与可视化技术创造了实现上述设想的各种可能性。群建设管理范式要求所有知识信息资源及内容的数字化；群重组工作范式要求所有知识信息资源及内容的网络化；群知识服务范式则要求所有知识信息资源及内容具备主动推送能力的可视化、交互和组织。关于技术，已经有了众多的创新、探讨和应用。这里强调的是：一个高效组织起来的，集抓取、记忆、筛选、整理、编辑、更新、检索、浏览、服务等功能一体化的系统技术平台是基本的要求。

6.5 信息咨询与导向的群服务

北京文化地图和文化网站必须强调应实现即时的信息数据分析与群知识挖掘，以满足用户群的即时需要为追求，同时实现知识信息资源的导向服务。

一是网站自身，要围绕特定用户群的需求，持续进行文化知识信息资源数据分析和群知识挖掘，建立系列化的、动态的、追踪前沿知识信息的、可持续更新的群知识信息资源服务体系。通过挖掘用户群真实的和潜在的信息需求，进行群知识的抓取、捕获、分析和应用，将服务内容与用户的整个学习、咨询和研究过程结合起来，提供全过程的群服务；

二是网站群体，围绕文化知识信息领域发展的需求，建立群资源信息汇编和推送机制，如编印和定期发布群资源信息专刊，不能满足于既有的、堆放的、原始的和用户上传的内容，而应该是专业化的、具有专业水平的文化知识信息导航；

三是网站的管理者或指导者，围绕网站建设和发展、各类文化用户的需求，基于深度的数据分析，对群类的文化知识信息需求提出建设性意见与行动指南，以及实现文化保护、传承、交流、引领与示范作用。

6.6 新需求与新进展

网络社区、群、坛、吧等等,对北京地方文化网站的发展是非常重要的启示。北京地方文化网站是提供知识信息交流的场所,如同现实中的面对面的群、坛、吧。每个人的能力和时间都是有限的,而对于知识信息的需求,既包括内容,也包括对知识的更新、重组织、再建构和深度解释等,却是无止境的。随着知识信息迅速膨胀,对于群体化的知识信息及其交流、咨询服务的需求,北京地方文化网站是大有可为的。

根据本课题的研究,考察称得起北京地方文化的各种网站及网络信息资源,尚没有出现达到本课题所设想的网站,更加缺少在网站和网络信息资源基础上的北京文化知识地图。还需要深入研究:一是,北京地方文化体系与网站体系的关系研究,完善北京地方文化网络社区和网站体系的规划与设计指南;二是,各种类型网站在北京地方文化体系与网站建设中的作用、分工、优势互补的研究,以提出北京地方文化网络社区和网站体系的建设与评价指南;三是,北京地方文化网络社区和网站的共建共享机制、协调交流机制和实现途径研究与实施。相信,随着网络技术的发展、网络理念的更新,以及下一步的深入工作,一个基于网络的北京文化知识地图将能够绘制出来。

参考文献:

[1] 《中国互联网络发展状况统计报告》,2012,1.
[2] 《中国网站运营发展趋势报告(百度)》,2013.
[3] CNNIC《北京互联网络统计报告》,2004,4.
[4] 《北京市互联网络发展状况报告》,北京市信息化工作办公室、中国互联网络信息中心,2007,1.
[5] 《2012年北京市互联网络发展状况报告》,北京互联网信息办公室、北京市社会科学院.
[6] 《首都网络文化发展报告》(2012-2013).
[7] 《北京文化发展报告(2012～2013)》中国网,2013,6,北京市社会科学院、社会科学文献出版社联合主办的"2013北京蓝皮书系列新闻发布会".
[8] 朱文一. 空间·符号·城市[M]. 中国建筑工业出版社,1993,7.
[9] 迈克·克朗著,杨淑华、宋慧敏译. 文化地理学[M]. 南京:南京大学出版社,2005,8.
[10] 罗哲文等. 北京历史文化[M]. 北京:北京大学出版社,2004,8.
[11] 王灿炽. 燕都古籍考[M]. 北京:京华出版社,1995,8.
[12] 吴廷燮等. 北京市志稿[M]. 北京:北京燕山出版社,1998,6.
[13] 张仁忠. 北京史[M]. 北京:北京大学出版社,2009,6.
[14] 曹子西. 北京通史(全十卷-乙种本)[M]. 北京:中国书店出版社,1994,10.
[15] 谭新生. 北京通史[M]. 北京:北京培黎大学第六分校教务处,1991,12.
[16] 李淑兰. 北京史稿[M]. 北京:学苑出版社,1994.
[17] 北京历史文献要籍解题(上下册)[M]. 北京:首都图书馆,2010,9.
[18] 北京市地方志编纂委员会. 北京志·建筑卷·建筑志[M]. 北京:北京出版社,2003,1.
[19] 中国地方志大辞典[M]. 杭州:浙江人民出版社,1988,1.
[20] 王其钧. 中国古建筑语言[M]. 北京:机械工业出版社,2007,5. 2001-01.
[21] 王其钧. 中国园林建筑语言[M]. 北京:机械工业出版社,2001,1.

作者简介：

王锐英：(1958-)，男，大学本科，道路与桥梁工程，研究员，北京建筑大学图书馆原馆长，研究方向为城市道路交通工程、创造与创新教育、北京史地文化、图书馆管理。

魏智芳：(1958-)，女，大学本科，档案学，副研究馆员，北京建筑大学图书馆信息咨询部，研究方向为信息咨询服务。

芦玉海：(1964-)，男，大学本科，图书馆学，馆员，北京建筑大学图书馆文化工作室，研究方向为图书馆文化环境建设，大学生阅读推广。

北京市属高校图书馆数据库资源评价实证研究

孙秀丽

(北京石油化工学院 图书馆 102617)

摘 要：通过网络调查获取北京市属高校图书馆中外文数据库购置情况，选取有代表性的数据库进行实证分析，建立数据库资源评价模型。运用层次分析软件对评价指标进行了计算和验证，并对评价结果进行统计分析。本研究在构建数据库评价指标体系，寻求有效的计算方法和实证方面做了一些实际工作。这种实证研究活动有助于推进图书馆资源建设理论与实践的发展，为馆藏资源的优化及合理配置提供了思路。

关键词：数据库资源；资源评价；评价指标体系

近几年，数据库引进与建设在北京市属高校图书馆中得到了极高的重视。与如火如荼的建设工作相比，数字资源建设的评价研究实践活动却相对滞后。这种局面长期下去，将会影响图书馆数字资源建设工作的健康发展。在市属高校图书馆中，由于学校实力及学科分布的差异，导致各馆在数据库资源建设保障方面存在着较大差距。本文旨在研究一种对市属高校图书馆目前数据库资源建设状况进行评价的方法，力求对各馆数据库资源建设的规模、水平做出正确判断，进而了解现阶段各馆数据库资源建设对学校教学、科研工作开展的保障情况，这种实证研究活动有助于推进图书馆资源建设理论与实践的发展。

1 数据库资源评价方法和评价模型

1.1 评价方法

运用网络调查及实地调查获取有关市属高校图书馆中外文数据库购置情况，选取具有代表性的中、外文数据库资源作为评价分析的目标。通过走访数据库商，获取资源访问及使用情况数据，详细了解各数据库的内容和功能信息，按具体评价指标采集数据，采用层次分析法建立评价指标体系，运用层次分析软件进行计算，对评价结果进行统计分析。

1.2 建立数据库资源评价模型

通过对国内外数字资源建设评价方法的调研，通过专家讨论，最终确定数据库资源的评价指标体系主要围绕"数据库资源内容"、"系统服务环境与功能"及"使用价值与成本"三方面设计评价指标，并以此建立评价模型。

数据库资源评价层次结构模型共有3个层次：第一层是目标层A，即评价的最终目标数据库资源；第二层是准则层B，即一级指标的类别，有3个准则B1~B3；第三层是与每个准则相对应的指标层C，即二级指标，3类共有13个指标C1~C13。具体结构如图1所示。

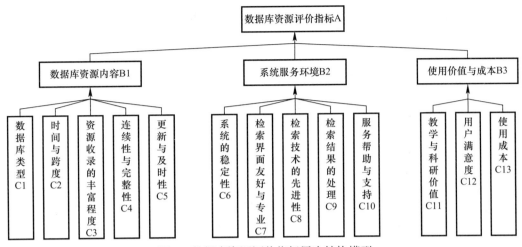

图1 数据库资源评价指标层次结构模型

1.3 数据库资源评价指标阐述

准则层 B1：数据库资源的内容丰富程度，反映其科学性、权威性、完整性和及时性（新颖性）情况，是高校图书馆决定是否购买的基础。数据库类型判断可分析不同类型资源所占的比重。

准则层 B2：数据库的内容要通过系统服务平台来被用户利用。系统服务环境包括系统是否稳定、检索技术的先进性等，反映提供用户使用的功能及满足用户需求的程度。

准则层 B3：使用价值与成本不仅反映数据库满足用户教学、科研需要的程度，同时通过使用成本预测经费使用情况。

2 数据库资源评价模型的应用

2.1 建立判断矩阵

在建立了数据库资源评价层次结构模型后，利用 AHP 应用软件构建评价指标两两比较的判断矩阵。矩阵可用来判断同一层次各个指标的相对重要性。通过构造判断矩阵可以对指标间两两重要性进行比较和分析判断。具体实例如下：

（1）目标层："数据库资源评价指标 A"的重要性比较（图2）

	数据库资源内容B1	系统服务环境B2	使用价值与成本B3
数据库资源内容B1		4	3
系统服务环境B2			1/3
使用价值与成本B3			

图2 数据库资源评价指标 A

（2）同理可以得出准则层："数据库资源内容 B1"、"系统服务环境 B2"、"使用价值与成本 B3"的重要性比较矩阵（图3～图5）。

根据重要性比较，完成判断矩阵值的输入，然后进行判断矩阵的一致性检验，对于矩阵不一致的再进行判断矩阵的一致性调整。

2.2 权重值的计算

根据指标层对准则层，准则层对目标层权重的不同，利用 AHP 软件计算出数据库评价指标体系中，各层次指标相对上一层指标重要程度的权重值 W_i，见表1～表4。

	数据库类型C1	时间与跨度C2	资源收录的丰富程度C3	连续性与完整性C4	更新与及时性C5
数据库类型C1		1/2	1/7	1/4	1/2
时间与跨度C2			1/4	1/4	3
资源收录的丰富程度C3				6	4
连续性与完整性C4					5
更新与及时性C5					

图 3　数据库资源内容 B1

	系统的稳定性C6	检索界面友好与专业C7	检索技术的先进性C8	检索结果的处理C9	服务帮助与支持C10
系统的稳定性C6		7	5	5	5
检索界面友好与专业C7			1/4	1/3	1/2
检索技术的先进性C8				4	2
检索结果的处理C9					1/3
服务帮助与支持C10					

图 4　系统服务环境 B2

	教学与科研价值C11	用户满意度C12	使用成本C13
教学与科研价值C11		5	3
用户满意度C12			1/4
使用成本C13			

图 5　使用价值与成本 B3

数据库资源评价指标 A　　　　　　　　　　　　　　　　　　　表 1

数据库资源评价指标 A 判断矩阵一致性比例：0.0043；对总目标的权重：1.0000；λ_{max}：3.0044

数据库资源评价指标 A	数据库资源内容 B1	系统服务环境 B2	使用价值与成 B3	Wi
数据库资源内容 B1	1.0000	1.8221	1.4918	0.4484
系统服务环境 B2	0.5488	1.0000	0.6703	0.2302
使用价值与成本 B3	0.6703	1.4918	1.0000	0.3213

数据库资源内容 B1　　　　　　　　　　　　　　　　　　　表 2

数据库资源内容 B1 判断矩阵一致性比例：0.0253；对总目标的权重：0.4484；λ_{max}：5.1132

数据库资源内容 B1	数据库类型 C1	时间与跨度 C2	资源收录的丰富程度 C3	连续性与完整性 C4	更新与及时性 C5	Wi
数据库类型 C1	1.0000	0.8187	0.3012	0.5488	0.8187	0.1170
时间与跨度 C2	1.2214	1.0000	0.5488	0.5488	1.4918	0.1611
资源收录的丰富程度 C3	3.3201	1.8221	1.0000	2.7183	2.2255	0.3732
连续性与完整性 C4	1.8221	1.8221	0.3679	1.0000	2.2255	0.2219
更新与及时性 C5	1.2214	0.6703	0.4493	0.4493	1.0000	0.1267

系统服务环境 B2　　　　　　　　　　　　　　　　　　　表 3

系统服务环境 B2 判断矩阵一致性比例：0.0108；对总目标的权重：0.2302；λ_{max}：5.0482

系统服务环境 B2	系统的稳定性 C6	检索界面友好与专业 C7	检索技术的先进性 C8	检索结果的处理 C9	服务帮助与支持 C10	Wi
系统的稳定性 C6	1.0000	3.3201	2.2255	2.2255	2.2255	0.3749
检索界面友好与专业 C7	0.3012	1.0000	0.5488	0.6703	0.8187	0.1129
检索技术的先进性 C8	0.4493	1.8221	1.0000	1.8221	1.2214	0.2058
检索结果的处理 C9	0.4493	1.4918	0.5188	1.0000	0.6703	0.1379
服务帮助与支持 C10	0.4493	1.2214	0.8187	1.4918	1.0000	0.1685

使用价值与成本 B3　　　　　　　　　　　　　　　　　　　表 4

使用价值与成本 B3 判断矩阵一致性比例：0.0043；对总目标的权重：0.3213；λ_{max}：3.0044

使用价值与成本 B3	教学与科研价值 C11	用户满意度 C12	使用成本 C13	Wi
教学与科研价值 C11	1.0000	2.2255	1.4918	0.4680
用户满意度 C12	0.4493	1.0000	0.5488	0.1967
使用成本 C13	0.6703	1.8221	1.0000	0.3353

得出最终的权重结果,见表5。

表5　最终的权重结果

备选方案	权重
数据库类型 C1	0.0525
时间与跨度 C2	0.0723
资源收录的丰富程度 C3	0.1674
连续性与完整性 C4	0.0995
更新与及时性 C5	0.0568
系统的稳定性 C6	0.0863
检索界面友好与专业 C7	0.0260
检索技术的先进性 C8	0.0474
检索结果的处理 C9	0.0318
服务帮助与支持 C10	0.0388
教学与科研价值 C11	0.1504
用户满意度 C12	0.0632
使用成本 C13	0.1077

依权重结果,可生成指标重要性排序(图6):

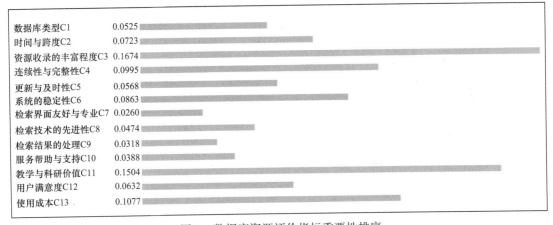

图6　数据库资源评价指标重要性排序

从指标重要性排序结果可以看出,排在数据库评价重要因素前两位的是资源收录的丰富程度及对学校教学科研产生的价值两项,随后依次是使用成本、连续性与完整性、系统的稳定性、收录的时间跨度、用户满意程度等,而检索技术的优劣对数据库评价的影响相对较小。

2.3　确定评价指标的定量分级标准

确定评价指标的定量分级标准是评价中的重要工作,要使复杂评价变得简单,制定详细的评价指标定量分级标准十分重要。参阅大量相关研究文献,结合多年的工作实践,本研究围绕十三项具体评价指标制定了数据库资源评价定量分级标准(表6):

数据库资源评价定量分级标准 表6

评价指标		内涵细节描述	数量等级标准
数据库类型 C1	文献类型	题录、文摘、全文数据等	综合全文数据库（5）；专业全文数据库（4）；题录摘要数据库（3）
	全文比例	指数据库收录文献中全文文献的比例	≥90%（5）；70%～90%（4）；50%～70%（3）；≤50%（2）
时间与跨度 C2		指数据库资源收录的最早回溯至截止时间范围	≥20年（5）；15～20年（4）；10～15年（3）；5～10年（2）；≤5年（1）
收录资源的丰富程度 C3	收录期刊、图书等文献数量	数据库资源收录期刊、图书等文献种、册数的多少	≥1000（5）；500～1000（4）；50～500（3）；10～50（2）；1～10（1）
连续性与完整性 C4		数据库内容的连续及完备程度	内容连续且较完备的（5）；内容连续但不完备的（4）；内容不连续但较完备的（3）；内容不连续且不完备的（0）
更新与及时性 C5		数据库内容更新频率	每天一次（5）；每周一次（4）；每月一次（3）；每季度一次（2）；每年一次（1）
系统的稳定性 C6		系统运转的稳定程度	很稳定（5）；稳定（4）；比较稳定（3）；不稳定（0）
检索界面的友好与专业 C7	友好性	用户使用方便程度、布局合理性、界面美观程度	很方便（5）；方便（4）；难（2）；很难（1）
	专业性	检索界面的专业性	专业性很强（5）；较强（4）；一般（3）；差（0）
检索技术与方法 C8	检索入口	检索入口的多样性、层次性	多样且层次好（5）；多样但缺乏层次（3）；缺乏多样性但层次好（3）；缺乏多样性和层次性（0）
	检索路径	检索字段或途径的完备性	拥有较多的检索字段或途径（5）；拥有基本的检索字段或途径（3）
	检索技术	检索方法、技术、策略等的多样化程度	多样（5）；一般（3）；单一（0）
检索结果处理 C9	标引记录	指用户能否对检索结果中的命中文献进行标注	能（5）；否（0）
	排序方式	指系统能否对检索结果中的命中文献进行按相似度、时间、字顺等方式进行排序	能（5）；否（0）
	全文下载格式	下载格式多项选择	支持多格式（5）；单一格式（2）
服务帮助与支持 C10	数据传递方式	是通过网络传递还是本地镜像通过校园网传递	网络传递（5）；本地镜像（3）
	数据访问方式	出版商提供的是IP地址授权访问还是用户名密码登录访问	IP地址授权访问（5）；用户名密码登录访问（3）
	技术支持	是否有资源利用帮助系统，是否为用户开办讲座培训	有（5）；没有（0）

续表

	评价指标	内涵细节描述	数量等级标准
教学与科研价值 C11	学科覆盖面	指数据库所涉及的学科数量	>10个（5）；7～10个（4）；4～7个（3）；1～4个（2）；≤1个（1）
	重点学科比例	指数据库所涉及的学科中本校重点学科所占比例	>70%（5）；50%～70%（4）；30%～50%（3）；10%～30%（2）；≤10%（1）
	科研效益	指数据库资源所涉及学科科研文章发表及收录情况、科研获奖情况	好（5）；一般（3）；差（0）
用户满意度 C12		目标用户使用该数据库资源的满意程度	很满意（5）；满意（4）；一般（2）；不满意（1）
使用成本 C13	全文下载篇数	目标用户使用该数据库下载的文献数量	>10万（5）；5万～10万（4）；2万～5万（3）；1万～2万（2）；1500～1万（1）
	单篇全文成本	每下载一篇全文所需要的成本投入	0.1～0.3元（5）；0.3～0.5元（4）；0.5～1元（3）；1～2元（2）；>2元（1）
	次均使用成本	每检索一次数据库所需要的成本投入	中文：≤1元（5）；1～3元（4）；3～6元（3）；6～10元（2）；>10元（1） 外文：≤10元（5）；10～30元（4）；30～60元（3）；60～100元（3）；>100元（1）

评价标准的确定为后续的具体评价工作奠定了基础，使具体的评价更具可操作性，为专家或其他评分参与者提供了切实可行的评分参考依据，有利于评价工作的顺利开展。

3 数据库资源评价实证研究

随着数据库资源种类的不断增加和价格的不断上涨，图书馆面临经费紧张和需求日益扩大的矛盾。科学合理地进行数字资源评价，为数据库资源引进提供决策支持，已成为各图书馆急需解决的问题。

市属高校图书馆数据库评价实证研究，将依照以上构建的数据库资源评价体系，对图书馆的部分数据库进行综合评价。在验证该评价体系合理与可行的基础上，提供一种简捷实用的数据库资源评价方法，为数据库资源评价工作提供借鉴与帮助。

3.1 数据库综合评价举例

选择被评价数据库：在外文数据库中选择了 EBSCO、Emerald、IEEE\IEL、Springer 作为被评价的样本数据库，一是由于这四个数据库的订购数量在各图书馆订购数据库的排名比较靠前，在用户满意度、内容及使用价值等方面也较为重要；二是被选数据库的商家愿意提供评价中所涉及的相关数据，这样才能保证评价工作的顺利进行。

数据的采集与获取：定性指标数据的采集采用专家问卷调查的形式获取得分。在专家充分了解评价体系和评价指标的定量分级标准的情况下，给出这四种数据库得分，从而得出每项指标的最终平均分；定量指标数据的采集则根据数据商提供的统计报告获得具体数据。

专家评分：聘请有经验的数据库使用及评价方面的权威专家四名（也可根据具体情况增减专家人数），为具体数据库评分。再将评分数据录入评价软件中的评分计算系统，得出专家评分计算结果。图7所示为专家一为四个数据库的评分结果。

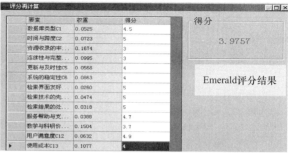
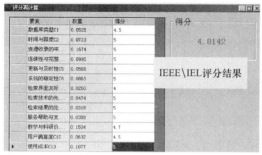

图 7 评分结果

依照同样的方法获得其他专家的评分结果表，最终将不同专家的评分结果进行加权平均，得出对不同数据库的综合评价结果。如果认为专家权威性认知有个体差异的话，还可以通过确定专家权重来精细评价结果。

表 7 为全部专家评分结果平均得分（换算为百分制）。

全部专家评分结果的平均得分　　　　表 7

	EBSCO	Emerald	IEEE \ IEL	Springer
专家 1	91.47	79.51	96.28	92.38
专家 2	95.71	85.83	86.84	94.56
专家 3	87.08	76.35	77.826	88.68
专家 4	97.75	80.22	95.35	92.99
最终平均得分	93.00	80.48	89.07	92.15

3.2 评价结果分析

在实证研究中，对以上四个外文全文数据库进行了验证性评分，并分别得出了每个数据库的具体分值。从专家评分的详细列表中可以看出：

EBSCO 数据库在收录文献数量、使用成本方面占有相当优势，在连续性和学科覆盖范围上略微逊色些。由于价格及资源容量上的明显优势，使得该数据库综合得分最高；Emerald 数据库在购买价格、资源质量方面较为有优势，但由于资源覆盖学科范围的单一，导致使用成本较高。同时，由于专家对检索系统功能的认知不佳，最后得分不如其他三个数据库；IEEE \ IEL 数据库尽管购买价格较高，但由于它是购买的成员馆学校的重点专业或主干专业必需的资源，访问及下载量较高，计算出的使用成本并不是最高。加之该数据库平台上丰富的资源类型及资源的权威性，最终还是得到了不错的分数；Springer 数据库在资源收录范围、覆盖学科领域方面有较强优势，但专家在检索功能方面对该数据库给出了差评，影响了该数据库的得分，但总体看还是一个值得推荐的资源。由于评价选择了大多数图书馆购买的四个外文数据库作为样本,所以总体得分情况还是很不错的。

由于有些数据库商对数据库资源使用情况的保密,使得研究中可评价的数据库数量受到一定限制。如果能够获得更多不同数据库使用情况的统计数据,则可以对各图书馆的任意数据库进行选择性评价。而对于市属高校中的各个图书馆来讲,可以将本馆订购的具体数据库与整个市属高校中订购该数据库的相对情况进行比对,可以获得本馆的订购在整个市属高校中的相对优劣评价,更好地指导本馆数字资源建设工作的开展。

4 研究成果的价值

本研究以市属高校图书馆数字资源建设工作为目标对象,通过对各馆数据库建设情况的调查,探讨高校图书馆数据库资源建设的评价方法,其主要成果与价值体现在:

(1)建立了包括3个一级指标,13个二级指标的评价体系。这些指标既能够较全面的概括数据库评价的主要方面,又避免了指标过多、层级过细为评价工作带来的困扰,为科学开展评价工作奠定了基础。

(2)运用加权及算术平均的方法对数据库资源进行各准则层指标的整体评价,并通过分析指标层,从多层面分析了影响数据库质量的原因,使评价结论更加科学,为制定合理的采购决策提供了依据。

(3)直接引入层次分析软件处理数据,将评价体系的定性、定量指标统一规划,解决了评价体系指标边界模糊、类型、量纲不同的问题,大大简化了评价的计算过程。

(4)在对市属高校图书馆数据库资源购置情况全面调查的基础上,对获得的数据进行了汇总、分析,选用EBSCO、Emerald、IEEE\IEL、Springer四种外文数据库作为实证分析样本,验证了评价体系的可行性及评价结论的合理性。

(5)通过实证研究验证资源评价分析方法,这种做法可为其他图书馆独立进行数据库资源评价及后续的相关研究提供借鉴与参考。

参考文献:

[1] 唐文惠等. 高校图书馆文献资源建设与评价 [M]. 武汉:武汉大学出版社,2009:115-119.
[2] 王居平. 数字图书馆评价的理论和方法 [M]. 合肥:安徽大学出版社,2008:55-58.
[3] 徐革. 我国大学图书馆电子资源绩效评价方法及其应用研究 [D]. 西南交通大学,2006:56-59.
[4] 赵睿杰. 电子资源全程评价指标体系及综合评价模型构建 [D]. 华东师范大学,2006:18-36.
[5] 徐革. 大学图书馆电子资源利用统计数据的获得模式评析 [J]. 大学图书馆学报,2007(1):54-58.
[6] 汪徽志. 网络数据库综合评估指标研究与应用 [J]. 图书情报工作,2008(12):59-62.
[7] 蒲筱哥. 基于网络分析法的高校图书馆电子资源服务绩效评价模型及实证研究 [J]. 大学图书馆学报,2014(4):41-49.

作者简介:

孙秀丽:(1970-),女,硕士,化工,工程师,北京石油化工学院图书馆信息咨询部,研究方向为信息资源建设与学科信息服务。

大数据环境下高校图书馆信息服务的思考

蔡时连

（北京建筑大学 图书馆 100044）

摘 要：本文分析了大数据背景下读者信息需求的变化特点和发展趋势，并针对信息需求特点提出了大数据环境下高校图书馆信息服务新要求，指出图书馆应多方面了解读者需求，以特色馆藏为基础，开展特色服务；转变图书馆员身份，开展微服务；针对不同层次的读者群体开展学科服务，升级服务方式。

关键词：大数据；信息需求；图书馆；信息服务

1 大数据的特点

大数据是用传统方法和工具不能处理或分析的数据信息。大数据有三个典型特征：大量、速度、多样。其中大量（Volume）：是指非常庞大的数据量，数据的采集、存储和计算量都非常大；速度（Velocity）：一指数据更新、增长的速度快，二指数据存储、传输等处理速度快；多样（Variety）：包含结构化的数据表和半结构化、非结构化的文本、视频、图像等信息，而且数据之间的交互非常频繁和广泛。大数据具有一些区别于传统数据源的重要特征。并非每个大数据源都具备所有这些特征，但是大多数大数据源都会具备其中的一些特征：首先，大数据通常是由机器自动生成的。在新数据的产生过程中，并不会涉及人工参与，它们完全由机器自动生成。而传统数据源通常涉及人工因素；其次，大数据通常是一种全新的数据源，并非仅仅是对已有数据的扩展收集；再次，很多大数据源的设计并不友好。事实上，一些数据源根本没有被设计过；最后，大量数据可能并不蕴含大量的价值。事实上，大部分数据甚至毫无价值。

2 大数据背景下读者信息需求的新特点

2.1 信息需求范围扩大、内容拓展

在大数据背景下，随着图书馆服务手段的现代化和服务功能大幅度拓展，读者的信息需求由原来的稳定性、集中性、有限性逐步向随机性、分散性、多元性方向发展。这样，扩大了信息需求范围，拓展了信息需求所涉及的学科和专业领域。

2.2 信息需求形式多样化、载体多元化、专业化

随着知识单元和信息载体的多样化，读者对图书馆的信息服务需求转向了专题资料、科学数据、综合分析等经过深加工的信息。对信息载体的需求转为各种电子出版物、声像资料和网络信息。拥有不同专业背景的高校师生的信息需求主要集中于其本身或相关的专业领域。现代科技的发展不仅推动各学科的高度专业化（即各个学科与专业越来越细化），

而且促使其高度综合化和专门化，并伴随着新的交叉学科和边缘学科的涌现。作为学术用户，高校师生既需要大量详尽且专指性很强的本专业信息，也需要许多与本专业相关的综合性信息。

2.3 信息需求快速高效、传递便捷

信息需求快速高效是大数据时代的必然产物，也是读者对图书馆信息服务的客观要求。大数据环境下的信息传递方式的深刻变化，为读者充分占有信息、利用信息和进行信息交流提供了技术手段与平台。

3 大数据环境下图书馆信息服务的新要求

在大数据时代，读者获取信息、资料的途径越来越多，速度越来越快，浏览和使用上越来越方便，视觉和听觉效果越来越丰富多彩。图书馆的作用明显地体现在如何帮助读者在信息的海洋中筛选出针对性强、学科前沿、更符合用户需求的信息和资料。传统的信息服务将面临以复杂数据为对象、深度挖掘为要求的高标准挑战。随着网络环境的迅速发展，激发了读者信息需求欲望，对图书馆信息服务提出新要求。

3.1 转变信息服务的理念，增强主动服务意识

在大数据环境下，图书馆信息服务要积极适应新形势，应对新挑战。转变信息服务理念，增强主动服务意识。图书馆员应主动走入读者空间，通过各种途径与读者进行交流。图书馆员应通过各种方式主动与高校各院系进行联系，参与院系交流，比如教授会面、院系会议与学术交流、进行信息素养培训等。图书馆员还可以有选择性地参与各个学科的相关活动，如学术讲座、讨论会等。

3.2 拓展信息资源，扩大服务领域

大数据时代，印刷文献、馆藏数字化文献和网络信息资源构成现代图书馆的信息资源体系。图书馆除了继续加强印刷文献的搜集收藏外，还要着眼对数字化文献掌握与收藏，并尽可能地获取相关的网络信息资源的使用权。在着力加强图书馆现实信息资源建设的同时，力求在网络上构建自己的虚拟信息资源，从而适应大数据环境下读者对图书馆提出的拓展的信息资源，扩大服务领域。

3.3 根据用户所需，优化服务方式

在当前大数据背景下，网络信息越来越丰富，资源日益多元化时，读者无力也无法从浩如烟海的信息中很快找全对自己有用的信息，即便是相对专业的数据库，也存在收录内容广、分类过粗的问题，这时就需要信息服务人员根据具体的任务要求对这些资源进行检索、整序、定制和筛选，去除与任务无关的信息，将有用的信息按照任务要求和专业特征整理归类，形成相对集中有序的、细化的专题知识数据库，方便读者随时获取。

4 关于大数据时代的信息服务的几点建议

4.1 从多方面了解读者的需求

4.1.1 从参考咨询的记录中分析读者的需求

对北京建筑大学图书馆2015年1月至2015年12月网上咨询留言记录进行统计，发现读者对电子资源检索与利用、图书馆管理与环境设施、馆藏图书借阅服务咨询留言较多。

4.1.2 通过问卷调查了解读者对学科服务需求

调查了北京建筑大学 11 个院部的专业老师和在校硕士研究生,共发放 200 份纸质问卷,收回 196 份,回收率 98%。调查时间 2015 年 12 月 16 日~2015 年 12 月 30 日,历时 2 周。就被调查对象基本情况、对科技查新和文献传递等服务的了解程度、学科馆员与院系的交流频率、学科馆员的专业背景要求、希望学科馆员提供的信息服务的内容等方面对读者调查,反馈的结果:图书馆相关的信息服务不到位,学科馆员与院系交流最好每月 2-3 次,希望得到学科馆员主动、定时、深层次的信息服务,电子资源不能满足学科发展需要,尤其外文数据库偏少。

4.1.3 从图书借阅量统计分析读者的需求

在 2015 年 1 月,我对北京建筑大学图书馆的建筑阅览室、建筑库、科技库、资料中心、外文库、社科库、基藏库、过刊库等藏书部门的读者的借阅量(2008~2015 年)进行了统计,得出各部门图书的总借阅量分别为:96627 册、238606 册、162469 册、153765 册、60531 册、188134 册、73343 册、99526 册,并且借阅量逐年下降。这是由于随着近年来数字资源的不断丰富和平台易用性的不断提高,一部分读者转而利用数字资源,从而使纸质文献对读者的吸引力被大大地削弱了。各藏书部门借阅量排在前 3 名的是建筑库、社科库、科技库。形成这种格局有以下几方面的原因有:一是我院是建筑类高校,建筑库图书借阅量自然高;二是作为师生的课外读物,以小说为代表的文学类图书也受到读者的欢迎,这些书籍有益于提升读者的文学修养,也可以适当调整他们的学习节奏;三是由于近年来毕业生找工作时用人单位都比较注重毕业生的计算机应用能力。

4.1.4 观察读者进馆阅览行为推断读者需求

通过 2015 年一整年的观察,每天上午一次,下午一次到两次,我发现有 2/3 学生把图书馆仅当作自习室来使用。网络及数字图书馆已成为读者学习和获得知识的重要途径。传统的管理体制和服务模式已经不能满足读者学习研究以及查阅资料需要。

4.1.5 掌握高校图书馆服务对象的阅读心理及信息服务的要求

高校图书馆利用大数据收集全校师生的检索途径、检索行为、浏览方式、浏览记录等非结构化信息,从而了解读者阅读心理及不同读者对图书馆信息服务的要求:高校领导对信息需求越来越高,要求图书馆所提供的信息具有方向性、政策性、全面性和可行性;高校教师为搞好教学和科研工作,需要本学科本专业的最新信息,掌握国内、国际学术发展动态与总体水平;高校大学生读者希望图书馆有一种非常简便易行的检索方式获取信息,以最快速度查找所需资料。

4.2 以特色馆藏为基础开展特色服务

特色馆藏包含两方面含义:一是指一个图书馆中独具特色的部分馆藏;二是一个图书馆总的馆藏体系具有与众不同的特点。在大数据时代下,坐拥特色资源、珍藏资源或者专业资源的图书馆必将大受用户的欢迎。北京建筑大学图书馆建筑学阅览室,开辟了建筑珍本馆藏和北京文献特藏称为建筑文化空间,是图书馆为突出学校建筑特色、为建筑学科服务的最为独特的地方。多年来,图书馆收藏了一批珍贵的、有价值的建筑类文献,包括元、明、清、民国时期和 20 世纪 50~60 年代的老北京地图。这些纸质的文献资料都存放在建筑学阅览室,是我馆的特色之一。建筑学阅览室的图书只能阅览,不能外借,再加上复本量小，难以满足读者对文献信息的需求。图书馆要以特色馆藏为基础，把有关馆藏资料数字化，以开展特色服务。建筑学阅览室应配合院系的学科建设，通过网络把自身所藏资源介绍给读者，提供数字化信息，正确引导读者使用该室的资源。这就要求图书馆员不仅需要一定的学历和文化素养，而且要有相关学科的专业基础知识，例如建筑学知识。

4.3 转变图书馆员的身份

4.3.1 人机合作模式凸显

大数据时代发展趋势将会是机器与人合作，图书馆能否发挥人的作用，将会是这场合作成败的关键。一方面，图书馆应当更多地关注馆员在信息服务中所起的作用。图书馆员应当完成信息管理者向知识提供者的转变。目前，图书馆对于高层次人才的需求与以往任何一个时期相比都更为紧迫。图书馆员的工作绝不是简单的体力劳动，必须在这些工作中注入大量的脑力和智力因素；另一方面，在日益发达的网络环境中，读者对图书馆外的信息的利用明显比图书馆内的信息的利用要多。图书馆员在这个时代的主要任务不仅是收集、组织与传递信息。更多的是提高解答疑问的质量。

4.3.2 开展图书馆参考咨询的微服务

图书馆微服务构筑了图书馆与读者之间的互动交流平台，读者需要什么样信息服务可以通过网络等多种微服务通道直接提交需求信息，图书馆根据读者需求信息更有针对性提供服务。不同年龄、不同职业、不同专业、不同教育水平的读者对信息需求有很大差异。因此图书馆有必要时对这些需求进行细分，针对不同特点，分别开展不同方式、不同层次的服务。为不同需求的特定目标读者群提供微服务是今后图书馆服务的一个研究方向。

4.4 针对不同层次的读者群体开展学科服务

在大数据时代，高校图书馆应针对各类读者群体开展不同层次的学科服务：对于学生群体，提供以资源推广普及、咨询和信息素养教育为主体内容的服务；对于教师群体，提供以合作式资源建设为特征、信息资源使用培训为辅的服务；对于科研群体，提供有关学科的国内外发展动态、学术前沿、热点问题、代表论著等信息服务。

5 结束语

为满足用户所需，高校图书馆应采取多种措施支持用户学习、科研：一是在图书馆服务的规则方面更加贴近用户，可对开放时间、借阅数量和期限等内容进行修改；二是在数据库服务上，资源更加丰富，分类更加清晰。在个性化网络服务上，通过邮件服务、分学科给用户定期发送最新的学科资讯和新书信息，开展学科交流论坛等；三是注重面向课题组用户提供学科服务；四是继续开设好"文献检索课"，提高用户的"文献信息检索与利用"水平，使用户面对海量的数据资源，可以快捷、准确地检索、使用；五是继续开展读书活动，提高读者文化素养、赏析能力、自学能力和应用能力。

参考文献：

[1] 李志刚. 大数据. 大价值、大机遇、大变革［M］. 电子工业出版社，2012，10：28-32.
[2] 黄铁英. 大数据背景下图书馆服务的思考［J］. 广西警官高等专科学校学报，2013（5）：77-80.

[3] 韩翠峰. 大数据带给图书馆的影响与挑战[J]. 图书与情报，2012（5）：37-40.
[4] 曹望昭. 建设特色馆藏开展特色服务[J]. 图书与档案，2011（23）：618-619.
[5] 张英. 微服务：开创图书馆服务的"蓝海"[J]. 图书馆建设，2011（7）：51-53.

作者简介：

蔡时连：(1963-)，女，理学硕士，副研究馆员，北京建筑大学资源建设部，研究方向为纸质资源建设、信息素养教育。

高校图书馆数字化发展应着力实现三个转变

李 婧

(昆明理工大学 图书馆 560500)

摘 要：信息时代，读者查阅文献资料逐步倾向网络化、数字化、数据化。高校图书馆要适应这一用户趋势，就要从发展理念、馆员的素质能力和服务方式上开拓思路，在传统纸质馆藏数据化，数字信息资源的深层次开发与利用等方面努力推动馆藏资源向数字化、数据化、网络化方向转变。高校图书馆只有实现这三个转变，将价值和定位深深植根于读者阅读数字化、数据化、网络化的需求中，才能实现可持续发展。

关键词：高校图书馆；数据化；理念转变；馆员培养；数字资源建设

大数据时代，读者信息获取方式发生了重大转变，传统阅读方式已难以满足快节奏、高频率、高效率生活方式下的读者需求。跨越时空和条件限制的数字化、数据化阅读因其迅速、快捷和方便而逐渐成为现代人的主要阅读方式。因此，如何从传统阅读方式下的管理服务模式向互联网数字化、大数据阅读方式下的管理服务方向转变，是高校图书馆当前面临的紧迫转型任务。

1 图书馆发展理念必须要向数字化、数据化方向转变

在互联网、数字化、数据化的基础上发展起来的移动信息、云端服务、网络MOOC、微阅读等新兴技术，快速改变着读者的信息需求与利用模式，传统图书管理服务中所形成的固定读者群和读者市场，已经被多种信息获取方式自由释放和任意分化，图书馆传统典藏与服务职能已经难以满足现代读者的数字化和移动阅读需求。面对如此颠覆性的信息技术革命，高校图书馆必须尽快从传统服务模式向适应网络化、数字化、数据化的管理模式转变，在建立电子文献资源数据库，开发文献资源数据技术，推广应用文献资源大数据方面着力，努力实现以服务读者数字化、数据化需求为核心，以建立储备和开发应用数字数据资源为重点，以"互联网+"为纽带，将传统的"物理图书馆"、"固定图书馆"逐渐转变为"数字数据图书馆"、"智能图书馆"和"移动图书馆"。在这场信息技术革命中，高校图书馆必须从"坐等读者到来"向通过网络数据"主动服务读者"转变。时不我待、形势逼人，这场观念转变事关读者对高校图书馆的价值认可和地位确认，也事关高校图书馆和图书馆管理人员的生存和发展。

2 图书馆馆员要尽快向适应数字化、数据化管理服务模式转变

目前，走在信息化前列的高校图书馆，已经由过去简单的固定地点藏书、固定时间对读者开放的静态物理文献信息存储和借阅空间，逐步转变成可满足读者移动、异地、

不受时空限制获取数字化、数据化文献信息的动态虚拟数据信息空间。高校图书馆的馆藏模式和服务方式也随之发生巨大变化。过去，高校图书馆的传统馆藏的数量受制于场馆规模、物质条件和经费保障，传统馆藏的质量主要依赖资源采访人员的知识结构、主观判断和好恶选择。而馆藏资源状况结构和分类查询方法，读者是不太清楚的，只有图书管理员才比较熟悉和掌握。因而，在图书馆文献资源建设和利用全过程中，无论是购买引进和馆藏分类，还是咨询、查询、登记、借阅、归还等每个环节，图书馆员都处于主导地位，读者处于被动地位。尤其在图书资源利用的具体过程中，读者更是都离不开图书馆员的帮助与参与。对于读者来说，图书馆馆员主要履行的是管理职能，对读者的服务帮助主要是外围性帮助和程序环节性帮助。而在网络化、数字化、数据化馆藏模式下，读者既是图书馆数据信息的查询者、利用者，也是图书馆馆藏数字、数据资源建设的提供者、参与者和建设者。他们可以在异地通过有线网络或无线移动载体，参与图书馆的数据资源建设，查询使用图书馆数据资源。在这一过程中，读者已由过去的"被动"转变为"主动"了，而图书馆员已由过去管理服务中的"主角"变为"辅角"。这里"主角"变为"辅角"，并不是图书馆馆员的作用和地位变得不重要，更不是对图书馆馆员的要求变得更低了。相反，是对图书馆馆员提出了更高要求。因为，读者请求图书馆馆员给予"辅助"时，一定是在读者自身无法完成查询或者查询结果不能完全满足需求时，才会向图书馆馆员提出进一步的，也是更加深入一步的数据信息服务要求。这种要求不是传统图书文献资源服务所能够满足的，而是一种更高要求的智能型、个性化数据需求服务。这就要求图书馆馆员必须从传统的"图书管理员"角色转变成为"数据技术使用专家"和"数据向导专家"或"某领域的知识领航员"角色，在读者解决问题的全过程中，为读者提供数字、数据技术使用知识培训，或为读者提供某学科、某领域、某专题的深度化数据挖掘、数据精细化整理分类、数据科学化分析筛选等一对一的个性化服务。因此，高校图书馆要实现从传统物理静态式的实物程序型管理，向网络型、智能型、数据型方向发展，就要建立一支能研究解决大数据采集、存储、筛选、分析等数据技术问题的数字化、数据化管理服务专业队伍。如何实现这种转变呢？一方面，要加强对现有馆员进行教育培训，引导馆员了解大数据发展态势，学习大数据知识，掌握和运用大数据相关技术；另一方面，要重视引进能熟练从事网络信息技术、数字化数据化管理服务的专业型人才，只有这样，高校图书馆向网络化、数字化、数据化发展才有基础和希望。

3 馆藏资源建设要努力实现向数字化、数据化方向转变

馆藏资源建设，是高校图书馆最基本的职能之一。传统的以纸本为主的馆藏规模不可能无限扩大，质量难以保障。加之，传统馆藏资源的利用是单个读者占有式的利用方式，这种利用方式很容易导致图书馆馆藏资源利用效率不高，且因高校图书馆之间的比拼竞争而出现相互封闭，难以实现不同学校的馆藏资源的共享问题。以数字技术、数据技术、网络技术为基础的现代化数字馆藏和虚拟馆藏，具有文献资源容量大、体积小、存储传输成本低、检索快捷、共享方便、利用率高等特点，有效解决了传统图书馆馆藏的发展和服务难题。因此，高校图书馆要把利用数字技术、数据技术、网络技术以实现馆藏资源的数字化、数据化和网络化作为未来发展的主攻方向，要从以下四方面加强高校图书馆馆藏资源

的数字化、数据化建设。

3.1 推进馆藏纸质资源的数字化、数据化

高校图书馆珍藏的许多有价值的纸质文献资源只有转变成数字化、数据化资源，才能方便读者通过网络快速查阅和实现高度共享，进而提高这些珍贵纸质文献资源的利用率。当然，高校传统馆藏纸质资源并不都需要数字化。对于那些读者利用率低、内容陈旧的原始馆藏纸质资源是没有必要进行数字化的。部分馆藏纸质资源虽有数字化价值，但还要考虑是否侵犯版权的问题。因此，馆藏纸质资源数字化，要重点选择本馆中的珍本、善本等珍贵资料，或有较高阅读价值并且利用率较高的纸质文献资料进行数字化、数据化处理。对于纸质资源的数字化、数据化可采取手工录入或机器扫描两种方式。纸质文献数字化时要采用超文本标识语言（HTML）对文本进行格式编码才方便检索利用；对动态性录像、录音、影片，要利用数字化软件工具将其转换成数码格式输入数据库；对于静态图片、画片、拓本、表格、票据、手稿等要用数码相机拍摄等方式以便更好地保存文献资料的原形。机器扫描是通过扫描仪对纸质文献进行逐页扫描，并通过数码工具实现文本格式的数码转换、文件压缩、加密控制等，再输入计算机并以图像和数字两种方式存储的方式。目前扫描速度可达每分钟上百页且可双面同时扫描。所以利用扫描技术也可实现大批量文本、图形纸质资源的数字化、数据化转化。当然，扫描中如果以图像文件形式存贮，存储空间占比较大，须借助于 OCR 光学字符识别技术将扫描图像转化为数字，才能成为可以任意检索的文件；如果是文本资料则无须借助 OCR 就可被计算机自动识别和检索。

3.2 做好数字信息资源的采购储备

数字信息资源具有不占图书馆排架空间、资源存储表现形式多样、展现更新速度快、可不受时空限制进行远程检索获取、易于资源共享等优势和特点，是当前高校图书馆馆藏资源建设的主要形式和主攻方向。高校图书馆数字信息资源采购和收藏的主要类型包括全文检索数据库、书目/文摘/题录/索引数据库、电子期刊数据库、电子书报、电子期刊数据库、Web 网站资源和有关应用系统软件等。全文检索数据库如 UMI、ABI、CNKI 等，均以具体篇章为单位，将一定学科范围内的同类期刊报纸的具体文章汇集在一起，通过刊名、作者、关键词、摘要等特定检索方式可检索文摘或全文；书目/文摘/题录/索引数据库，是在一次文献数据库基础上，加工整理后产生新的数据组合、确立新的数据结构方式，从而满足读者特定检索需要的可分专题和门类的二次文献数据库；电子书报是出版商或者数字图书公司制作的印刷书报的网络版，如 springer 电子图书、超星数字图书馆等；电子期刊数据库有商业期刊数据库和免费期刊数据两种，均以具体刊物为单位，将一定数量的电子期刊全文集合成一个数据库，保留了刊物的独立形式和卷期标识。数字信息资源的采购、储备和管理涉及比传统纸质资源更多的部门，其工作过程包括发现、采集、试用、授权、系统调试、发布、维护和评价等环节。

在数字信息资源的采购、储备过程中，要重点抓好四个工作环节：一是要对数字信息资源内容进行科学分析，看所购数据库是否符合本单位教学、科研和学科建设需求，特别要关注其核心期刊资源占比值和全文期刊使用年限问题。对于不能提供全文的数据库，要了解其全文传递和检索方式；二是采取试用期制度，重视读者评价和反馈。对拟采购使用的数字信息资源切勿简单盲目购买，要向资源提供商申请试用期。在试用期，要做好资源

信息的系统检索速度、功能完善性、简便性、稳定性以及资源内容完整性和本校利用率等相关信息的统计和分析，并结合读者试用情况选择访问权限和访问方式；三是要充分考虑数字信息资源的使用期限和存档工作。购买数字信息资源，多数只是数据库的使用权和访问授权，因此，要落实清楚使用期限，特别要注意如果停止续购或者技术系统更新后，之前订购的内容是否可继续使用或永久使用；四是要充分考虑数字信息资源提供方或代理商的后续服务能力，特别是使用过程中的数据增量和内容上线催缺、软件系统的更新与维护、读者使用情况的统计与分析等。

3.3 推进馆际资源共享，避免建设资金与馆藏资源的浪费

数字信息资源的迅猛发展、读者数字信息资源需求量的不断增大、数字信息资源购买和维护的高昂费用、高校在图书馆建设经费投入的有限性，这四者之间的矛盾是高校图书馆在推进数字资源馆藏建设过程中必然面临又必须解决的问题。解决途径就只有加强与其他图书馆的馆际协作，走资源共建、共享道路。推进馆际协作，要与多个教学、科研和学科发展背景相似或相近的高校图书馆建立协作联盟机制，通过合作机制来明确各个图书馆在数字信息资源建设上的任务分工、特色区分和资源共享等问题。这样既可实现各图书馆自身数字信息资源建设的特色区分而避免馆际资源建设的重复雷同，也可适当降低各高校图书馆在数字信息资源建设上的经费投入量，还可提高各图书馆数字信息资源的使用效率。

3.4 加大数字信息资源的深层次开发与利用引导

加强对数字信息资源的二次加工整理，为读者提供更为准确、便捷的查询阅读服务，是图书馆未来服务的主要方向，也是图书馆价值体现的基本方式。数字信息资源的深层次开发，主要是通过对数字信息资源的知识类型、类别辨认分类，解释和破译数字信息资源基本内涵，汇聚相同相关数字信息资源，剔除或摒弃不相关信息，提炼新理论、新观念、新知识、新举措，增强数字信息资源的针对性和有效性等方法来实现的。为此，要注意加强对网络数字信息资源的评价，排除虚假、重复、过期和模糊的数字信息资源，进而建立起分类目录式的资源组织体系、动态链接、学科信息资源库和检索平台，为读者提供高效准确的数字信息资源的检索导航。高校图书馆的价值只有根植于读者需求之中，其生存和发展之路才有广延性和丰富活力。

4 结束语

大数据时代，数字化、数据化、网络化技术引发的数字信息资源爆炸式增长和快速传递，对高校图书馆传统的资源建设方式和管理服务模式形成了前所未有的冲击。高校图书馆不及时转变发展理念，不努力培养适应性较强的高素质馆员，不着力推动纸质馆藏资源向数字化、数据化馆藏资源方向转变，未来的生存和发展就将面临困难和问题，高校图书馆馆员在读者心目中的价值和地位也将逐步失去。因此，实现以上提及的三个转变问题，既是当前高校图书馆发展形势所迫，也是高校图书馆馆员必须肩负起的责任与担当。

参考文献：

[1] 陈杰. 新信息环境下图书馆员角色转变刍议 [J]. 科技视界，2015 (18)：210-211.

[2] 崔华捷. 网络下高校图书馆馆藏的数字化管理 [J]. 兰台世界，2010（18）：73-74.
[3] 吕贤达，姜恩波. 电子资源管理系统发展状况与趋势 [J]. 图书馆里论与实践，2009（12）：p16-19.

作者简介：

李　婧：(1971-)，女，大学本科，计算机科学与技术，副研究馆员，昆明理工大学图书馆，研究方向为图书馆文化建设、文献资料搜集整理。

Ⅱ 纸质资源发展对策研究

高校图书馆纸质文献资源发展政策研究实证
——以北京科技大学图书馆为例

张 利 王 瑜

(北京科技大学 图书馆 100083)

摘 要：制定一个完整而规范的文献资源发展政策对高校图书馆的发展来说至关重要。本研究受到了中央高校基本科研业务费的专项资金资助，课题组经过充分的调研、仔细分析和归纳总结，制定了《北京科技大学纸质文献资源发展政策》，并对有关政策制定内容进行了介绍，希望能抛砖引玉，对其他高校图书馆文献资源发展政策研究能有所参考。

关键词：文献资源；发展政策；研究实证

藏书是图书馆为读者服务的最重要的物质基础，藏书建设是图书馆最重要的业务工作之一。20世纪90年代以来，为适应新的形势，图书馆界把藏书建设改称为文献资源建设，其外延和内涵都有了极大的扩展，其在图书馆工作中的重要程度有增无减。

1 课题研究背景

在高等教育界，历来都有图书文献是高校办学的三大支柱之一的说法，因而藏书建设即文献资源建设也历来是教育主管部门关注的研究课题。在宏观层面，应该有高校图书馆合作建立的文献资源共享体系，为全国高校的教学科研提供文献保障（教育部高校图工委于2007年主持编写了《文献资源发展政策研究》）；在微观层面，每一所高校图书馆都应建立满足本校教学、科研需要的文献收藏体系，并以此作为参与全国性或地区性文献资源共建、共享体系建设的基础。

1999年，在高校图工委的指导下，北京大学图书馆馆长戴龙基牵头成立了"文献资源建设工作组"，组织力量开展了高校图书馆文献资源发展政策方面的一系列课题研究，对高校图书馆规范文献采购工作起到了很好的指导作用。在课题组成果的启发下，各高校纷纷开始了自己学校的文献资源发展政策研究，而北京科技大学图书馆时至今日，在此方面的研究仍然是空白。

北京科技大学目前的办学目标是建成国内一流、国际知名的高水平研究型大学，因此，我校图书馆相应地力求要建成国内一流的、高水平的研究型图书馆。北京科技大学图书馆成立几十年来，收集和整理了100多万册书刊资料，但至今没有制定一个完整而规范的文献资源发展政策。正是在这种背景下，通过本研究的开展，将形成一个较系统的北京科技大学图书馆文献资源发展政策。根据北京科技大学的学科特色，将制订以"大材料"和"冶金学科"为核心的图书馆文献资源发展政策。同时，提出制订"以读者为中心"的图书馆文献资源发展政策。

2 课题研究内容及任务分解

图书馆文献资源发展政策的编制涉及内容庞大，工作繁重，由于时间和人力有限，我们把政策研究分为纸质文献和电子文献两部分，本研究完成了其中的第一部分，也即只针对纸质文献的发展政策研究，而把电子文献发展政策的编制放在第二部分。本研究在一年内完成了以下任务：进行有关文献资源和读者需求信息的调查、收集、分析和研究；描述北京科技大学的发展规划和教学科研任务；图书馆性质和任务的说明；馆藏发展目标和基本原则的说明；馆藏级别的划分和馆藏发展组织；文献采选的一般原则和采选方式；经费分配和控制；把整理修订的文献资源发展政策草案，在本校范围内公开，并征集意见进行修改、完善；撰写文献资源发展政策报告。

3 课题研究过程

3.1 国内外文献调研

国内外公开发表的文献综合反映了国内外在文献资源发展政策方面的研究成果。课题组通过对维普、CNKI、万方和SCI等数据库的检索，调研了国内外公开发表的有关文献资源发展政策方面的文献。

3.2 分析、归纳整理已有研究成果

通过大量研读国内外与本课题相关的研究成果，并加以分析和归纳整理，了解研究历史和现状，梳理出清晰的发展脉络，把握发展趋势，吸取成熟的、切实可行的文献资源发展政策研究成果，作为我们进行文献资源发展政策研究的依据。

3.3 提出文献资源发展政策研究方案

文献资源发展政策文件的编制工作由图书馆馆长主持，由具体负责相关工作的图书馆人员负责规划和起草，然后征求了相关院系教师和主管领导的意见。在进行有关文献资源和读者需求信息的调查、收集、分析和研究的基础上，图书馆提出修订建议和方案，经学校批准后实施。

3.4 完成研究报告的撰写

课题组在上述研究成果的基础上，撰写完成了《北京科技大学图书馆文献资源发展政策》研究报告。

4 《北京科技大学图书馆文献资源发展政策》内容简介

经过一年多的辛苦工作，我校图书馆文献资源发展政策的研究工作终于尘埃落定。本课题组主要完成了我校图书馆纸质文献资源发展政策的研究，包括以下几个方面的内容：

4.1 文献资源发展背景

图书馆是为教学和科研服务的学术性机构，其发展水平是学校总体发展水平的重要标志。北京科技大学的建设目标是成为"以工为主，工、理、管、文、经、法等多学科协调发展，规模适度，特色突出，国内一流，国际知名的高水平研究型大学"。我校图书馆的目标是与学校建设目标相一致，力求建成"国内一流，国际知名的高水平研究型图书馆"。其文献资源发展工作应包括实体资源和虚拟文献资源的有机协调发展，也涉及区域性文献资源建设的组织与协调，全国性乃至国际性文献资源合作与信息共享活动的参与和推动。

4.2 文献资源发展的目标

配合学校建设研究型大学的发展目标，将图书馆建设成为一个以材料和冶金学科文献资源为特色的研究型图书馆，并确保工、理、管、文、经、法等多学科文献资源协调发展；精心选择以获取各种形式的文献资源，建设结构合理、重点突出的文献资源，形成有显著特色（材料和冶金学科、本校教师著作）的优质文献资源结构体系；促进纸质文献资源和数字文献资源的协调发展，建设成全方位服务读者的优质、合理的信息资源中心。

4.3 文献资源发展的组织

由文献资源发展委员会和文献资源发展工作相关部门组成。文献资源发展委员会是本馆文献资源发展的指导和咨询组织，由馆长和主管文献资源建设的副馆长任正、副委员会主任，其他人员由馆内从事相关工作的采访馆员组成。文献采访、典藏及文献资源组织任务主要由采访部门承担，纸质资源的藏书布局、阅览管理、剔旧保护等工作由流通部、期刊部和资源建设部共同负责组织实施，文献资源评价由采访人员和学科馆员共同承担。

4.4 文献资源发展的基本原则

与学校的发展方向、发展目标及其学科建设保持一致，突出重点，兼顾其余，并根据学科专业发展变化调整文献资源建设方向，保持文献资源发展的连续性和稳定性，注重资源特色，保持和加强特色化资源（材料和冶金学科、本校教师著作）的建设。文献资源发展必须保持连续性和稳定性；图书馆必须保持和加强特色化资源（材料和冶金学科、本校教师著作）的建设；文献资源发展要根据学科专业发展的变化实际情况进行调整；综合考虑读者利用馆藏空间以及本馆经费情况等因素确定复本；注意数字文献和纸质文献之间的协调发展，进行有效的资源整合；不收藏不符合大学用户需求层次的出版物（如：高职高专、中小学等用书）；尊重知识产权，杜绝盗版文献的收藏。

4.5 文献资源经费的来源、分配和控制

我馆的经费来源主要是学校拨事业经费（含"211工程"专项经费、修购性计划、"优势学科平台"专项经费等）。图书馆经费占学校年度事业经费的5%左右。根据历年经费计划和使用数据，以及本年度采访计划、师生人数（特别是教师、研究生人数）增减、学科专业设置及重点学科增减、文献资源点变动情况、文献资源利用调查和读者建议、各类型文献出版发行情况、涨价幅度和其他影响因素分配经费。经费使用按照"保证重点、兼顾一般"的原则，既要保证我校各个学科文献的全面发展，又要适当向材料、冶金等重点学科和生物等新兴学科倾斜。财务审批：科技类图书超过100元、社科类图书超过80元的中文图书由主管副馆长审批；所有外文图书和中、外文期刊订单都需报主管副馆长审批。

4.6 文献资源级别的划分

文献资源分为完整级、研究级、学习级、基础级和少量收藏五个等级。

4.7 文献资源采选的原则、标准和方式

文献资源采访的原则需考虑采访的实用性、经济性、特色性和系统性。标准分为质量、价格、复本和版本选择。文献采访分为购买、交换、征集或接受捐赠、复制及呈缴等方式。

4.8 各类型文献的选择

中、外文图书及期刊的选择原则、标准及流程，内容繁多，此处不再赘述。

4.9 文献补缺

本馆文献缺失试定义为：学科专业方向或其分支文献缺失，某类别或某主题文献缺失，某研究机构或某出版机构文献缺失，某研究课题需要的文献缺失，某年度学科文献缺失，某作者文献缺失，某丛（套）书文献缺失，读者指定需要某文献缺失。

4.10 文献资源组织与布局

组织原则包括动态性原则、有序性原则、整体性原则和开发性原则。总体布局实行总分管理体制（原则）：根据学校校舍及各学院专业设置情况，采用总馆（主校区馆）与专业馆（分院与资料室）相结合的方式进行文献资源综合性图书与专业图书资源的整体布局，初步形成主校区图书馆与管庄校区图书馆、天津校区图书馆、管理学院资料室、文法学院资料室、外国语学院资料室、冶金学院资料室各分馆资料室的优势互补、资源共建（共享）相辅相成的校园文献资源建设一体化的文献收藏体系和保障模式。

4.11 文献资源流通管理与调配

文献流通管理由流通阅览部门负责，文献调配权在资源建设部。

4.12 文献资源保护与剔除

主要涉及流通及期刊部门的日常工作，内容繁多，此处不再赘述。

4.13 文献资源评价

评价标准包括文献资源保障率、读者借阅率、读者满意率、文献资源的学科覆盖率等评价标准。文献资源评价方法包括书目核对法和统计分析法。

4.14 馆际合作和资源共享

充分利用地处文化中心的北京优势，发展特色学术文献资源，努力构建具有本馆特色的文献资源发展合作体系，努力参与多种类型的资源共享项目建设。

4.15 附则

文献资源发展政策修订包括常规修订和非常规修订两种形式。一般以两到三年为一个常规修订期，进行全面修订工作。在常规修订期内，如果内外部环境发生较大改变，必须开展非常规修订工作。这些改变包括：a、图书馆流通管理体制或藏书布局发生重大改变；b、社会信息环境的发生重大变化；c、用户信息需求和使用方式发生重大转变。

5 结束语

本项目研究虽然取得了一定的研究成果，但由于时间和人力的限制，没有对电子文献资源政策研究进行更深入的评价，需要在今后的工作中做进一步的研究。

参考文献：

[1] 吴冰. 馆藏发展政策的制定及其在文献资源建设中的作用 [J]. 图书馆论，2000，20（2）：P43-45.
[2] 戴龙基. 文献资源发展政策研究 [M]. 北京：北京大学出版社，2007，10.
[3] 潘梅等. 开放存取环境下的大学图书馆馆藏发展政策 [J]. 现代情报，2009，29（10）：33-36
[4] 谭震锐. 高校图书馆馆藏发展政策评析——以厦门大学图书馆为例 [J]. 科技情报开发与经济，2009，19（27）：1-3.
[5] 张新兴. 国外馆藏发展政策研究综述 [J]. 图书与情报，2011（3）：7-13.
[6] 李少芳. 图书馆馆藏发展政策思考——美国乔治城大学法律图书馆馆藏发展政策及启示 [J]. 图书

馆建设，2011（10）：49-51.
［7］ 刘宝杰，杨燕玲，缪小燕. 中国高校图书馆藏书发展政策的问题与对策［J］. 农业图书情报学刊，2012，24（9）：98-101，109
［8］ 吴春浩，王敏. 美国高校图书馆馆藏发展政策研究［J］. 图书馆建设，2013（5）：32-35.

作者简介：

张　利：（1974-），女，硕士，副研究馆员，北京科技大学图书馆，研究方向为图书馆人力资源管理。

王　瑜：（1966-），女，硕士，副研究馆员，北京科技大学图书馆，研究方向为图书情报工作。

浅谈高校图书馆地方文献特色馆藏建设工作
——以北京建筑大学图书馆为例

朱晓娜

(北京建筑大学 图书馆 100044)

摘 要：高校图书馆在资源建设工作中不断积极探索，越来越注重特色鲜明的地方文献建设。本文主要从地方文献的发展状况入手，以本地区及本校特色馆藏文献资源建设现状为例，分析高校图书馆在特色馆藏建设工作中如何有效组织、充分利用地方文献，使其在教学科研中发挥其专业化的作用。

关键词：地方文献；馆藏建设；特色馆藏

引 言

地方文献有其独特的史料价值和文化价值，是学校教学及科研等个性化需求与服务的有效资源，也是提升学生文化素质，了解地方发展脉络的学习途径。所以，图书馆要确定好地方文献的采购原则及发展方向，加强对地方文献资源的收集和整理，做好地方文献资源数据库的基础开发和维护工作，建成具有地方性的特色馆藏，最终发挥其有效的作用，服务于教学、科研工作。

1 地方文献的概念

我国图书馆地方文献事业的奠基人杜定友先生认为："地方文献是指有关本地方的一切资料，表现于各种记载形式的，如：图书、杂志、报纸、图片、照片、影片、画片、唱片、拓本、表格、传单、票据、文告、手稿、印模、簿籍等"。此后，对地方文献的概念一直进行探讨，最无争议的概念即为：记录有某地区的知识和信息的一切载体。对地方文献概念的理解有广义的和狭义的之分。广义的理解为：地方文献是本地区一切资料。狭义地理解为：内容上具有地域性特征的一切出版物。因此，区域性和资料性是地方文献的本质特征。

2 我国地方文献资源建设现状

2.1 公共图书馆地方文献建设发展历程

1941 年，广东省立图书馆馆长杜定友指出："广东省图书馆此次复馆之初，即以保存广东文献为第一。"特设广东文献专藏，同时编制了广东史料、名人传目等内容的《广东文献索引》。

1956 年，周恩来总理视察云南省图书馆时指出：本地图书馆要将本地区的地方志尽可能收集齐全，利用地方文献遗产为社会主义建设服务。

1982 年，文化部颁布了"省（自治区、市）图书馆工作条例"，规定省图书馆的主要任务之一是：搜集、整理与保存文化典籍和地方文献。因此，从20世纪90年代开始的公共图书馆评估，把地方文献工作纳入了考评范围，极大地促进了公共图书馆的地方文献工作。

目前，各省市级图书馆的地方文献工作在队伍建设、文献收集、参考咨询、资源开发、讲座展览、数据库建设等方面都有了飞速的发展。绝大多数公共图书馆在为地方文献建设，包括地方志纂修、地方剧目编写、地方人物资料整理、地方科学史研究、古籍整理、地方史料教育展览等各个方面做了大量的文献服务工作，积累了丰富的经验。

比较突出的案例是首都图书馆的地方文献资源建设工作。20世纪60年代，首都图书馆设立了北京地方文献特藏书库，80年代又设置了北京地方文献部并一直延续到现在，主要收集内容上具有北京地域性特点，且具有保存价值和史料价值的各类载体形式的文献资料，并且采用专人负责采访，使用专用经费的模式，管理机制灵活，可操作性强。除设置独立的采访、编目、典藏、流通业务环节之外，还包括数据库建设、文献展览及各种文化讲座活动。目前，首都图书馆收藏北京地方文献5万余种，数字文献5个TB。在公共图书馆中，首都图书馆在地方文献的收集及利用方面做得算是比较全面并有代表性的。

2.2 高校图书馆地方文献建设发展历程

高校图书馆资源建设一般以本校学科建设方向为主，地方文献的采购不是资源建设的重点。地方文献的收集及整理工作没有公共图书馆的起步早，获取方面优势不明显，加之服务对象及受众面狭窄，地方文献的资源建设成果明显比公共馆相差甚远。而近年来，随着专业发展和科研需求，读者对地方文献资源的需求有了明显提高，高校图书馆在资源建设中也意识到了这一问题。在网络技术及现代化手段不断增强的形势下，文献资源的获取、分类、使用也得到了前所未有的发展。一些高校图书馆通过积极探索，根据本校专业特色，读者对象特征，及本地区文献资源分布现状，先后建立了特色鲜明的地方文献资料室或者数据库，使地方文献成为图书馆馆藏资源的重要组成部分，如厦门大学的闽台族谱文献，兰州大学图书馆的西部边疆文献等，都是依托地方资源的优势及本馆多年的馆藏结构而不断发展，突出特色，为读者提供特色的资源服务。

2.3 我校图书馆地方文献建设情况

我校图书馆地方文献建设的初衷是为了满足建筑学专业所需的关于北京地方史志、城市规划、文化教育、经济生活等相关文献的学习了解而组织采购的。近年来，围绕建筑专业所延伸的建筑文化、建筑伦理、建筑遗产保护、北京胡同文化等相关研究的不断发展，我馆的地方文献，尤其是北京地域性文献的方方面面的购置，形成了以建筑为主导的地方文献特色，包括北京地方文化、地方经济、地方史志、老北京胡同文化、建筑文化、风俗史志、北京名胜古迹等方面内容。

目前，我馆收藏北京地方文献中纸质文献5000余种，大部分是20世纪70年代至今的出版物，主要是图书，这部分文献已经全部数字化，可进行网络检索，在线阅读。从数量上看，相比公共图书馆动辄几万的地方文献品种，我馆显然不足。但从收藏内容上看，我馆的收藏以建筑方面为主，与我校专业契合度高，因此在学科信息服务，科研支撑方面有特色，有进一步发展及建设的必要。这部分纸质文献经过数字化制作，具备可复制、可检索条件，更方便知识的转移及传播。另外我馆已经建成的数字资源平台，如：北京地图资源包，数字北京等均属北京地方文献资源的范畴，只是文献载体形式不同，将其合理的整合及利用是图书馆开展特色建设和服务的基础。

3 加强地方文献资源建设，有效服务于学科专业

3.1 高校图书馆地方文献建设的基本原则

地方文献内容庞杂，分布广泛，所涵盖的学科是综合性的，与高校图书馆已有资源的学科专业分类交叉混合，利用起来不是很方便，因此，高校图书馆对地方文献有必要建立单独的专题库，并从实际工作出发，制定地方文献建设原则，确立地方文献收录范围，有针对性地开展地方文献资源的收集、整理与加工等工作。选择文献时，除考虑其地方性特色外，还要兼顾本校的学科特色和学校自身特色。只有与学校的学科专业，特别是重点学科专业发展方向一致才能展现其作用，突出其特色，才能满足高层次读者的科研需求。

3.2 我馆地方文献建设的工作方向

3.2.1 注重地方文献的收集

地方文献的收集难点主要是范围难于界定，重视程度不足，受采访人员素质，经费满足度等多种因素影响。针对上述问题，我馆主要采取如下措施：首先，对地方文献的采购策略，制定翔实的文献采购内容及收集范围；其次，有计划地进行文献征集活动，鼓励老师、学生及社会读者捐赠或者推荐文献资料；再次，在经费不足的情况下，争取院系经费协调选购。为了保障尽量采购齐全品种，可以适当降低复本。对于一些年代较早，市场无法购买的地方文献，收集的难度是可想而知的，这类文献可以采用电子书的购买方式，或者加强高校图书馆之间的合作与资源共享模式，以满足读者需求。

3.2.2 做好地方文献的宣传

充分利用本馆的资源优势、空间优势和人才优势，通过组织活动，宣传和推介我馆的地方特色馆藏的同时，也能让读者参与到地方特色馆藏资源建设中来。本馆利用文化讲座方式聘请专家、学者开展专题讲座，吸引读者参与地方文献资源建设工作。如聘请我校专门研究北京胡同、北京民俗的专家教授，聘请收藏老北京照片、物事、故事的收藏家等开展系列讲座。这种生动的系列讲座，让读者对老北京文化有更深的了解之外，也使读者对地方文献有了极大的兴趣，为提高馆藏地方文献资源的利用率打下了基础。

3.2.3 发挥地方文献的学科化服务作用

近年来，围绕地方文献的专题研究在快速增长，而具有学校学科特色的地方文献不但是彰显馆藏特色的途径，也可开拓高校学术研究的新领域，如北京联合大学的"北京学"、上海大学的"上海学"等研究、首都师范大学的"北京史专业"，以及我校的"北京建筑文化研究基地"各类项目的研究等。

按照学科分类、专业特色，或者以文献内容为导向将文献资源有序化，利用网络通信等现代信息技术增强地方文献知识资源的可知性与可获取性，是科研服务的基本条件。目前我馆已对现有的纸质北京地方文献进行了数字化制作，逐步建成北京地方文献数据平台。另外我馆北京地图特色资源包和数字北京数据库的建成开通运行，取得了显著的效果。围绕北京地方文献这类资源展开的科研项目，如"老北京城三维数字化项目"，"老北京地图册"及相关的建筑文化的研究项目相继开展并取得了一定的成效。利用本馆地方文献资源优势，对读者开展针对性的学科特色服务，与研究地方文献相关的科研项目团队合作，提供代查、代检信息服务，文献支持服务，使地方文献特色馆藏发挥其有效作用。在

服务过程中信息的及时反馈,也为馆藏文献的建设提供建议和数据支持。

4 结束语

在长期的地方特色文献资源建设中我们发现:要结合我校重点学科专业,扩大地方文献范畴,加大投资力度,最好争取专项经费支持,成立专项特藏团队,开展地方特色文献资源数据库的建设工作是可行的,也是必要的。此外还要重点加强与地方高校的通力合作与资源共享,争取与地方社会企、事业单位的联系合作,成立各类研究基地,促使有特色的北京地方文献资源在教学、科研领域发挥更大的作用。

参考文献:

[1] 周苏华. 市级图书馆地方文献工作的障碍与对策 [J]. 图书馆理论与实践,1999 (4):58-59.
[2] 康红梅,何雪琴. 浅析高校图书馆地方文献资源建设 [J]. 科技视野,2015 (12):166.
[3] 张居兰. 高校图书馆地方文献资源建设刍议 [J]. 学理论,2012 (21):149-150.
[4] 李诚. 首都图书馆北京地方文献工作综述 [J]. 图书馆,2011 (3):125-126,128.

作者简介:

朱晓娜:(1975-),女,大学本科,土木工程,副研究馆员,北京建筑大学图书馆资源建设部,研究方向为资源采购与文献编目。

新技术环境下高校图书馆中文纸质图书采访模式的思考

朱再春

(北京石油化工学院 图书馆 102617)

摘 要：新技术环境下，传统纸质图书采购模式已经不能满足读者阅读需求，以用户需求为核心的智能化采购模式是高校图书馆发展的必然趋势。本文探讨了当前高校图书馆纸质图书采访存在的问题，提出在移动互联网、云计算、大数据等新技术下，高校图书馆应提高自身新技术的适应能力，并与书商、出版社建立新的合作模式，让读者更多地参与购置书籍的过程，使图书采访工作向着多元化与便捷高效的方向发展，最大限度地提高读者纸质图书需求的满足率。

关键词：高校图书馆；图书采访；纸质图书；新技术

虽然数字图书馆迅猛发展，但中文纸质图书仍是当下高校图书馆文献资源建设的重点。中文纸质图书采购主要是书目采购、Marc 数据采购以及现场采购。近几年，在这种方式下采购的纸质图书利用率持续下降，说明纸质图书采购质量与读者的需求差距拉大，传统采购模式的缺陷影响了图书采购质量，也降低了读者的阅读兴趣。在信息技术的高速发展下，这种采访模式已不能适应读者需求。随着图书出版数量和图书定价的迅速增长，图书采访经费日益紧张，高效、准确地挑选符合读者需求和学科建设、发展的精品图书成为高校图书馆纸质图书建设的重点。

1 读者决策的图书采购模式探讨

图书馆对读者文献需求的了解和掌握是图书采购的关键所在。采访人员只有在了解读者需求的基础上，才能有效地选出高质量、符合读者实际需求的图书来，体现"以读者为中心"的图书馆理念。读者决策采购可以最大限度地满足读者需求，既提高了读者参与采购的广度和深度，又延伸馆藏资源范围、节省图书购置资金、提高资源的使用效率。

网络技术的发展对高校图书馆的图书采访工作来说既是机遇也是挑战，图书馆需要在"互联网＋"的模式下，通过对图书采访信息的传递、甄别、筛选、控制、决策机制的建设，形成公开、透明、畅通、有效的信息交流渠道，以提高图书采访工作的质量，满足网络信息环境下不同的读者群体对信息资源的不同需求。

2 高校图书馆中文纸质图书采访存在的问题

2.1 招标采购追求低折扣影响图书采访质量

目前，高校图书馆纸质图书采购是通过政府招标形式确定合作书商，然后由书商提供采访数据，图书馆发送订单给书商完成图书采购整个流程。通过书商采购图书方便、快捷，在很大程度上能够保证高校图书馆及时购置所需的专业图书。但由于参与招标的人员不了解高校图书馆文献采访工作，招标时过于重视折扣率，却忽视书商的供货能力和服务质量。低折扣中标书商提供的文献采访信息并不全面，隐瞒高折扣的专业图书出版信息，扩大了低折扣的文学休闲类图书的出版信息。为了追逐利益，中标书商大量配送小出版社的图书，像高教、科学、清华等大出版社的专业图书由于折扣高盈利小而到馆率低。对于畅销图书、公务员考试、考研和职业考试类图书因容易零售而到馆率低且到馆时间长，经常是相应的考试已结束，图书才到馆，不能及时满足师生的借阅需求。

2.2 采访人员时间精力及知识背景影响中文纸质图书采访质量

采访人员是图书采购工作的执行者，采访人员必须具备较高的专业知识、丰富的工作经验及对本图书馆的馆藏结构和学校的学科建设有比较深入全面的了解，并知道师生的阅读喜好，否则将难以采集和选订读者需求的高品质图书。中文纸质图书采访人员一般就一个，工作精力和知识结构都有限，不可能掌握图书馆馆藏资源所涉及的全部学科知识，所采购的图书并非都是读者所需，造成许多图书长期压架、无人问津，而一些读者又找不到所需资料的尴尬局面。随着网络技术发展，让读者成为图书采访的主导者必将提高所购图书的读者满意度。

2.3 读者参与图书采购积极性不高，未能提高图书的使用价值

图书馆网页上虽有多种荐购图书的方式，但读者参与图书选购工作积极性不高：一是由于读者不能提供所荐购图书的详细信息而采购不到；二是有些图书从读者荐购到图书到馆上架所需时间较长，降低了读者的借阅耐心；三是有些读者荐购的图书由于出版时间较长，书商和出版社无货，而亚马逊、当当等网上书店却有货，图书馆却由于招标确定固定书商供书，无法在亚马逊、当当等网上书店购书；四是荐购图书到馆后不能及时通知荐购者，无法调动起再次推荐的积极性。因此，图书馆不能通过读者荐购提高图书的使用价值和图书的利用率。

3 新技术环境下图书馆、书商、出版社的合作模式

随着网络技术的发展，数字图书馆与移动互联网、云计算、大数据等新技术的应用，将"互联网＋"技术的理念和思维模式应用于图书采购领域，将出版社、书商、图书馆和读者之间相互联系起来，秉持"以人为本"的服务理念，把读者的实际需求作为采购工作的出发点和立足点，从而提高图书采购的针对性、有效性、购书质量和图书利用率。读者决策采购，一种新型的图书采访模式，可以根据读者的实际需求与使用情况，由读者和图书馆共同决定图书的购入。高校图书馆与书商、出版社应转变观念，利用"互联网＋"新技术，建立有益于读者的新型合作模式。

书商应与出版社定期保持业务沟通，并将书籍分类，如可分为：热门畅销型、读者偏爱经典型、书商推荐型、高校专业学科型等，打破以往单向获取高校需求的局面，实现双向对话，不仅接收高校图书馆的需求信息，而且让自身与出版社的市场信息流向高校，互通有无，实现读者至上的新的文献资源购置模式。

适应新时代的要求，高校图书馆可定期开展图书馆、读者、书商、出版社联动的分享会，让图书馆采访人员、书商、出版社及时了解高校师生的阅读倾向、兴趣和需求变化，

从而在今后的图书购置过程中有的放矢。图书馆也可以定期邀请供应商来学校举办现场书市，让广大师生自由选择心仪的书籍。这样，一方面可以让供应商了解读者的诉求，另一方面也可以让高校书籍的传播力得到提升。更为关键的是，提升供应商书籍销售的速度，实现高校图书馆、书商、出版社的三赢。

4 新技术下读者决策中文纸质图书采访模式

4.1 利用数据分析挖掘分析技术指导图书采购

图书馆应开发大数据分析系统，利用数据分析挖掘技术，可以根据高校师生人数、已有馆藏情况、图书检索和借阅情况、藏书分布和每册图书的图书性质等相关数据信息，挖掘不同专业、年级、性别、研究方向等读者的需求偏好，结合学校发展方向、学科设置、专业分布、学生数量、教研方向等，指导图书采购方向。

图书馆在获取书商提供的采访数据后，结合大数据分析系统提供的读者需求分析，智能化判断重点采购、大量采购和不需采购的图书，采访人员根据系统智能分析和推荐，结合自身经验选购图书，确保图书采购工作的高质、高效。

4.2 高校图书馆与书商互动购书模式

高校图书馆应与大书商合作，大书商配书经验丰富，提供的图书品种全质、量优，并将书籍分类，如热门畅销型、读者偏爱经典型、书商推荐型、高校专业学科型等。高校图书馆应在馆内开辟出专门的房间或书架，供书商长期将新出版的，与高校重点专业相关的图书和热门畅销图书举办现场书展，每两周或每月更换将新出版图书送至图书馆，并提供展出图书的采访数据和编目数据，还要拉走前次书展未选中的图书。读者可以在书展内自由选择自己喜爱的书籍，选中的书籍由工作人员现场查重，贴条码，盖馆藏章，采编部门优先进行编目典藏，转给流通部后即可外借。但加工时间不能太长，要让读者尽快借阅。该采购模式集"采、藏、借、阅"为一体，能大大提高读者的参与程度，有利于及时了解读者的阅读需求，充分发挥图书的时效性，提高文献保障率及藏书的质量和利用率。采访人员根据读者选中的图书再向书商补订复本量图书，以满足图书馆藏书复本要求。

书商长期在图书馆办书展，由于地方有限，师生所需要的书不可能全部展出。大书商自身技术条件好，一般都建有自己的网络平台，利用互联网和大数据技术开辟专门面向图书馆的网络平台，并与高校图书馆平台实现无缝对接，使师生在校内通过图书馆平台直接进入书商的图书信息网，读者可以随时选择合适的图书到书商平台上为图书馆专设的购物车中，采访人员定期下载购物车中的图书信息进行查重，发订单给书商及时配送图书，以保证所购图书及时满足读者需求。

4.3 高校图书馆与出版社及书商合作购书模式

出版社是图书采购的源头，图书馆与出版社之间需要通过书商相联系，馆社间是一种以书商为纽带的间接合作关系，缺乏直接有效的沟通，出版社不能及时了解大学师生教学科研需求的专业图书，出版社出版的图书不能完全符合大学院校师生教研需要。根据本校学科设置和馆藏需求，对相关出版社的综合实力进行全面考量，图书馆要选择与本校学科专业关系密切的出版社作为合作伙伴，如与学校机械、信息、化工专业相适应的机械工业出版社、清华大学出版社、化学工业出版社和科学出版社等作为重点合作出版社。

大出版社自身技术条件好，一般都建有自己的网络图书平台。出版社要开辟专门面向图书馆的网络平台，师生可以将教学、科研中需求的专业内容详细地反映在出版社平台上，出版社可以根据师生需求组织专家出版相应图书。出版社也可以将新书出版情况分门别类加以整理定期提供给图书馆采访人员，便于采访人员有针对性地选择图书，确保图书馆及时充分掌握图书出版动态，构建多元化的采访数据来源渠道，从源头上为图书采购工作提供可靠保障，避免对馆配商采访数据的过度依赖。

由于高校图书采购必须实行招标的限制，目前图书采购仍以中标书商代为采购，图书馆要与书商和出版社签订一个三方协议：一般图书由采访人员给书商发订单，书商组织图书给图书馆。对于定制和急需的重要图书，出版社可以直接将书发送给图书馆。图书馆根据接收的图书签收图书接收单，根据三方协议，图书馆将出版社直发给图书馆的书款以图书接收单为依据付给书商，书商再付给出版社。

图书馆与出版社建立直接业务关系，可以大大提高图书信息传递的速度和效率，最大限度地保证了图书馆购书品种、订到率和及时性，促进了馆藏建设水平的提高，满足了读者对信息资料快、准、新的要求。

4.4 利用微信采访平台让读者随时随地参与图书采购

随着智能手机的推陈出新和普及，图书馆的移动服务用户群体日益壮大。设计一个适用于智能手机的图书荐购系统，更符合新技术下图书馆的发展。随着微信的快速发展，越来越多的图书馆构建微信平台。图书馆微信平台注重书刊催还、预约与续借、读者证办理与挂失、信息查询等服务，但对图书采购、荐购关注度低。构建图书馆微信采访平台，读者只要关注图书馆微信，就可以参与到图书采访过程中来。

微信采访平台是微信环境下图书馆个性化采访的创新。利用智能手机终端，将单一的图书书目信息转化为文字、图片等形式，发布方式便捷、传播速度快、交流互动性强。读者突破时空限制，利用微信能随时了解最新书目信息及图书推荐动态。

为了让读者能充分参与到图书馆日常采访业务中来，微信采访平台实时发布图书采访书目数据。图书馆要求书商出版社所提供的采访书目数据是与馆藏数据匹配并能批量查重。微信采访平台图书选购形象、直观、方便、直接，读者只需要在微信界面轻轻一点就能推荐图书，读者参与度高，一定程度上满足了读者对急需图书的需求，提高了图书利用率。

4.5 授权专家网上购书的个性化图书采访

高校图书馆可以尝试对重点读者急需，且书商及出版社购买不到的有实用价值的图书通过亚马逊、当当网等网上书店进行补充采购，可采用货到付款的方式以保证资金安全。或者授权部分老师（如校聘教授、博导等）自行网购，由图书馆入账报销加工后再借给老师使用。

5 结束语

纸质图书是高校图书馆馆藏资源的重要组成部分，互联网＋、大数据、微信在图书采访上的应用，有传统图书采购模式不可比拟的优势，图书馆的采访工作进入了新的发展时代。图书馆应采取读者、图书馆、书商和出版社的多方合作，多方的学术和信息优势大胆尝试合作的新模式，探索新的购书方法，大力发展图书馆以读者至上、以人为本的观念，使采访工作以学科需求为中心，结合不同的读者喜好，向着多元化与便捷高效的方向发展，大大提高纸质图书采购的效益。

参考文献：

[1] 徐岚. "互联网＋"与高校图书馆图书采访机制的构建 [J]. 大学图书情报学刊，2016，34（1）：53-57，69.

[2] 张甲，胡小菁. 读者决策的图书馆藏书采购—藏书建设 [J]. 中国图书馆学报，2011，37（2）：36-39.

[3] 樊国萍. 高校图书馆中文图书采访的合作：基于书商采访数据特点的视角 [J]. 图书馆学研究，2012（17）：45-48.

[4] 周群. 图书馆 PDA 微信采访平台构建 [J]. 图书馆论坛，2016，36（1）：100-104.

作者简介：

朱再春：(1970-)，女，大学本科、会计学、馆员，北京石油化工学院图书馆资源建设部，研究方向为纸质图书资源建设。

Ⅲ 图书馆空间设计与用户体验服务

"高校第三空间"理念下的大学图书馆空间设计初探

马 琳

(北京建筑大学 图书馆 102616)

摘 要：高校图书馆作为高等学校的文献情报中心，是培养学生科研、创新能力及信息素质的"高校第三空间"。传统的以"藏和借"为主的使用功能不能满足新时期高校发展需要，场所提供的空间价值及环境感受成了新时期图书馆使用者关注的热点。本文从"第三空间"理念出发，辨析了"高校第三空间"的特征，明确了大学图书馆作为"高校第三空间"其空间构成要素，围绕"书味文化"、"场所"、"体验"三种功能空间，从外环境和馆舍内环境两个角度，探讨了空间设计时应注意的问题及设计方法，为塑造图书馆个性化空间提供科学依据。

关键词：高校第三空间；大学图书馆；图书馆空间设计

随着数字技术的应用和大数据时代的到来，作为高等学校的文献情报中心，高校图书馆肩负教学科研及文化传承的双重任务，成为培养学生创新能力及信息素质的重要场所。图书馆传统的以藏借阅为主的单一、封闭的使用功能不能满足信息时代的发展需要，场所提供的空间、服务价值及环境感受成了新时期图书馆使用者关注的热点，给图书馆空间设计和利用提出新的挑战，引发了国内外建筑师对图书馆建筑与环境空间设计的热潮，涌现了一批造型前卫的高校图书馆建筑，旨在将图书馆打造成生活空间、学习空间之外的第三空间，即集交往、休闲、创作、科研于一体的高校社会空间。然而过于追求平面构成效果与图案化的布局，及工程项目施工进度的紧迫要求，导致了一些图书馆建筑空间设计缺乏个性化，忽视了真正的空间体验，难于塑造满足校园第三空间功能的适宜场所，失去了高校图书馆应有的学术、文化氛围，这就要求建筑师、图书馆员和读者在内的一切空间塑造和使用者重新思考，未来高校图书馆应由哪些空间构成，这些空间在设计时应注意哪些问题才能真正满足使用者需要，使知识获取、文化参与、沟通交流、科技创新等以人为核心的现代高校图书馆功能得以有效发挥，这是本文要探讨的问题。

1 高校第三空间的个性化需要

美国社会学家 Ray Oldenburg 从社会学角度提出了"第三空间"的概念，即第一空间是生活居住空间，第二空间是职场工作空间，第三空间是公共交往空间，包括咖啡馆、图书馆、博物馆、城市公园等。第三空间的最大特点是在自由的氛围中积聚人气和资源，是一个充满人文关怀的处所。图书馆作为第三空间已达成共识，而第三空间概念全面引入图书馆研究领域则源于 2009 年在都灵召开的国际图联卫星会议，此次会议的一个主题为：作为第三空间的图书馆，通过聚焦图书馆建筑和设备，着力创新图书馆理念和服务模式。

都灵市图书馆在 Ray Oldenburg 提出的第三空间概念的基础上提出了新的理念，认为第一空间是为生活困难的人解决住的问题，第二空间是为失业的人解决生存问题，而第三空间是为不同文化与民族的人解决精神层面的温饱问题。这一提法影响人们对传统图书馆功能定位的认识，它使图书馆不单单是获取知识的地方，而是融入了人文精神、文化内涵、艺术修养的综合体。第三空间提供给人的不仅是一个场所，而是"非生存、非就业"的第三种自在的状态，是人们对环境的全新体验和感受。图书馆建筑与空间设计应与这种感受相结合，营造一种阅读享受基础上的更高层次的生活享受体验场所。

高校是特殊的社会场所，其第三空间应有别于城市公共第三空间。首先，不同于城市公共第三空间受城市规模的影响，高校第三空间位居校园内部，可通过校园内部交通到达，可达性更高，这将很大程度上提高第三空间的利用率；其次，从使用者角度来说，高校第三空间的使用者是师生，具有专业化的知识结构，其交流的主题更具有专业化特点，对第三空间所能提供的服务功能要求更高；再次，使用者以学生居多，属年轻群体，在信息化影响下，他们的社会交往方式更注重虚拟空间与实体空间的交互，这使得高校第三空间更应具有信息密集性、功能多样性、空间流动性等特点；最后，高校是学术创新基地，要求第三空间能够提供支持创新服务的软硬件设施设备。上述这些特点，要求高校第三空间无论是空间布局还是服务功能，都应具有个性化。

2 高校第三空间理念下的大学图书馆空间构成

服务功能多元化和开放性，是高校图书馆作为最典型高校第三空间的特征。图书馆通过有效场地和便利条件为师生提供文献资源、信息素养教育、研修、思考、展览、交流、创客制作、休闲阅读等多种多样的个性化服务，增强了图书馆与读者之间的互动，充分体现出高校第三空间的人文气息和情感关怀。从具体的空间功能看，第三空间理念影响下的高校图书馆空间构成主要体现在以下五方面。

2.1 书味文化空间

图书馆作为具有悠久历史的社会服务机构，其藏书和围绕藏书文化开展的各类服务空间应予以保留，并在空间布置和设计方面展开创新。保留传统集中藏书区以保存图书馆"书文化"空间服务的核心功能，并在此基础上，挖掘新的空间形式，提高文献利用率。可考虑拿出图书副本，突破传统排架方式，按照不同主题，例如：按学科、文献类型、文献语种、使用频率等，单独组织小型书文化空间，并配以馆员提供相关主题的介绍和其他信息咨询服务。书味文化空间注重读者的阅读和浏览需要，有利于区别化对待读者，这种方式将有效聚合具有相同阅览需要的读者，方便交流和扩展阅览深度，符合第三空间聚集人气和资源的基本特征。

2.2 场所感交流空间

场所感交流空间是一切能够为读者创造精神家园的文化环境，包括学习空间、展示空间、共享空间，其特点是多元化和开放性，注重读者之间的交流及读者对环境的空间体验。学习空间包括书刊阅览区、自习区、可容纳 5-10 人的小型研讨室和能接纳 1-2 人的微型研究包厢。该空间注重读者自修和小规模研讨，空间体验以静为主；展示空间为图书馆的文化窗口，是举办展览和展示图书馆及高校历史的场所，空间形态应规则且具有明确的界限，一般分为校史展览区和一般展览区。展示空间人流多，噪声大，空间体验以"闹"

为主，应设在入口区域或远离学习空间的独立区域；共享空间是一个多元化空间，包括为读者提供社交、协同学习、交流研讨、培训教学等服务功能。空间组成上可包括报告厅、研讨室、休闲区、咖啡吧、培训中心、音乐厅等场所。共享空间的服务功能决定了其具有噪音大、使用者多的特点，因此该空间给使用者的心理感受是热闹、轻松、自由，在空间划分时应与其他空间分隔、独立，或者选择隔音较好的区域并配以绿色植物烘托轻松的环境氛围。

2.3 多媒介体验空间

多媒介体验空间是一个以新媒体与数字资源为载体的虚拟交流空间，它注重读者与动态资源、虚拟世界的交流和体验。该空间分为多媒体空间、数字媒体体验区、报告厅、会议室、音像视听室、电影放映室、音乐沙龙、摄影室、地图室、VR虚拟现实空间、模型室、创客空间、3D打印室和设计创意区等。其中创客空间（tech shop）也称为制造空间（makerspace），是供使用者自行开展手动型探索和学习的场所，馆员为使用者提供材料、工具设备和技术指导，协助其完成创意制作。在创客空间内应具有数字加工区和DIY制作区，区域内提供诸如3D打印、数字媒体制作、模型制作、传统手工艺品制作等功能型技术服务。

2.4 建筑感文化空间

图书馆建筑本身是一个艺术作品，具有独特魅力，诸如门、厅、堂、室、窗、壁、天花板、通道、密室、楼梯、电梯、开放空间、非开放空间（消防安保监控室）、半开放空间（办公场所、库房等），以及为图书馆开馆服务提供保证的建筑设备及内部工作空间。这些建筑空间或建筑构成元素、符号通过结构、材料、构件、色彩等传达着其独特艺术语言，给读者的五官造成不同感觉冲击。同时配以匾额、楹联及植物装饰又增添了建筑空间的文化释义。这样的建筑文化空间注重人与建筑物本身的交流，读者置身其中，看建筑、读建筑、写建筑、说建筑、聊建筑，从建筑符号、空间和文化释义中参悟图书馆建筑物所要表达的美学内涵。

2.5 建筑设备及内部工作空间

图书馆日常开馆服务需要诸如服务器室、空调机房、能源管理室等设备空间和诸如图书修复、采编加工、展览制作间、物品储存室和馆员办公等内部工作空间提供保障。设备空间对管线、水电、噪声、环保等要求较高，需要严格独立设置，并且预留出与读者活动区域隔离的消防通道。内部工作空间是图书馆业务运行的保障，对采光、通风和温度有一定要求，应独立设置并且定期维护。

上述几个空间将成为未来高校图书馆空间发展的趋势，特别是场所感交流空间和多媒介体验空间，是第三空间理念影响下的个性化服务空间，其中学习空间类似等同于原有的阅览空间，但在功能、布局、设计上都要做新的改变，而创客空间、展示空间和共享空间将逐步成为使用者频繁利用的核心服务。

3 高校第三空间理念下的大学图书馆空间设计探讨

高校第三空间理念下的图书馆空间构成为高校图书馆空间设计提供了理论指导和现实依据，使图书馆建筑担负的不仅仅是藏书借阅等场所功能，还承担了环境导向、艺术审美、文化展示、专业学习等人文关怀功能。"高校第三空间"理念的特征，使图书馆建筑由以"书"为核心的服务，转向以"人"为核心的服务，满足了高校师生日益增长的精神文化需要。在环境空间设计上，也应以高校第三空间理念为指导，充分体现图书馆空间的个性化特征。

3.1 外环境空间设计

图书馆外环境空间是读者融入图书馆的第一空间，规则式的广场、草坪、树阵、水系等景观元素能够为图书馆开展阅读、展览、集会等活动提供场地，无形中集聚人气，增强读者对图书馆的情感认知。外环境设计应注重展示性设备的布设，如在馆外空旷地设置展示牌、电子公告牌和多媒体展示屏，发布馆内和校内信息，使其成为图书馆传递文化信息的媒介。对于广场面积较大的图书馆外环境，可设置阶梯链接图书馆建筑和广场，使图书馆建筑位于阶梯的基座顶部，成为整个场地的主景，烘托图书馆严谨的学术氛围。同时阶梯可作为室外"书味文化空间"，读者可随意坐在阶梯上阅读，增加阅读空间的多样性。阶梯具有引导方向的功能，在引导读者进入室内阅读空间的同时，引发其心理感知，将室内外空间阅读氛围有效融合。这种设计既扩大了空间，又使图书馆与其室外公共空间得以有效互动。中国国家图书馆就采用了这种设计方式。外部空间的植物景观设计，应体现人文关怀。设计时应注重乔灌草三个层次的竖向搭配，特别是注重季相搭配，早春开花与秋景观叶的植物高低错落，营造"四时"景象，创造出"一年四季常有景，远近高低各不同"的意境。植物材料选择可考虑乡土树种和能够体现地方及校园文化的"经典"植物，表达出图书馆作为高校第三空间的文化韵味和精神内涵。对于有条件的图书馆，屋顶设计可考虑大面积引进自然光源，玻璃屋顶体现生态节能的理念，是不错的选择，并应考虑利用屋顶空间营造诸如咖啡店、音乐吧、研讨区等共享空间，并配以能够烘托轻松愉快氛围的盆栽花卉、置石、水钵等景观小品，营造愉悦的环境氛围。

3.2 馆舍内环境空间设计

藏书和阅览场所是图书馆内环境空间的主体，设计时应打造舒适、便捷、功能完善、具有亲和力的氛围。应避免"墙"式隔断产生的围合感，采用大开间、软隔断的空间布局，打造富于变化的空间形态。以陈设线条柔美家具设计作品，来打破图书馆建筑由于材料和力学结构的限制而使空间设计很难体现自由化和个性化的局限。对于"主题型"书味文化空间，可根据阅览主题设计空间环境。例如以建筑学科为主题，利用走廊、墙壁、地面铺装、转角空间等传递建筑学科的信息，体现学科特点；采用文字、模型、仿真实物、雕塑、展板和标示牌等展示学科发展历史和知识结构，使读者走进该空间，就能感受到学科信息和图书馆环境设计相融合的氛围，并在该空间内部设置隔音较好的能够容纳1-2人的小型研讨厢，方便具有相同学科背景的读者深度交流。

对于场所感交流空间内的阅览家具陈设应便捷、舒适，旨在为读者提供多样化的"阅览"场所。例如便携式可折叠的多功能桌椅、可供躺卧的袋椅、清洁的地毯等，创造出随性的阅读学习空间，读者可根据自己的需要，随意变换造型，找到最适合自己阅读的姿势。并做到无线网络全覆盖，同时配有一定数量的可移动式的阅览设备，方便读者利用网络资源延伸阅读深度。对于场所感交流空间中以"静"为心理感受的学习空间，设计时可利用屏风、家具等软隔断组织空间流线，并通过具有文化寓意的植物，例如松科、竹科盆景，或者花色淡雅，香味清幽的花卉，如栀子花、米兰、君子兰、绿萝、红掌等烘托安静氛围；共享空间因其功能多元化特征，设计时应满足开放性和灵活性原则，空间形式应结合图书馆建筑的特点布置，如底部局部架空、屋顶露台、中庭变换、空间转折与镂空等手法。空间色彩应以暖色调为主，给读者以亲切之感，还应注意自然通风和采光，为读者交流创造健康、愉快的空间感受；展示空间因布展需要，空间形态应尽量规则，为避免展品被强光照射导致褪色和变质，应选择馆内非玻璃幕墙区域设置。为方便观展的流线组织和减少对馆内其他空间的影响，应尽量布置在靠近入口区域或独立的楼层，并注意选择隔音性能较好的地面铺装和墙体材料。剪形植物是展示空间植物材料的首选，以行列式布局引导观展路线，避免浓香型和色彩太过艳丽植物。

多媒介体验空间中的音像视听室、电影放映室、音乐沙龙、摄影室、地图室等对光线和声音的要求较特殊，空间设计时应严格遵守设计规范和建筑物理学要求，室内照明开关数量适宜，家具设计应符合人体工程学原理。此类空间中不宜布置植物。创客空间为满足加工制作的需要应尽量开敞，设计大开间和弹性空间，并融入能够激发使用者的灵感的设计元素，如具有抽象派几何线条的壁画、视觉冲击力强烈的雕塑、镜子、彩色天花板、触感对比强烈的实物模型及韵律活跃的音乐等。创客空间内部，以吸音良好的橡胶地板和橡胶材料分隔出动态制作区域和静态思考区域，使创意和制作协同在空间环境中。制作区域的植物应选择体量小、外形简单、枝叶不繁茂的盆景，如多肉植物，避免因植物枝叶散落导致加工制作困难。

建筑设备及内部工作空间的设计应严格满足建筑设计规范的要求，并对其噪声、采光、温湿度等物理环境加以控制。对于不允许读者入内的区域应布设显著的标识或疏散牌，植物选择应简单明快的，避免枝叶繁茂的高大植物遮挡视线。

4 结束语

高校图书馆作为"高校第三空间"，承担着为师生提供阅读、学习、交往、体验、创作、科研场所的任务，其空间设计面临着深刻变革，既要秉承传统基调，又担负着创造文化新形式的时代任务。由此，图书馆以塑造"以人为核心"的多样化、个性化空间为原则，着力打造"书文化"、"场所"和"虚拟现实"三种新型空间，力求使图书馆真正成为"高校第三空间"，为师生构建一个集文献服务、文化传递、学术交流、创意制作、科学研究于一体的精神家园。

参考文献：

[1] 龚娅君. 公共图书馆社会"第三文化空间"：内涵、实践、与发展 [J]. 图书与情报，2013（2）：78-80.
[2] 伏凤. 第三空间理念下的图书馆建筑创新 [J]. 图书馆学刊，2015（4）：6-9.
[3] 邓玉编译. 美国高校与研究图书馆协会. 制造空间进驻高校图书馆 [J]. 图书情报工作动态，2013（2）：11-13.
[4] 肖珑. 后数图时代的图书馆空间功能及其布局设计 [J]. 图书情报工作，2013，57（20）：5-10.
[5] 张彬. 图书馆空间审美化与阅读环境设计 [J]. 大学图书馆学报，2012（5）：28-38.
[6] 陈鹰，赵建有. 学科环境下的图书馆空间设计与构建——以长安大学图书馆交通分馆为例 [J]. 图书情报工作，2013，57（11）：60-63.

作者简介：

马　琳：(1985-)，女，理学博士，生态学专业，馆员，北京建筑大学图书馆文化工作室，研究方向为图书馆环境空间设计、建筑文化、学科服务。

基于新媒介的高校图书馆空间服务研究

李 伶

(中国人民大学 图书馆 100872)

摘 要：通过分析新媒介对高校图书馆空间服务的影响，提出高校图书馆空间服务应对新媒介发展所应采取的举措，说明图书馆的服务方式和手段随着媒介革命在发生根本性改变。空间再造、空间拓展等多元化服务，是图书馆为用户提供学习和生活新体验的转型之路。

关键词：新媒介；高校图书馆；空间服务

1 引言

互联网时代，新兴媒介迅速发展并广泛应用。新媒介的产生改变了人们的生活环境和交往空间，带来了社会、经济、科技、文化等领域的变革，也带来了人们认识世界和感知世界的全新方式。借助新媒介，人们获取信息的手段更多元、速度更快捷，足不出户就可以进行沟通交流和互动活动。空间是媒介存在不可或缺的因素，大学图书馆空间不仅是新媒介应用的体验中心，也是用户需求和服务功能的客观表达，其建筑景观、空间布局和网络服务无不受到新媒介产生带来的影响与挑战，图书馆的服务方式和手段随着媒介革命在发生根本性改变。新媒介消除了人们的时空隔阂，新媒介技术推动图书馆空间服务向多元化、人性化和智能化的方向发展。

2 新媒介

"媒介"在《辞海》中定义为使双方发生关系的人或事物，也泛指各种信息的传输工具和手段，如报纸、广播、电视、电脑等。新媒介（New Media）一词是1967年由美国CBS广播电视网技术研究所戈尔德马克（P. Goldmrk）在电子录像商品开发报告中首次使用提及。随着网络技术的发展，互联网及其应用、移动终端、QQ、微博、微信等新兴媒介相继产生，新的媒介不断取代或替代旧媒介的功能与作用，媒介内涵也不断在延伸和拓展。

美国著名的媒介理论家保罗·莱文森提出了当代媒介的"三分说"，即旧媒介、新媒介及新新媒介。他认为：互联网诞生之前的一切媒介都是旧媒介，如书籍、电视、电话、电影等，它们的内容由专业人士制作，受空间和时间定位影响，是在特定的场合和特定时间下才能获取的；新媒介指互联网上的第一代媒介，其特征是不需按照媒介规定的时间表去使用，用户可根据自己方便的时间与媒介进行交互，如电子邮件、网上书店、报纸的网络版、留言板、聊天室等；而新新媒介是指互联网环境下更注重用户交互行为和主动参与意识的第二代媒介，如 Blogging、Wikipedia、Facebook、Digg、Twitter 等。

纵观媒介的发展历程，新媒介是新技术支撑下出现的新的媒体形态，与传统媒介相比，新媒介具有更多元化的信息展现形式、更具广泛性的受众基础和更快、更高的传播效率，表现出融合、交互、大众参与等多种特性，因此文章所述新媒介泛指互联网以来产生的新新媒介，它是由电子通信技术、计算机技术和媒体全面融合的新的媒介形式，并正在成为一种与国民生活休戚相关的交互工具。

3 新媒介对高校图书馆空间服务的影响

大学图书馆空间作为知识传播媒介与载体，是供读者学习、活动和交流的特殊社会空间。图书馆空间服务则是图书馆依托有形物理空间和虚拟的网络空间，为满足用户自主学习、科研与创新、新技术体验和开展文化活动等提供的一系列信息利用环境与空间的总称。科技的发展不断创造出了新的媒介环境，新媒介不仅影响了图书馆用户服务理念，也变革了图书馆空间服务范畴和信息服务方式。

3.1 颠覆了图书馆的服务理念

新媒介是集视听、阅读、通讯、上网、互动等多种功能于一身，超越传统媒介功能在数字和网络层面上的一种跨界表达与展示，通过图文并茂、声色合一的形式，以最快捷、最易接受和最好理解的方式传递给用户，如微信、移动终端应用、多媒体演示设施等，因此新媒介备受人们的青睐与追捧。尤其是以智能手机为代表的新媒介，已成为人们获取资讯、信息查询、书刊阅读的必选工具。新媒介环境下，用户更加注重信息服务渠道的更新和服务方式的体验。

新媒介改变了图书馆用户的信息获取方式和学习行为习惯，图书馆馆藏资源不再是他们主要信息来源，图书馆场所也不再是他们学习必到之处。图书馆的资源优势和以场地服务为主的服务方式面临了网络化、数字化、碎片化、移动等学习方式的挑战。新媒介的运用和影响使图书馆"渠道为王"的服务理念与"资源为王"理念同等重要。场所服务延伸到了空间服务，以用户为中心的体验式服务为图书馆空间服务提供了无限拓展空间。新媒介的运用，使图书馆空间服务能更好地实现资源共享、信息互通和空间共用。

3.2 拓展了图书馆与用户的交流渠道

新媒介强大的"社交媒介"交互功能满足了人们对媒介传播效果和诉求动机的需求，提升了人们对接收信息的认知态度和情感态度，也重构了一些社会现象和社会环境，拓展了人与人、人与物、人与环境的交互空间。以微信为代表的新媒介以其现实、轻松的话语风格和原创性迅速成为图书馆与用户的沟通渠道和交互平台。移动互联网络使图书馆的最新消息、读者借阅信息、预约状况等通过短信或微信方式无时空限制直达用户的私人空间。

此外，作为图书馆空间服务的组成成分，图书馆内的景观、数据库系统与信息查询设施都成了与用户互动的媒介工具，如图书馆空间中各种各样的展示屏实时播放着培训/讲座资讯，提醒到馆读者积极参与；通过扫描服务空间中的二维码，图书馆的各种活动信息尽收眼底，还可以互动、交流与评价；数据库中提供了问题反馈入口等。图书馆与用户交流的服务渠道从有形的物理场所向虚拟网络空间拓展。

3.3 改变了读者与图书馆的用户关系

新媒介的融合、交互特性给予了读者更多的信息选择自主权和随时随地表达意愿、发表意见、抒发情感的权力，使图书馆服务向更人性化趋势开展，读者已不仅仅是图书馆的用户，他们也是图书馆空间中一个新型传播媒介，他们既是图书馆信息服务的接受者，又是图书馆信息理解、再编辑与再传递的传播者，读者成了图书馆的主人。他们体验图书馆提供各种服务的同时主动选择所需的资讯，并通过自身的人际交往或移动设备分享、传递自己生产的信息，将图书馆的服务效果通过媒介空间延伸、扩大。当今的读者和图书馆的关系已由传统媒介环境下的读者借还关系转变为共建与合作的协作关系，这种关系是融合媒介构建的空间里所特有，是传统媒介空间中很难做到的。

3.4 革新了图书馆的服务方式

新媒介以文字、图片、音频、视频等一体化形式展现现实世界，不仅增强了传播效果，更增加了用户的视觉体验感。嵌入了新媒介技术的图书馆建筑、设备和设施都能成为公共空间中具有传递功能的媒介符号，使用户的服务体验无处不在。首先是高校图书馆服务模式由封闭走向开放，服务空间多元化，服务对象大众化，服务手段人性化，服务环境信息化，服务方式更注重人、书、空间和新技术的融合与嵌入；其次是依托互联网和移动终端，以往局限于场所或内网的服务延伸到馆外每一个拥有图书馆 APP 的用户。微信公众号的关注、移动图书馆客户端的安装，使读者将实体图书馆仿佛随身携带，可以走到哪看到哪，沟通、交流无障碍。图书馆成为读者阅读、思考、研讨、交流的学习场所和分享、体验、创新的共享空间。新媒介的运用促使图书馆为用户提供一个平等、温馨、自主、协作的学习环境与交流空间，最大限度地发挥图书馆教育和社会公益性职能。

4 图书馆空间服务应对新媒介发展举措

随着信息技术和新媒介在图书馆的广泛应用，高校图书馆不断产生新的服务空间和服务内涵，空间正从单一场所向多功能空间转变，图书馆空间也成了一种新的传播媒介。为适应新媒介发展要求，图书馆需要打造出与网络化和数字化环境相适应的各种共享空间，拓展空间服务，在环境、资源、空间、内容和角度等多个维度中寻找一个新的平衡。

笔者认为，高校图书馆的空间服务应该根据服务对象使用图书馆的目的不同而设置不同的空间，开展相应的空间服务，图书馆只有通过服务功能的创新和环境优化才能满足读者空间利用需求。应对新媒介的发展，高校图书馆需要建设以下共享空间。

4.1 空间再造，打造协作学习环境

从 1992 年 8 月美国爱荷华大学图书馆的"信息拱廊"（Information Arcade）作为最早的信息共享空间（Information Commons）开始，图书馆共享空间建设逐渐由信息共享空间向学习共享空间（Learning Commons）、研究共享空间（Research Commons）、知识共享空间（Knowledge Commons）等多种空间建构模式拓展。传统清晰、静态的空间分割与管理模式，根据读者自主学习、合作学习程度的不同而再造出格局各异、动感的共享空间组织形式，共享空间建设已成为资源共享理念下的图书馆空间服务形式，是新媒介环境下整合空间、资源、用户、馆员和技术服务为一体的服务体系。不同的共享空间配备相应设备和设施，空间有了新媒介传播特性，传递着不同的学习体验和研究层次信息。IC 是为支持自主与合作学习而建，已是国内外大学图书馆普遍建立的服务形式，建构模式和服务方式相对成熟，如上海交大图书馆基于 IC^2 创新服务理念的 IC；LC、RC、KC 是各高校图书馆根据科研信息服务的深入而相继建立的新的服务空间，尤其是研究共享空间，是目前高校图书馆主动应对教师与科研人员在数字资源利用、开放存取和学术思想交流等

需求上提供的一项专注科研支持服务,如美国华盛顿大学图书馆、浙江大学图书馆、中国人民大学图书馆等都建有研究型共享空间。黄勇曾撰文详细介绍美国大学图书馆 scholarly commons、academic commons 和 research commons 三种冠名的学术共享空间及其服务体系。通过文章检索和各图书馆的空间建设实例可以看出,国内外研究共享空间的称谓虽有不同,但空间在大学科研人员研究活动和研究过程中提供全面支持的设立目的和打造学术交流环境目标是一致的。

4.2 空间拓展,助力移动互联网应用服务

随着网络的发展和智能手机的普及,基于移动互联网的沟通方式日趋便捷和多样,开启了新的沟通革命。电话、短信、QQ 和邮件等传统沟通工具逐渐被基于无线网络的移动互联网应用所代替,基于桌面的网络应用也逐渐在手机/ipad 终端实现,手机已成为高校中普遍使用的新的传播媒介,智能手机拓展了移动网络空间,推动了空间服务的发展,图书馆应顺应信息时代的潮流和读者资讯获取新变化,推进移动终端运用,提供以智能手机为新媒介的微式服务。据 2014 年一项针对美国 TOP100 大学图书馆移动服务的调查显示,大部分图书馆都提供 E-book、移动公共查询、移动数据库、移动端网站、信息、QR 码、移动 APP、增强现实(AR)等多项服务。

图书馆移动服务通常分为两类:一类是适用于移动端的传统图书馆服务,将馆藏目录查询、电子书刊阅读、图书馆最新公告或消息等业务功能平移到移动图书馆 APP 中。然而,社交网络的发展冲击着移动图书馆客户端的安装与运用。微信是近年来我国快速兴起的移动互联网应用服务。基于智能移动终端的微信是集文字、音频、视频、图片、表情等多种媒介融合的新兴媒介,从最初的社交通信工具,成长为连接人与人、人与服务、人与商业的共享平台,用户规模也从最初的 1.9 亿壮大到如今在 26 个图书馆开设的微信公众号中都嵌入了移动图书馆的服务内容。高校图书馆利用微信创新服务方式都取得了很好效果。

移动服务的另一类是针对移动端而特别设计,使读者体验图书馆的特色服务。如美国北卡罗来纳州立大学为移动端而设计的"WolfWalk",提供标识学校地图中各个地点并提供历史照片的查找功能,以图片形式讲述学校历史,为此,校图书馆 Special Collections Research Center 提供了超过 1000 张自 19 世纪以来的人物、地点及事件照片。

4.3 创新空间,开创读者服务体验新视角

2009 年,在意大利都灵市举办的国际图书馆协会联合年会上,关于"图书馆设计建筑"有关的会议中正式达成了图书馆成为"第三空间"的共识。会议指出图书馆是知识的共享空间,也应是博物馆、美术馆的文化共享中心,更应是提供创新的舞台。当前,众创空间已成为高校师生开展创新实践活动的首选场所,空间中的操作设施、智能设备和环境都具有新媒介特性,蕴涵着无限想象力和创造力,传递着一种创新、创作和学习思维精神,目前,三峡大学图书馆、南京工业大学图书馆、上海交通大学图书馆等都相继建立了创客空间。未来,"创客运动"将推动网络的智慧用于现实世界,让数字世界真正颠覆现实世界,推动全民创造与革新。创客空间的建立,为伙伴式学习、互助、协助和知识的传播起到了很好的整合作用,提供了广阔思维空间,为新时期图书馆转型发展和服务升级提供了新的选择路径。

高校图书馆作为"第三空间"建设也是未来发展方向,是人们平等对话、交流并能够

自由释放自我的公共领域，是人与信息、人与人之间等多种新媒介进行交互的公共空间。"第三空间"是读者学习空间与生活空间的融合，以满足其个性释放、文化交流、娱乐欣赏需要，如多功能厅、展览厅、咖啡室、休闲区、阳光台等。保罗·莱文森认为，人类媒介的演化将越来越人性化，而基于新媒介环境的图书馆在服务内容上满足个性人性化需求也是一种趋势。将多媒体空间与咖啡室结合，将休闲沙发置于阅览室内，将3D技术运用于图书馆的服务展示系统中，这些都能打造出各种不同风格的、多样性的学习环境和新的服务体验空间，例如芝加哥洛约拉大学图书馆设置的24小时开放咖啡厅和面向密歇根湖畔的学习区，就是很好的例子。未来，移动增强现实（AR）和虚拟现实（VR）作为一种在图书馆和用户之间新的沟通媒介，将打造图书馆未来空间技术服务新模式。

4.4 数据共享空间，为图书馆新媒介数据的挖掘分析提供支持

高校图书馆拥有海量学术信息和数据库，是学校的信息中心、知识中心，图书馆共享空间中，云服务开启了数字图书馆资源存储与利用新渠道，RFID系统、机构知识库等智能设备设施的使用提升了读者体验图书馆文化、资源利用、自动化管理和移动服务的新视角。当前，资源数字化已是所有图书馆的共识，结构化数据挖掘、分析和利用已成为图书馆的重要服务内容。但是图书馆对新媒介传播所产生的大数据保存、挖掘与利用才刚刚起步。与传统媒介相比，网络新媒介在满足人们沟通、互动、学习、欣赏、分享的需要同时产生了大量的图片、视频、音频、文本、表情等非结构化数据，这些数据蕴含着丰富的内容价值和关联关系，是一种新媒介环境下产生的新型资源类型，对提供新的资源服务及分析读者阅读倾向、沟通方式和学习习惯具有重要作用。数据靠积累，挖掘看数量。为更好地洞察读者使用图书馆意愿和学习倾向、并提供新媒介数据深度挖掘服务，建立一个长期保存和管理新媒介数据资源的系统平台和数据利用空间，将是应对新媒介发展、变革的一个长远举措。

5 结束语

历经数字化、网络化、移动化发展，新媒介对人类生活和社会活动产生了颠覆性和革命性的影响，与此同时，新媒介赖以栖身的环境也在同步变化，现代通信技术的变革使承载新媒介特性的硬件设备和软件都在飞速发展，并产生出更多深受用户喜爱的新媒介，不同阶段产生的新媒介都会给图书馆用户带来与众不同的新服务空间和新的媒介体验。利用新媒介打造新的空间服务是高校图书馆服务未来发展趋势。图书馆要建构一个动态、灵活、开放的空间服务体系，以便在未来发展中适应各种系统的动态变化与发展。未来，图书馆将整合更多的新应用和跨界文化，为读者打造智慧化的服务空间，开展深层次的图书馆空间服务。

参考文献：

[1] 保罗·莱文森（美）．何道宽译．新新媒介［M］．上海：复旦大学出版社有限公司，2014：2-6
[2] 徐沁．媒介融合论：信息化时代的存续之道［M］．北京：中国传媒大学出版社，2009：52.
[3] 郭海明．资源共享理念下的图书馆空间服务［J］．图书馆理论与实践，2011（7）：1-4
[4] 陈长松．论融合媒介的空间特性及影响［J］．今传媒，2014（7）：9-10.
[5] 刘宝瑞，崔登赢．浅析全媒体语境中国民阅读结构的变革［J］．图书情报工作，2012（5）：51-55.

[6] 吴建中. 从未来看现在_图书馆发展的下一个十年 [J]. 图书馆建设, 2016 (1): 4-9.
[7] 张春红. 新技术、图书馆空间与服务 [M]. 北京: 海洋出版社出版, 2014.6: 60-73.
[8] 王昕. 学习共享空间创新服务的实践研究_以上海交通大学图书馆为例 [J]. 情报资料工作, 2011 (2).
[9] 华盛顿大学图书馆. http://www.lib.washington.edu/commons, 2016-09-20.
[10] 浙江大学图书馆. http://ic.zju.edu.cn/ClientWeb/xcus/zd/index.aspx, 2016-09-20.
[11] 中国人民大学图书馆. http://www.lib.ruc.edu.cn/, 2016-09-20.
[12] 黄勇. 美国高校图书馆学术共享空间的规划与构建 [J]. 图书馆学研究, 2012 (12): 98-101.
[13] Yan Quan Liu, Sarah Briggs. A Library in the Palm of Your Hand: Mobile Services in Top 100 University Libraries [J]. Information Technology & Libraries, 2015, 34 (2): 133-148.
[14] 望山. 超越移动QQ! 微信月活跃用户数高达6.5亿.
 http://www.ithome.com/html/it/187805.htm, 2016-07-07.
[15] WolfWalk. http://www.lib.ncsu.edu/wolfwalk, 2016-06-14.
[16] 湖北首家创客空间落户三峡大学图书馆.
 http://www.caigou.com.cn/News/2015090839.shtml, 2016-10-14.
[17] 孙超. 高校图书馆为大学生创客提供一站式服务探索 [J]. 图书馆论坛, 2015 (10): 57-61
[18] 上海交通大学图书馆创客空间.
 http://www.lib.sjtu.edu.cn/index.php?m=content&c=index&a=show&catid=211&id=1177, 2016-10-14.
[19] 符艺. 公共图书馆第三空间建设模式探析 [J]. 图书馆研究, 2015 (2): 20-23.
[20] Loyola University Chicago.
 http://www.luc.edu/undergrad/academiclife/loyola-university-chicago-library.html, 2016-10-14

作者简介：

李　伶: (1964-), 女, 大学本科, 图书馆学, 副研究馆员, 中国人民大学图书馆多媒体技术部, 研究方向为信息检索与多媒体技术。

图书馆多媒体设备体验服务的用户需求分析

赵 飞 艾春艳

(北京大学 图书馆 100871)

摘 要：针对图书馆在多媒体设备体验服务设计与调整中面临的诸多挑战，探讨多媒体设备体验服务对于高校图书馆的意义、价值和作用，并以北京大学师生群体为主要调查对象，从用户多媒体设备使用目的和习惯，以及对图书馆相关设备体验服务的使用率、使用感受和更多期望等方面分析用户的实际需求所在，进而讨论图书馆多媒体设备体验服务未来可能的发展方向，使之能为培养大学生参与阅读、参与创作、参与创新提供更多支撑和助力。

关键词：多媒体设备；设备体验；用户需求

1 引言

随着信息时代的不断发展，图书馆作为大学的信息与文化中心，其服务职责不再仅仅局限于传统的图书借阅与文献资源保障，而是成为融合信息与知识、文化与素养、创新与创业等服务范畴为一体的综合服务平台，其服务和空间布局理念也逐步从"以书为本"，转向"以人为本"。其中，较有代表性的服务转变之一便是图书馆的多媒体服务。从最初以多媒体资源购买与加工的信息获取服务，到多媒体相关软件使用与培训的信息利用服务，再到多媒体相关设备和平台体验的信息技术体验服务，体现出了图书馆服务紧随用户信息需求变化而变化的个性化、人性化发展趋势。当然，多媒体设备体验服务作为新的服务形式不仅会为图书馆带来新的发展契机，同时也会在其发展过程中带来更多需要思考和抉择的问题。因而开展相应的调研，积极了解和分析用户的行为习惯与实际需求，以更好地开展多媒体信息服务，便成为图书馆亟须进行的工作之一。

2 图书馆多媒体设备体验服务的现状与存在问题

2.1 多媒体设备体验服务的意义和作用

多媒体设备体验服务的出现，并非仅仅是图书馆面对科学技术飞速发展所进行的应对式服务调整，其同时也是图书馆作为高校信息素养教育中心，为用户提供更早接触新技术、新工具、新方式的机会，提升其综合信息获取能力与信息素养的重要方式之一。

图书馆开展多媒体设备与新技术的体验服务还具有以下三方面的重要作用：一是体验服务中包含有各类型移动与数字阅读领域的新设备、新平台，通过其体验过程不仅能够让用户有更多机会接触并接受数字阅读的理念，同时也能够在体验内容上结合图书馆已有阅读推广资源,如:好书榜、新书推荐、教师推荐书单等,潜移默化地培养用户的阅读习惯和阅读品位,实现校园阅读文化的推广作用;二是通过提供用户日常很难自己购买的专业多媒体制作设备与软件,为用户搭建一个学习和熟悉创作流程、激发创作灵感的平台,同时通过3D打印、3D扫描、虚拟影像、3D设计软件等新技术的体验,也为用户提供了一个感受新技术、拓展研究视野、探索创新理念的空间,为其今后的创新、创业奠定必要的基础;三是通过体验设备中针对图书馆希望推广的重要资源和新资源来设计内容,通过默认界面、APP应用、帮助说明等将图书馆资源和服务展现给体验者,从而实现对图书馆和图书馆资源的体验式营销。

2.2 多媒体设备体验服务的发展现状

国内外图书馆开展研究和实践多媒体设备体验服务已有很多实例。早在2009年,大英图书馆便与SONY等科技公司合作设立了体验区,向用户免费提供电子书阅读设备的体验服务,其目标定位在为用户提供接触和使用这类新设备的机会,从而使其能够在日后的生活与学习研究环境中更好地利用这些新的技术和工具;费城的圣约瑟夫大学图书馆向师生提供包括视频功能演示练习室、多媒体视听实验室等最新数字媒体设备和软件的使用服务;内华达州里诺的德拉马尔科学与工程图书馆率先将3D打印和扫描作为一项面向所有学生的图书馆体验服务项目;芝加哥公共图书馆YOUmedia项目以培养青少年数字媒体创作技能和协作配合能力为服务宗旨,为用户提供实体空间与虚拟空间相结合的体验服务,包括媒体设备、编辑软件、智能白板、数码产品等;我国上海图书馆也早在2009年就与方正阿帕比公司联合举办过"上海图书馆数字移动阅读器外借体验活动",在上海市范围内征集了数百名读者来进行移动阅读新体验;宁夏图书馆设有专门的数字化体验区,通过互联网、手机、数字电视、智能移动终端、多媒体影音设备等设备的体验,推广其数字化阅读服务;北京大学图书馆也设有数字应用体验区,为全校师生提供多平台平板电脑、数字阅读设备、多媒体编辑设备、音乐欣赏设备等体验设备,便于师生感受和了解新技术产品。此外,国内越来越多的图书馆也开始参与到创客空间的实践和研究当中来,成为我国这一领域研究的主要推动力之一。

2.3 多媒体设备体验服务面临的问题

综上,越来越多的图书馆开始提供多媒体设备体验服务,其各自服务开展形式和包含的内容也是多种多样不断发展的,也随之面临不少需要亟须调研分析的现实问题。

2.3.1 体验服务目标的确立

多媒体设备体验服务涉及的范畴非常广,不同领域的新技术、新工具、新产品都能成为体验服务的内容。然而图书馆对应的空间、资金、人力都是有限的,必须有所取舍。因此,明确自身体验服务的核心目标便成为图书馆首先需要完成的任务:是以推广自身数字资源为主,还是以普及和培养用户数字阅读习惯为主,抑或是为用户提供感受新技术为主?无论哪种目标选择,都将直接决定图书馆多媒体设备体验服务今后的设计和规划,而这一目标的制定同样离不开图书馆用户群体的自身特点和需求情况。

2.3.2 体验设备的选择

无论是数字阅读设备、平板电脑、高性能台式电脑,还是多媒体采编平台、音乐影视欣赏设备、3D打印扫描设备等,其生产厂家、年代型号、系统平台均极为多样且各具特点,如何在其中选择出体验效果和价值更高的设备,从而更好地吸引用户的使用和期待,便成为图书馆面临的又一个难题。

2.3.3 不同体验形式的结合

从体验区形式的尝新式体验，到融合培训和指导的引导式体验，再到出借形式的深度体验模式，不同的体验模式适合不同的体验设备以及体验人群。如何结合不同的体验形式，为用户提供不同层次的体验服务，最大化体验设备的作用和效果，需要图书馆不断积累体验服务开展过程中，不同类型设备和技术的使用情况和用户反馈，才能逐步摸索出更为合理的方案。此外，与之相对应的还有体验服务制度的制定与完善问题。

2.3.4 体验设备的更替

设备体验服务的根本是新设备与新技术，而图书馆要想保持体验服务中设备与技术的常新，便不可避免涉及设备的更替问题。在资金有限的情况下，如何在资金许可范围内设计体验服务中不同类型设备的更新节奏，妥善处理更替下来的旧设备，在追新和资金预算之间寻找合理的平衡点，则需要图书馆先要了解用户对新设备体验的延迟接受范围之后，才能够更有效地进行方案的制定。

2.3.5 体验设备与体验内容的对接

通过对国内外的多媒体设备体验服务经验的总结可以看出，对体验设备中体验内容的设计是有效提升体验服务效果和作用的重要方式。因而，如何结合图书馆已有各类型学术与欣赏源，以更加合理的形式与体验设备相对接，在不影响甚至提升设备体验感受的同时，向用户提供更多阅读推广、文化体验、服务宣传等功能，也是图书馆需要思考和尝试的重要课题。

2.3.6 体验服务的人力与技术支撑

回到服务本身，多媒体设备体验服务无论是在方案的设计、设备的搭建与维护方面，还是在培训的开展、新技术的跟踪与设备的更新方面的工作，都需要了解甚至精通相关技术和设备的馆员才能有效地开展。而目前图书馆拥有这方面能力的馆员毕竟较少，因而要想支撑设备体验服务的进一步开展，图书馆则必须想办法通过招聘或是培训来解决这方面问题。

3 图书馆多媒体设备体验服务的用户需求调研

3.1 调研的设计与开展

上述图书馆多媒体设备体验服务开展过程中遇到的实际问题，大多需要对用户实际需求进行深入地了解和分析才能得到更好的解决方案。有鉴于此，北京大学图书馆在2014年初专门面向全校师生进行了一次大规模问卷调查。问卷更多地从需求角度出发提出问题，内容主要包括用户的多媒体设备使用习惯，对图书馆多媒体设备体验服务的感受，对体验服务未来发展的想法三个方面。

为了更好地覆盖不同的用户群体，调查采取了纸质问卷、网上问卷相结合的问卷发放形式，并组织了不同学科的同学进行了问卷的前期试答。最终调查共回收有效问卷2074份，其中问卷的参与主体为本科生和硕士研究生（共占71.6％），此外博士研究生和教职工的占比也达到了14.9％和9.5％（如图1），较好地实现了对学校内各用户群体的覆盖。

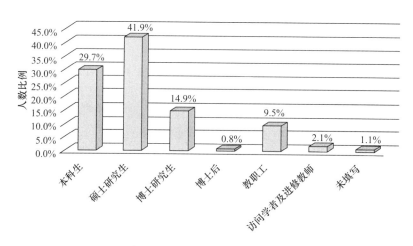

图 1 问卷参与者身份比例情况

3.2 调研结果的统计分析

3.2.1 用户多媒体设备使用频率和时间日益增加

调查结果显示：在多媒体设备使用时间方面，选择每天 1-3 小时的参与者最多，约占 42.5%；同时有超过 23% 的参与者每天使用多媒体设备多于 5 小时；而只有不到 9% 的参与者每天使用不超过 1 小时。虽然在使用用途方面，超过 54% 的参与者选择包括了学习，但在多媒体设备使用对个人时间安排的影响方面，选择没有什么变化（38%）和选择学习时间有所减少（36%）的参与者比例均明显高出选择学习时间有所增加的参与者比例（26%），反映出多媒体设备的使用已经融入用户的日常学习和生活当中，成为其学习生态的一个重要组成部分，但在如何更好地利用多媒体设备提升自身学习效果和效率方面，还需要进行更多的正向引导。

3.2.2 用户对多媒体设备体验服务的空间需求

首先，对于现有图书馆多媒体设备体验空间，有近 2/3 的参与者表示认可，而有超过 1/3 的参与者认为面积过小，体现出用户对于体验服务的实体空间有着越来越多的需求；其次，在体验空间的使用频率方面，大多数参与者都选择了较高的来体验区频率："来图书馆的时候就去"（41.7%）和"每周去 2-3 次"（32.0%）。同时在长时间使用体验区的意愿方面，分别有 42.5% 和 29.1% 的用户选择了"愿意"和"非常愿意"，占整体参与者的 71% 以上。此外，还有 21.4% 的用户愿意在有预约系统的情况下来体验区学习和工作，显示出用户非常认可体验区的设施和氛围对于其学习和研究的助力效果。

而在对体验区的吸引力分析方面，统计结果显示：图书馆多媒体设备体验区对于用户最大的吸引力是"环境舒适、配套设施良好"（45%）、其次是"新体验设备"（33%）和"需要利用体验设备完成工作"（19%）；而在用户不来体验区的原因方面，选择比例最高的是"不知道图书馆有体验区"（45%），以及"长时间使用者太多、影响设备体验"（15.9%）。因此，图书馆在今后一方面需要继续加强宣传工作，另一方面也需要在体验区的布局方面思考和关注如何协调长时间使用与设备体验两类用户群体的需求。

3.2.3 用户对多媒体设备体验服务的设备需求

根据问卷反馈数据：目前用户自身拥有最多的移动多媒体设备还是智能手机，有近

85%的问卷参与者都拥有智能手机,其次是平板电脑(超过56%),而相对持有比例较低的则是电子书等数字阅读设备,只有约1/5的参与者拥有自己的电子书。此外,用户最期待的体验设备为3D打印设备和3D影音播放设备,此外还有移动设备、高品质音乐回放设备和高性能工作站。综合这两方面信息,图书馆便能够了解用户较少接触的设备和用户最关注的设备,从而更为准确地分析用户潜在的体验需求。

3.2.4 用户对多媒体设备体验服务的内容需求

在图书馆向体验设备提供的内容方面,超过半数的参与者希望提供"图书馆电子资源阅读"(67.1%)和"图书馆多媒体资源欣赏"(54.7%),其次是"图书馆资源和服务推广"(26.1%)。

3.2.5 用户对多媒体设备体验服务的体验形式需求

对于体验设备是否提供外借服务,分别有52.7%和16.6%的参与者表示需求一般或是不需要,而表示很需要和非常需要外借服务的用户比例仅为30%左右。同时,对于进行外借的多媒体体验设备所应提供数量方面,选择5-10台的比例最高(32.7%),其次为10-20台(26.5%)和20台以上(26%),只有不到15%的参与者选择了5台以下。

3.2.6 用户对体验设备更替问题的看法

关于体验区体验设备的更新频率,参与者认可比例最高的频率是每学期更新一次(37.8%),其次才是新设备上市即更新(26.3%),而更高(每学期2次)和更低(每学年1次)的频率选择比例则都明显低于上述两种更新频率。对于体验服务中更替下来旧设备的处置问题,有近一半的参与者比较认可"同纸本图书一样提供外借服务"的方式(52%)。此外,选择"供读者借用,但仅限在馆内使用"的比例也较高(46%)。

3.3 基于调研结果的用户需求分析与服务展望

3.3.1 新设备与新技术体验为用户的核心需求

从上述调查结果可以看出:多媒体与移动设备已经成为学生日常环境中不可或缺的工具之一。因而随着相关产品的不断更新和拓展,感受不同平台、不同版本、不同侧重的多媒体设备以及数字应用技术,了解它们之间的差别和功能特点,便成为用户选择和利用好这些设备和技术的必要基础。而图书馆设备体验服务也应紧紧围绕用户这方面的体验需求,通过及时引进新的多媒体与数字应用设备,帮助用户更快融入新技术环境当中。

3.3.2 营造舒适、实用的体验空间是体验服务的重要内容

在对体验区吸引力的反馈中,用户对于空间环境与配套设施的关注程度甚至超过了体验设备的更新。而从用户对于出借等馆外体验形式需求程度非常一般也同样可以反映出,图书馆体验服务应更加重视馆内体验区的构建和布局。能否为用户营造一个环境舒适、设施齐全、设备实用的体验空间,让用户能够更好地在新技术与新理念的氛围当中学习和研究,将是图书馆体验服务能否更好地吸引用户关注和使用的关键所在。

3.3.3 结合更多图书馆资源与服务是体验服务的必要拓展

在关注体验服务硬件与实体空间建设的同时,同样也不能忽视对于体验服务中体验内容的设计和选择。从调查中可以看出:用户在体验设备使用中对于图书馆资源和服务的嵌入还是非常期待的,特别是在数字阅读的推广方面。因此,图书馆更应该抓住这一契机,积极探索如何将图书馆资源和服务更好地融合到用户体验过程中,拓展设备体验服务的内涵和作用,并可通过引入相关使用培训、设置体验导师等方式,引导用户更有效地利用体验设备。

3.3.4 充分了解用户习惯和感受是完善体验服务设计的基础

通过主动对用户习惯和需求进行了解，便可在体验服务的逐步完善过程中，有的放矢地进行针对性的服务调整，从而有效解决体验服务发展过程中所遇到的问题。如：根据用户拥有和期待体验的设备情况，图书馆便可以选择数字阅读设备、3D打印扫描设备等作为体验设备的重点发展方向；根据用户对于设备更新频率的需求，图书馆就能够更加明确地选择每学期1次，并适当考虑热点新设备上市即更新的更新原则；根据用户对于替换下来旧设备处理方式的看法，图书馆即可选择更加符合用户需求的外借服务方式。

4 结束语

信息时代新技术的快速发展为图书馆带来更多挑战的同时，也为图书馆的发展带来了更多的机遇和可能。在图书馆传统业务逐渐受到数字化的冲击和影响的今天，如何发挥图书馆自身的信息与文化专长，利用图书馆在高校中对不同学科和院系用户的聚合作用，实现图书馆价值的传承与革新，是每一个图书馆都需要去不断尝试和探索的主题。多媒体设备体验服务乃至新近出现的创客空间，都是图书馆应用新技术、新理念为用户提供更多类型服务的典型范例。虽然作为一个新的服务模式，在开展体验服务过程中会遇到各种各样的问题，但只要能够主动了解用户习惯、特点和实际需求，结合图书馆自身资源与服务特色，便一定能够不断完善体验服务的设计和实施方案，形成更为成熟的服务体系和管理制度，使其最终成为图书馆集提升用户信息与数字素养、推广数字阅读文化、推动用户创作创新等功能于一身的重点服务之一。

参考文献：

[1] 刘绍荣. 大学图书馆空间布局之读者流向设计——以河北师范大学图书馆为例 [J]. 图书情报工作，2014（S2）：88-90.
[2] 曹霞，吴新年，赵红. 数字图书馆的体验式营销 [J]. 图书馆理论与实践，2008（1）：1-4.
[3] 刘剑英. 大英图书馆盛邀读者体验图书未来阅读方式 [J]. 西域图书馆论坛，2009（2）：15.
[4] 张黎，代根兴，郭敏. 国外高校图书馆学习空间现状、特点及启示 [J]. 图书馆论坛，2016（3）：112-120.
[5] 张波. 芝加哥公共图书馆YOUmedia项目分析及启示 [J]. 国家图书馆学刊，2015（2）：89-94.
[6] 赵瑞琦. 上海市图书馆与方正阿帕比共推"体验式移动阅读" [J]. 中国出版，2009（3）：76.
[7] 宁夏图书馆数字化体验区简介 [J]. 图书馆理论与实践，2013（9）：2.
[8] 李志杰，段小虎. 体育院校图书馆引入创客空间的探索——以西安体育学院图书馆为例 [J]. 图书馆论坛，2015（7）：73-78.

作者简介：

赵　飞：（1982-），男，硕士，数学，馆员，北京大学图书馆学习支持中心，研究方向为信息素养、科研评估、文献计量。
艾春艳：（1981-），女，硕士，环境科学，副研究馆员，北京大学图书馆学习支持中心，研究方向为学科服务、科研评估。

Ⅳ 移动图书馆建设与服务创新

高职院校移动图书馆发展的现状与对策研究

黄 宇

(营口职业技术学院 图书馆 115214)

摘 要：在互联网、移动技术日新月异的今天，高校图书馆的数字化建设也在飞速发展着。读者期待图书馆能够提供更为高科技的服务，以满足其个性化、智能化、互动化的需求。高职院校图书馆业务逐渐向移动端发展，这是时代发展的潮流，也是为了满足高职师生的需求。本文探讨了移动图书馆的优势，分析了国内高职院校移动图书馆发展现状及问题，提出了一些建议和对策。

关键词：移动图书馆；高职院校；对策研究

随着3G、4G网络的普及，我国的移动互联网业务越来越趋于成熟，用户增长迅速，现在正处于一个全媒体化的信息环境中。基于移动客户端的购物、搜索、交流、浏览资料等行为已经成为生活中不可缺少的一部分。在这种背景下，为用户提供便捷、及时、精准的信息服务成为图书馆学界关注的前沿问题。高职院校图书馆作为高等学校的重要组成部分，在移动阅读时代也应顺势而为，提供更好的移动服务。

目前，大部分高职院校的wifi网络覆盖整个校园，师生坐在电脑面前的时间逐渐减少，手机逐渐代替电脑的工作。高校的教师、学生接受新事物的兴趣和热情极高，这也为高职院校图书馆开展移动图书馆服务提供了读者基础。

1 移动图书馆的概念

移动图书馆是指图书馆利用移动互联网技术，在ipad、手机上实现移动阅读，实现图书馆的服务功能，例如用户使用手机登录图书馆页面可查询资料、借阅图书等。在高职院校开展移动图书馆服务，将有利于满足师生真正随时随地阅读、工作、学习的需求，是图书馆发展过程中，基于移动互联网络环境下服务功能的拓展和服务手段的创新。

2 建设移动图书馆的必要性

2.1 充分满足图书馆发展的需求

随着图书馆的发展，读者阅读方式和阅读需求的转变，图书馆工作的重心已经由收藏纸质图书向读者提供多元化服务的职能转变，而移动图书馆服务恰恰是图书馆以读者为中心的工作理念的充分体现。移动服务可以使图书馆的服务泛在化，充分体现和发挥图书馆在高校中信息中心的地位和作用。

2.2 充分满足读者的阅读需求

利用移动图书馆，实现传统纸质图书向电子图书阅读方式的改变，不仅仅迎合了现代高职院校师生的使用需求，还能通过这种方式为他们提供更加多样、方便、快捷的阅读服务。在有 wifi 网络覆盖地区，或者读者自行开启 3G、4G 网络，读者任何时间、任何地点都可以进入图书馆页面进行图书资料浏览，更加灵活、方便、快捷。

移动图书馆服务是基于图书馆图书、报刊等资料的数字化前提下实现的。图书馆从提供纸质图书阅读，发展到提供电脑、手机端的数字资源阅读，都是以满足读者的需要为出发点的。现代移动互联网技术的进步，智能移动客户端产品的层出不穷，强大的搜索引擎技术的发展，使得读者在海量信息下查找信息、阅读图书更加方便快捷，进一步拓展了移动图书馆的服务功能。由于数字资源占用实体空间少，建设成本不会增加多少，对规模较小的高职院校图书馆来说，是满足读者阅读需求的最佳选择。

2.3 移动图书馆体现高职院校治学理念

高职院校的人才培养目标是为社会提供高级技术型、应用型人才，让学生毕业以后更容易融入社会，与现代商业社会接轨。现代社会，人们的沟通、交流、获取知识的途径都已经发生了巨大改变，全面向移动互联网靠拢。作为培养高技术、应用型人才的高职院校图书馆如果还用传统的模式为师生服务，显然不符合时代的要求。移动图书馆可以让师生在教师教学、学生实习实训过程中，随时、随地利用图书馆的各种资源，更好地助力学生培养。高职院校图书馆通过移动图书馆为读者提供更实用、更贴心、更新鲜的各种信息，这都是传统的图书馆服务不能比拟的。

3 高职院校移动图书馆发展现状及问题

近几年来，我国一些高校在移动图书馆建设方面发展比较迅速，尤其是 211、985 层次的一些知名院校。而我国的高职院校移动图书馆建设，普遍还处于起步阶段，发展比较缓慢，主要存在两方面的问题：一是资金、技术方面，二是服务内容方面。

3.1 资金技术问题

移动图书馆的建设，需要耗费大量的资金、人力，同时还需要较高的移动互联网应用开发技术。不少高职院校建校的历史短，很多是合并院校或中专升格而成，在资金、人才、技术各方面远远不如本科高等院校，尤其是技术是高职院校移动图书馆发展的主要阻碍。尽管有些院校把业务外包给专业的商业型公司进行开发配置，但是要想真正适用于学校使用，还需要大量的后期二次开发以优化完善系统功能，同时在维护管理方面的技术和人才也是一个大问题。

3.2 服务资源问题

有些高职院校率先提供了移动图书馆服务，但是服务内容偏于简单，不够人性化，不具有针对性。例如有些图书馆仅仅提供一个网页页面链接，用以介绍图书馆的基本情况和图书分类，并不能实现真正的移动端查询、借阅服务。还有一个比较严重的问题就是：高职院校提供的移动图书馆服务内容的重复建设，缺乏本校专业和学科特色。例如数字资源中相当大部分是网上免费的小说、诗歌以及一些管理、传记等等书籍，而专业性的书籍资料，网上一般很少有电子版本提供下载。如果由图书馆自行对符合本校专业特色的资源进行收集、整理、录入，将会耗费大量的人力、时间，因此，很少有学校可以做到提供适合本校具有专业特色的数字资源，这样的移动图书馆服务很难满足高职院校师生专业学习和研究需求。

4 高职院校移动图书馆建设发展对策

4.1 资金、人才和技术的引进

资金、人才和技术匮乏是高职院校移动图书馆建设的面临的最大问题，因此，有资金的院校可以考虑将移动图书馆服务外包，同时加快相关人才的引进和培养；资金不足的院校可以考虑合作建设的方式，例如寻找到移动图书馆外包建设公司或者提供建设资金的企业参与建设。在移动图书馆建成后，这些企业具有经营广告、参与业务管理的权利以获取一定的经济回报。考虑到高职院校师生人数众多的特点，在移动图书馆服务里面嵌入一些商品性广告，对一些企业而言是一个不错的商机。而高职院校则可以利用这些企业的帮助，实现移动图书馆的建设，产生共赢的效果。当然，国家层面的资金和人才支持还是高职教育发展的基本动能。国家最好在面向地区，或面向同类行业院校方面，集合多所高职院校进行专项投入，并利用市场经济环境，建立集约化的移动图书馆技术与资源服务体系，既可以避免每个学校的单打独斗，同时可以避免在移动图书馆建设中人力、物力、财力的重复投入。

4.2 提供完善的移动图书馆服务

完善的移动图书馆服务包括两方面：一方面是学校的移动图书馆可以适用于不同的平板电脑、智能手机，以及不同的移动操作系统，如 Android、Symbian、Windows、iOS、Linux 等，呈现多样化；另外一方面是提供完善的技术服务，例如可以进行在线查询、借阅、阅读、下载等等服务。

4.3 提供具有专业特色的服务内容

移动图书馆的资源内容，要想做到专业、有特色，真正有利于学生学习、教师研究，首先要从收集、整理教师日常使用的资源入手。老师在备课、研究的过程中，都会收集、整理很多与本专业相关的资料，同时也有自己编写的教案、习题、课件甚至书籍。学校可以让老师把这些资料共享到移动图书馆的资料库里面，然后进行分类管理，方便其他老师、学生进行搜索、阅读、下载使用。在此资源建设的基础上，图书馆还可以通过联盟的方式与其他院校做进一步的合作，将本校特色资源进行共享、交换，逐步使移动图书馆的内容具有专业性、特色性；其次可以根据学院的办学特点、重点学科建设情况、教师的科研成果等，建设适合本院特色的专题数据库；最后将图书馆购买的相关数字资源进行整合，提供统一的搜索平台，方便师生检索利用。只有这样建设起来的移动图书馆的内容才真正达到符合高职院校师生学习和研究发展需要的目的。

4.4 做好移动阅读推广活动

在这个提倡全民阅读的时代，读者阅读的范围不单指传统纸质图书，电子资源的阅读是其中重要的组成部分。由于高职院校移动图书馆服务起步较晚，教师、学生对移动图书馆这个新生事物了解的还不多，需要图书馆做好移动阅读的推广工作，包括开展形式多样的移动阅读推广活动，如：现场互动、读者答卷、基于手机客户端的 APP 服务项目、基于微信公众平台的各种微服务等等。以营口职业技术学院图书馆为例，我们以世界读书日为契机，开展了"全民阅读数字先行"的数字资源系列推广活动，吸引了广大师生读者的踊跃参与。通过宣传图书馆的数字资源馆藏和移动阅读方式，对宣传移动图书馆服务起到了很好的效果。

5 结束语

高职院校在移动图书馆建设方面存在许多短板，例如资金缺乏、技术落后、人才缺乏等问题是不争的事实。在学校领导重视移动图书馆建设的前提下，图书馆应积极寻求与外界的合作，建立高职院校图书馆联盟，实现资源共享，共同把移动图书馆建设好。

参考文献：

[1] 黄宇. 移动图书馆在高职院校应用的探索［J］. 科技情报开发与经济，2013（8）：110-112.
[2] 李作红. 移动图书馆在高职院校中的应用探讨［J］. 广东轻工职业技术学院学报，2015（1）：74-77.
[3] 武瑞原. 高职院校移动图书馆的应用研究［J］. 科技资讯，2014（28）：255-256.
[4] 陈国刚. 广东高职院校移动图书馆建设问题探讨［J］. 科技情报开发与经济，2013（12）：58-59＋67.
[5] 陈妍. 河南高职高专院校移动图书馆发展现状及对策［J］. 河南图书馆学刊，2015（4）：57-59.
[6] 朱丽萍. 高职院校图书馆移动服务现状分析及对策［J］. 河南图书馆学刊，2015（3）：34-36.
[7] 甘胜界. 高职院校移动图书馆的建设与探讨［J］. 办公自动化，2015（19）：42-44.
[8] 揭平毅. 移动微时代高职院校图书馆服务创新与实践［J］. 晋城职业技术学院学报，2016（1）：1-4.
[9] 周慧. 高职院校图书馆移动阅读的个性化服务［J］. 晋图学刊，2013（4）：52-55.

作者简介：

黄　宇：（1976-），女，副研究馆员，营口职业技术学院图书馆，研究方向为数字图书馆。

移动图书馆在高职院校图书馆中的应用

费 庶

(大连职业技术学院 图书馆 116035)

摘 要: 目前,移动图书馆正在高职院校图书馆中蓬勃应用,并已经成为图书馆服务的一个亮点。文章针对移动图书馆特点、意义及开展其服务应该注意的问题,对在移动阅读环境下,高职院校图书馆在搭建统一的移动服务检索平台、开展嵌入式参考咨询服务、移动图书馆社会化服务、加强移动图书馆的宣传与推广,及建立移动图书馆联盟方面进行了阐述,推动移动图书馆在高职院校图书馆中的应用。

关键词: 移动图书馆;高职院校;图书馆服务

随着通信技术的不断进步和移动互联网的飞速发展,智能手机、iPad、笔记本电脑等大众化的移动终端已经成人们学习、生活中的重要媒体。2011年以来,随着书生移动图书馆系统和超星移动图书馆系统的逐步成熟,应用移动系统成为国内图书馆界的一个热点。移动图书馆是通过智能手机、Kindle、IPad、Mp3/Mp4、PSP等移动终端设备(手持设备),不受时间、地点和空间的限制,进行图书信息的查询、浏览与获取的一种图书馆信息服务,是数字图书馆电子信息服务的延伸与补充。它的出现给图书馆带来新的机遇和挑战,一个移动获取信息的时代已经来临。

1 移动图书馆的特点

1.1 移动、及时、便捷

移动图书馆最显著的特点就是移动性,读者可以自由地使用移动终端设备,浏览、阅读、下载数字资源。同时,无线网络与移动图书馆结合,读者可以在任何地点和任何时间,不受图书馆开馆时间、空间、设备和IP地址的限制,及时、便捷地对图书馆内外的图书、期刊、报纸等各类文献资源实现了一站式检索,获取图书馆的信息与服务。

1.2 移动自助服务

移动图书馆结合读者的需求,开展了自助移动服务。移动图书馆与馆内OPAC系统对接,让读者自助借阅、自助查询各自的借阅情况、自助续借、自助预约、自助挂失读者证等,实现了馆藏书目查询、个人借阅信息查询、修改及咨询等自助服务。同时,读者还可以登录移动图书馆自助浏览、下载所有类型的文献资源。

1.3 广泛使用二维码

鉴于人们使用手机进行阅读、查询信息的习惯,移动图书馆推出使用手机二维码技术,提升图书馆的服务能力。二维码在移动图书馆中的应用主要有通过手机或其他终端扫描二维码,实现网址的快速链接;通过扫描相关的二维码,确定用户位置从而做出个性化推送服务；图书馆的身份认证及 OPAC 信息检索都已引入二维码技术。以此，读者利用手机扫一扫二维码，就可以通过手机登录图书馆网站，享用移动图书馆服务。

1.4 可视化参考咨询服务

随着 4G 网络的逐步推广，移动图书馆开展了可视参考咨询服务。在参考咨询服务中引入了可视电话业务，通过声音和画面可视交流、咨询；通过视频博客、互动视频社区等多种功能，使咨询员与读者"面对面"进行咨询，呈现在读者面前的不再只是复杂冗长的文字，而是更直观、更实时的解答和操作，真正实现信息的即时传递。图书馆通过可视参考咨询服务，为读者提供多元的交互式服务。不管读者在哪，都可以通过可视咨询平台，进行学习、探讨和咨询，实现了读者与咨询人员语音或视频交流，使移动图书馆服务更加人性化。

2 高职院校开展移动图书馆服务的意义

2.1 有利于高职院校图书馆管理与服务的创新

随着高职院校图书馆人力、财力、物力投入不断增加，学校的办学规模和办学水平也在不断地提升，图书馆拥有了庞大的读者群体。但随着社会信息化的飞速发展，图书馆的公众作用和地位却正在被弱化，掌上阅读已成为读者生活的常态，传统的图书馆服务遇到了瓶颈。因此，图书馆为了谋求自身的发展，满足读者的多元化需求，为读者提供更加有效的服务，必须在管理与服务上有所创新，顺应时代的发展，开展移动图书馆服务。

2.2 拓展图书馆服务的深度和广度

移动图书馆是一个庞大的信息系统，可以将全球的图书馆信息链接起来，把大量的分散分布的信息整合起来形成一个世界网络。读者可以利用移动终端浏览、下载图书馆数字文献及网络的数字资源的最新内容，可以体验彩色阅读、游戏、上网冲浪、图片、音频、视频等内容，开阔了读者视野，拓展了图书馆服务的深度与广度，满足了读者多元化、多层次的需求，扩大了读者利用信息的范围。

2.3 打破传统图书馆服务的局限性

传统图书馆提供的服务是一个图书馆、一个学校的服务，只能在规定的时间、地点获取信息及服务，提供个性化服务和社会开放性服务明显不足，基本服务都是在图书馆内进行，只能借还图书和信息检索，服务方式单一。只有开展移动数字图书馆服务，才能打破传统图书馆服务的局限性，才能打破时空限制与网络限制，更好地满足读者需求，丰富图书馆服务内容与服务方式，把移动阅读的新感受带给读者，使阅读无处不在。

3 移动图书馆在高职院校图书馆中的应用

3.1 搭建统一的移动服务检索平台

移动图书馆信息资源服务是通过移动平台来实现的，如何让读者足不出户就能享受到图书馆文化盛宴，建立一个统一的独立开放、灵活通用的移动检索平台十分重要。

移动图书馆服务主要包括移动数字化阅读服务、移动借阅服务和移动自助短信服务。移动环境下的检索方式呈出多样化，读者检索不仅仅限于文本检索，更是扩展到语音关键词、地理位置、相机图片与条码或二维码检索等多种方式检索。目前大多数图书馆具备手机馆藏书目检索系统（WAP OPAC）、数字图书馆系统的资源平台，即网络数据库的移动化检索平台，少数部分图书馆具有服务信息的个性化定制与推送平台。移动图书馆通过统一的移动检索平台，为读者提供及时、便捷的个性化移动服务。如：书目查询、短信提醒（借还书、续借、预约、讲座信息、培训信息）、参考咨询、馆际互借和文献传递等服务。引进超星、书生等移动图书馆，实现了OPAC、电子期刊、学位论文、会议论文、电子书等资源的统一的一站式检索、导航与全文移动阅读、下载等服务。

3.2 开展移动嵌入式参考咨询服务

移动嵌入式参考咨询服务是将移动图书馆的服务嵌入用户所在的环境中，融入用户科研和学习过程中，创造图书馆服务与用户空间和过程有机融合的一种新的平衡状态，为用户提供一种到身边、到桌面、随时随地的服务，是一种基于新技术的图书馆移动服务。嵌入式服务强调以读者为中心，以"融入一线、嵌入过程、嵌入内容、嵌入时空"为服务目标，实现了图书馆与读者的无缝链接，为读者提供无处不在、触手可及的个性化的定制服务，读者在哪，图书馆就在哪。

移动图书馆利用智能手机等移动设备，实现微博、博客、手机QQ等虚拟交流。通过在线交流与读者互动，随时随地用文字、语音、图片等形式指导读者利用和查找信息，开展移动参考咨询服务，把移动图书馆资源嵌入到网络平台中，方便教师、学生的科研教学与学习，提高图书馆的服务质量。

3.3 移动图书馆社会化服务

高校图书馆被誉为"没有围墙的大学"。蔡元培曾说："大学是人格养成之所，是人文精神的摇篮，是理性和良知的支撑。"大学的使命除了为社会发展提供动力和支撑外，还有就是提升国民素质与社会文明程度。公众有平等自由地利用国家信息资源的权利。高职院校图书馆作为高校的一个组成部分，也有义务为社会公众服务，提供全民无差别的信息服务。

高职院校移动图书馆是移动阅读环境下新的服务模式，面向社会读者服务也是一项新的尝试。社会读者可通过移动终端连接OPAC书目检索系统，查询借阅馆藏文献。图书馆提供的超星、书生移动图书馆的使用，扩大了社会读者利用图书馆文献资源的范围，实现社会读者远程学习和终身教育也是图书馆为社会读者服务的一个内容。例如：大连职业技术学院对毕业生实行终身教育的服务，学生毕业后可以终身享受图书馆的信息资源服务。移动图书馆还可以提供OA资源检索、电子资源全文传递和虚拟参考咨询服务等，服务于社会专业技术人员及社会研究型读者，使社会读者随时、随地享用图书馆的服务，扩大了图书馆的社会影响力。

3.4 加强移动图书馆的宣传与推广

移动图书馆作为一种新的服务类型，离不开宣传与推广工作。许多读者根本不知道移动图书馆，更不了解其功能和服务范围。因此，图书馆要重视移动图书馆的价值，积极地进行宣传和营销活动，在图书馆网站上发布宣传公告，介绍其使用方法，引导读者关注。图书馆还要在新生入馆教育、文献检索课、读书日、活动周、专题讲座及学生会组织的各项活动中发放宣传单，宣传移动图书馆，吸引广大读者使用移动图书馆。

大连职业技术学院图书馆充分发挥学科馆员的作用，组织学科馆员认真学习移动图书馆的服务功能及使用方法，在学校办公楼内摆放了超星移动图书馆自助机，同时发放宣传单，介绍其服务功能及服务范围，指导教师使用，帮助教师完成自助文献阅读及下载。图书馆通过移动图书馆的建立,打造了图书馆服务的一个新亮点,为学校的发展助力,深受广大教师的喜爱,赢得了良好的口碑,拓展了图书馆的服务范围,提升了图书馆服务的品质。

3.5 建立移动图书馆联盟

随着移动图书馆的不断发展,整合各方面的优势资源和服务,建立移动图书馆联盟是移动图书馆发展的必然趋势。高职院校移动图书馆要与兄弟院校建立移动图书馆联盟,与移动开发商、数据供应商、咨询公司及网络技术公司等联合,共同完成文献购置分配、文献传递方式及数据的网络更新与维护,共同开展移动信息定制、参考咨询等服务。国内许多高校都与超星移动图书馆、书生移动图书馆合作,共建、共享信息资源,使读者可以利用更多的信息资源,享有更多的优质移动服务。

4 高职院校移动图书馆发展应注意的问题

4.1 确立移动图书馆服务的定位

移动图书馆在本科院校的发展已经初具规模,高职院校移动图书馆还处于起步阶段。由于高职的特殊性,在建设移动图书馆方面要有其独特性,不断探寻高职院校移动图书馆建设的新思路、新方法,创新图书馆的管理及服务方式,确定好自己的定位。不能照搬本科院校移动图书馆的服务模式,注重研究本层次读者的需求,在学术的深度和广度上有所把握。要结合学校办学特点,不断拓宽图书馆的服务渠道,确立自己的竞争地位,保障高职院校图书馆的可持续发展。

4.2 注重移动数字资源与馆藏纸质资源互为补充

在移动图书馆文献信息资源建设中,要研究电子文献、网络文献和传统文献的并存与发展。数字资源要与图书购买的馆藏的各类纸质文献互为补充,发挥各自的优势,最大限度地发挥文献资源的作用,形成科学文献资源的有效配置,优化馆藏资源,增加读者获取信息的渠道,完善图书馆的文献保障体系。

4.3 加强特色数字资源的开发与利用

高职院校在移动图书馆建设上,要考虑总体因素及学校特色。有些高职院校规模不大,硬件设施还尚未达到很好的水平。如果购买了一些大型的数据库商产品,虽然信息量大,服务功能很强大,但价格昂贵,有些内容不太适合教学和科研使用。因此,高职院校移动图书馆要加强特色数字资源的开放与利用,让属于本馆、本校或本地区的独有数字资源"移动"起来。与数据库商携手,联合开发具有高职特点的移动图书馆,建立特色资源库,把符合高职师生的个性需要的移动信息资源呈现给读者。

4.4 实现 WIFI 免费覆盖

移动图书馆读者阅读大量文件和视频浏览需要 WIFI 的支持,这直接影响到读者的需求满足和图书馆服务的质量。为了完善移动图书馆的服务,图书馆可以提供免费的无线网络的使用。读者可以携带智能手机、笔记本电脑、ipad 等无线网络终端设备,在图书馆任何地方随时上网访问图书馆网络资源,查询个人借阅信息,享受图书馆信息检索、参考咨询、文献传递等服务。通过 WIFI 这一资源门户及信息整合平台,为读者学习、休闲提供了便利。

5 结束语

目前,移动图书馆服务正在高职院校图书馆中蓬勃发展,它的出现使图书馆的服务面貌焕然一新,促进了图书馆服务方式的不断改革和创新,使其服务体系更加完善。移动图书馆服务已成为泛在信息社会图书馆发展的必然选择,任重而道远。

参考文献:

[1] 赵继海. 移动图书馆发展的前景分析 [J]. 图书馆研究与工作,2012 (2):2-6.
[2] 资芸,杨婷,薛秀珍. 高校移动图书馆服务模式及发展趋势 [J]. 图书情报工作,2012 (S1):39-41.
[3] 叶爱芳. 移动图书馆在我国的发展现状与展望 [J]. 图书与情报,2011 (4):69-72.
[4] 曹文琴,周玲元. 二维码技术在移动图书馆个性化服务中的应用研究 [J]. 图书馆学研究,2016 (5):63-68.
[5] 刘晓. 农业图书情报学刊 [J]. 2014 (12):199-202.
[6] 熊太纯. 基于新技术的图书馆移动服务研究 [J]. 图书馆工作与研究,2013 (2):32-35.
[7] 沈思,呼翠侠. 基于高校用户偏好的移动信息资源建设模式研究 [J]. 技术与创新管理,2014 (11):596-599.
[8] 袁静. 移动网络环境下高校图书馆服务创新:基于用户知识管理视角的分析 [J]. 情报理论与实践,2014 (5):41-45.

作者简介:

费 庶:(1963-),女,馆员,大连职业技术学院图书馆,研究方向为图书馆管理与服务。

V | 信息素养教育

大数据时代文献检索课程多种教学模式的构建

刘春梅

（北京建筑大学 图书馆 100044）

摘 要：大数据时代的到来，使海量数据的收集、处理和分析成为信息素养教育的主要内容。教练式教学与传统的教学方式相比，具有目标驱动、发挥潜能等特点。大数据时代将教练技术引入文献检索课堂，分阶段，采用多种教学模式能够帮助学生理清思维方式，改善学生学习心态，从而提高文献检索课程教学的实效性，促进学生长远发展。

关键词：大数据时代；教练技术；文献检索课；教学模式

全球知名咨询公司麦肯锡最早提出了"大数据"时代的到来："数据，已经渗透到当今每一个行业和业务职能领域，成为重要的生产因素。人们对于海量数据的挖掘和运用，预示着新一波生产率增长和消费者盈余浪潮的到来。"

"大数据"不是对数据量大小的简单定量描述，而是指在数量庞大、种类繁多的多样性数据中快速获取有价值的信息。大数据时代对当代大学生的信息素养提出了更高的标准和要求。作为未来国家乃至整个世界建设发展的主要力量，高校大学生要做到与时俱进、勇于创新，需要具有更敏锐的观察力，快速查找准确信息的能力；需要具有更敏锐的鉴别信息真假的能力，培养批判思维的能力；也更需要培养创新思维，需要终身学习的能力。而高校图书馆文献检索课堂，理应肩负起大学生信息素养教育的重任。

文献检索是集理论、实践、应用于一体的应用性课程，多采用传统的教学模式，主要以教师讲授为主，并辅之课堂练习。这种讲课方式课堂互动性差，致使学生积极性不高，对文献检索课的兴趣不强，导致教学效果不佳。高校的部分学生抱着拿学分的思想，认为文献检索是选修课，和专业无关，不予重视，缺乏主动学习的积极性，导致上课出勤率不高，上课思想开小差或漫游网络天地等现象。教练技术是一门管理和行为改变应用技术，笔者在多年进行文献检索教学的基础上，通过将教练技术引入文献检索课堂，与多种教学模式结合，提高了学生的学习兴趣与文献检索课程教学的效率。

1 教练式教学方法概述

教练将人们的潜能释放出来，帮助他们达到最佳状态。教练技术是支持个人变化和发展的协作过程。它是一套科学的、成体系的、系统的方法论。教练通过对话以及一系列有方向性、有策略性的过程，洞察被教练者的心智模式，向内挖掘潜能，向外发现可能性，令被教练者有效达到目标。

"教练式教学"是将教练技术应用于教学的一种新的教学模式。教练型老师将学生作为教练对象，在教学中借助相关方法，引导和帮助学生明确自己的目标，增加学习动力，挖掘潜能，自己寻求解决问题的方法，形成行动计划，达成目标。

教练型老师秉承四个基本信念：1）每个人都是 OK 的；2）每个行为背后都有正向的动机；3）人们有能力做出改变；4）所有的一切都是学习。在教练型老师眼中，每个学生都是聪明的，都可以成才，他们相信学生有改变自己的能力，相信学生可以为自己做出最好的选择。教练型老师是学生的支持者、守护者和学生潜能的唤醒者，教练技术的核心原则就是激发被教练者的动机和潜能。

2 教练技术与文献检索课程多种教学模式的结合

2.1 有效沟通、改变心态、厘清目标与 LBL 教学模式

教练技术首先强调有效沟通，建立以目标为导向的思维方式。传统的思考模式是聚焦问题，关注的是现状、是问题、是为什么；而教练思考模式是聚焦目标和方法，关注的是未来、是方法、是做什么。学生在大学阶段，制定明确的学习目标，能够激发学习的动力和潜能。作为逻辑层次的最高一层，目标是人的行为的出发点和落脚点，决定着一个人的成功与否。以目标为导向的思维方式还有助于学生在未来的人生规划中勾画自己未来的愿景，明晰目标，从而制定最有效的决策，在通往目标的道路上少走弯路，提高成功的概率。

文献检索课基础理论教学部分，主要包括文献及检索的相关基本概念，文献的类型、检索技术与方法、检索过程、检索评价等。此阶段多采用传统教学 LBL（lecture-based learning）教学模式，由教师系统、全面地阐述基本理论知识和操作技能，系统性强，对知识的讲解深刻，学生容易理解和吸收。但是单纯的 LBL 教学模式，学生被动地接受知识，缺少自主发挥的空间。教师可以在此阶段引用教练技术，以人为本，一切教学行动都围绕学生的需求这一目标有序地展开。教师通过高效能的对话等形式，进行有效沟通，引导和帮助学生明确自己学习的目标，引导他们自我启发、自我觉醒、自我成长，从而产生行为的改变，最后实现目标。

我校工程造价专业是 2014 年新增专业，已连续于 2015、2016 年春季开设《科技文献检索》16 个学时的选修课程。课程初期笔者对学生做了问卷调查"1）到目前为止你通过何种途径获取你所需要的文献资料或信息？2）你在什么情况下你使用过图书馆的哪个数据库？3）通过文献检索课你最希望解决什么问题？"并在全班总结问卷调查情况，使大家知晓除有个别同学使用过图书馆的公共检索系统查询图书外，全班绝大多数同学都只限于利用百度、谷歌获取信息。大家最想解决的问题包括："学会在信息爆炸时代获取需要的信息并甄别信息的真实性及其价值"、"图书馆如何对图书进行分类、编排、整理？"、"希望了解图书馆数据库"等。针对这种情况，文献检索课的目的就是面对大数据时代日益增长的信息资源，使同学们通过学习，以最少的时间与精力来获取最全面和最准确的自己所要的信息，最终具备掌握获取及利用各类信息资源的基本能力，掌握终身学习的能力。文献检索课程是实践性很强的学习方法课，在学时安排上有 50% 的学时用于实践且增加了计算机检索的内容。为活跃课堂气氛，增加学习效果，锻炼同学们交流沟通协助及各方面的能力，将全体同学按班级、学号分成每 4 人一组共 20 个小组，其中将安排一定的小组交流讨论、翻转课堂环节，成绩将按出勤、上机作业、小组交流讨论、文献综述综合而得。

此阶段积极地将教练型老师的信念与同学们分享：作为 21 世纪的大学生，相信每个学生都是 OK 的，我们有能力做出改变，我们所做的一切都是学习的过程，是锻炼能力的

过程。针对有同学最想解决的问题，设计"了解工程造价专业就业方向，专业未来的发展"、"大学生宿舍人际交往中产生的问题和处理方式"等与同学们的生活工作未来密切相关的选题作为课程后期的小组文献检索交流内容，从而帮助学生了解自己，改变部分学生只是拿学分的心态，厘清学生学习的目标，让学生有目的地学习，激发他们自主学习的意识，最大限度地挖掘他们的潜能，为毕业以后的继续学习打下坚实的基础。作为新生代的90后大学生的思想比较活跃和新潮，面对千篇一律的教学模式会感觉索然无味，失去上课的兴趣。这种教练式教学与多种教学模式的结合让其感觉到新奇，迎合了他们求新的心理，从而提高学习的兴趣。

2.2 四象限平衡轮、成功五问与CBL、PBL教学模式

文献检索实践环节，进入以案例为基础的CBL（Case-based learning）教学模式阶段，老师以结合学生学科背景和专业特点的案例进行讲授和归纳总结，有助于学生理解课程内容，加深记忆。通过设计学生查找北京建筑大学教师文章，查找工程造价专业文献的过程，激发学生学习和参与的兴趣。

文献综述教学环节，进入以问题为基础的PBL教学模式（Problem-based learning）。课程前期要求学生分组提出问题最终完成文献综述。PBL是指在教学过程中，学生在教师引导下，以问题解决者的角色积极主动地参与课堂讨论，提出问题，分析和解决问题，以实现教学目标的一种教学方法。实施PBL教学有几个基本过程：提出问题；自主学习，收集资料；分组讨论；分析归纳；总结评价，检测矫正。这种教学模式通过问题设置，要求学生通过自主学习和有效合作解决问题，培养学生解决问题的能力、自主学习的兴趣以及创新能力。

教练型思考模式关注未来、关注方法。此阶段积极地将教练"四象限平衡轮工具"与"成功五问"与大家分享。"四象限平衡轮工具"是教练用来帮助被教练者分析现状、明确未来的一个重要工具。在我们的生命规划的平衡轮中，应包含个人、家庭、事业和社会四个象限，我们将构成自己这四象限的愿景和目标分别填入圆形八等分的平衡轮中，首先开启梦想，然后将梦想与目标分解到当下，具体到十年、几年、一年、三个月的平衡轮。大家可以将平衡轮工具运用在自己的人生规划中，也可以在自己的学习中运用平衡轮，平衡生活与工作、个人与团队、当下与未来的关系，帮助自己厘清现状，找到突破口。在实现自己生命规划的过程中，无论遇到什么样的问题和困难，我们要坚信"这也会过去"，坦然面对成功路上的挫折与失败。善问自己成功五问"我真正想要什么？"、"我怎样才能得到自己想要的？"、"我所做的是否有利于得到自己想要的？"、"为得到想要的，我愿意付出什么努力和代价？"、"如何能够持之以恒？"用成功五问鼓励同学们聚焦目标，付诸行动，调整超越自我，持之以恒。

在文献检索实践环节与文献综述教学环节，都分别引入FCM教学模式。

2.3 激励共赢、团队共识、高效行动与FCM教学模式

所谓FCM（Flipped Class Model），一般被称为"翻转课堂或反转课堂式教学模式"。作为第一次的翻转课堂，笔者在电子图书检索实践环节设计"针对你感兴趣的课题对读秀、中华数字书苑与馆际互借平台进行检索"，目的是激起大家参与的兴趣，掌握电子图书的检索利用与馆际互借方法。同一小组的同学们首先交流自己感兴趣的课题，然后分别检索，根据小组提前交上来的作业，两个班各选取了两个小组，交流内容包括了"篆刻"、

"养生保健"、"瓷器鉴赏"、"圆明园的历史与保护"等大家感兴趣选题的检索过程，以及读秀和中华数字书苑的资源与检索结果的比较，使同学们在体验与交流过程中加深学习记忆，解决自己想解决的实际问题，并形成一种两个班开展友好团队竞赛的模式，从而激发起学生参与的热情，开发学生的潜能，为下一步的教学打下基础。

教练型老师在教学中激励共赢，"没有完美个人，只有完美团队。融入团队，成就自我"、"要想有大的发展，自己能为团队做些什么?"、"不完美的行动胜过完美的等待"，鼓励形成团队共识，高效行动，创造更多可能性。

到课程最后文献检索交流环节，除交流"小组选题文献综述检索报告"外，笔者还设计了"除课堂学习知识外，是否有其他有效的获取专业文献、信息的途径、方法"、"试利用三个期刊数据库分析工程造价专业就业方向，专业未来的发展"、"如何判断网络信息的真实可靠性"等第二次的翻转课堂环节。在教练式教学的启发下，追求上进、渴望成功的90后的大学生，积极将自己的梦想付诸行动，将自己最优秀的一面展现出来。同学们积极踊跃，学生小组课下准备，代表课上实践与交流，课堂气氛踊跃热烈。

3 结束语

大数据时代，教练式教学引导学生厘清自己的目标，挖掘潜能，激励共赢，不仅对学生现阶段的学习有帮助，更有助于学生的长远发展。将教练技术引入文献检索课堂与多种教学模式结合的尝试尽管由于学时、教练技术的运用熟练程度等因素多少影响了教练技术的充分发挥，但是大数据时代使用教练技术来改善我们的课堂教学效果是一种行之有效的方法，具有良好的发展前景。

参考文献：

[1] 周洪宇，鲍成中. 大时代-震撼世界的第三次工业革命［M］. 北京：人民出版社，2014．1；195.
[2] 李娜. 多轨教学模式在文献检索课教学中的应用探讨［J］. 图书馆研究，2013（3）：102-105.
[3] 袁庆荣. 高校信息检索课存在的问题及对策研究［J］. 图书情报工作，2013（12）：161-163.
[4] （英）约翰．惠特默（Whitmore，J.）. 高绩效教练（原书第4版）［M］. 北京：机械工业出版社，2012．12：3.
[5] 李明一. 教练技术：让领导者更卓越［J］. 中国电力教育，2014（10）：75-76.
[6] 朱红，闫广芬. 基于教练技术的大学生生涯辅导模式建构与应用［J］. 高校教育管理，2012（3）：85-90.
[7] 杨长征，王小丹. 一生只做八件事［M］. 北京：北京大学出版社，2013．5：54-57，102-105，123.
[8] 何立芳，彭建波. PBL教学法在文献检索课中的实践和体会［J］. 图书馆工作与研究，2007（4）：82-83，108.
[9] 贺梅萍. 基于FCM的高校文献检索课教学探析［J］. 新世纪图书馆，2013（10）：27-29.

作者简介：

刘春梅：(1963-)，女，大学本科，图书馆学，副研究馆员，北京建筑大学图书馆信息咨询部，研究方向为信息素质教育、学科服务。

大数据时代信息素养教育的创新与发展
——以福建工程学院为例

陈信春

（福建工程学院　图书馆　350118）

摘　要：信息素养教育课程是高校基础课程的重要组成部分，对学生的学习能力培养及终身教育都是非常重要的。本文对福建工程学院信息素养教育十多年的发展历程与现状做个总结，探讨大数据时代信息素养教育的创新模式，并对信息素养教育存在的问题做了分析，提出解决之道。

关键词：信息素养教育；科技文献检索；福建工程学院

在新建本科院校中开设大学生信息素养教育课程，既要借鉴他人经验，也要结合本校特点。福建工程学院的信息素养教育力图与本校发展成技术型、应用型大学相适应，从完成具有自身特色的信息素养教育课程建设任务出发，探索出大数据时代信息素养教育发展的先机与契机。

1　福建工程学院信息素养教育的发展现状

福建工程学院从1993年开始，在原福建建筑高等专科学校开设《科技文献检索与利用》课。2002年后，学校升级为本科院校，图书馆于同年正式成立了《科技文献检索与利用》课教研室，教研室归口图书馆管理，教学工作由图书馆馆员承担，并设教研室主任，专门负责日常教学与管理工作，现教研室隶属于图书馆参考咨询部。

1.1　课程名称的演变过程

信息素养教育课程名称，从20世纪80年代到现在是不断变化和发展的，从最初的《文献检索》、《工具书使用》、《科技情报》，到世纪之交的《信息素养教育》。我校也是根据学校专业的特点与要求，参照教育相关部门要求制定课程名称，十几年来主要使用过五个名称：《科技文献检索》、《信息检索与利用》、《信息检索》、《科技文献检索与论文写作》，以及目前研究生课程《知识产权与信息检索》。

1.2　课时及学分的设置

2002年后，根据学校合格评估的要求，教研室建立了教学管理档案，制定了一整套规范的教学大纲，加入了学校的课程库。

目前，我校信息检索课分为选修课与必修课2种，主要以选修课为主。选修课以3学时为一个授课单元，一般放在晚上的9—11节上课。必修课以2学时为一个授课单元，由开课院系统一安排；从学时、学分看，主要分为：32学时2个学分，24学时1.5学分，18学时1个学分，有时也有28学时的，共四种学分模式课程，以24学时与18学时最多；考试方式中，18学时的为考查，其余为考试。每门考试分两部分，即理论部分与实验部分，满分100分，其中理论部分60分，实验部分40分。

1.3 师资的专业构成

课程开设初期，图书馆派部分馆员从事教学工作，也有的院系从外校聘请教师，直到学校从专科升为本科院校后，课程名称及师资力量基本就固定下来了。目前担任授课任务的主要有 6 位教师，都取得了高校教师资格证书，其中 5 人具有副高职称，其余 1 人为中级专业技术职称。

从目前承担教学工作的教师专业背景看，主要以图书情报、信息管理与计算机专业背景的馆员为主，兼有建筑、电气工程，历史等专业。教师的主要研究方向有文献检索与知识发现、图书馆信息化、信息传播，参考咨询等。

1.4 学生选课情况

在最初的教学实践中，大多数学生认为"文检课"或"信检课"是一门非常有用的课，选课的积极性较高。但是，如果该课与电影欣赏、体育活动等选修课放在一起让学生选择时，多数学生会认为取得文检课或信检课的 1.5 学分比其他课程难得多而弃选。在全校性公选课竞争中，文检课或信检课很难有优势，除非教师教学水平非常高，或者学生对该课的重要性有特殊认识。加之，如果文检课课程实验没有新意，对学生无吸引力，那么课程就进入漫长的"郁闷期"。因此，每学期一到全校性公共选修课学生选课时，每位教师的心情都比较复杂。

从 2004 年至 2013 年十年的教学历程看：我校全校性公共选修课选课学生在 2007 年开始跨上一个新台阶，2010 年达到发展高峰，其后持续在一定的水平上，见表 1。

从表中统计看，选课学生有多有少，这主要是学期跨年等原因。如果以二年统计为一个单元，刚好为完整二学年为一个小周期，共四个学期，可以看出：每年九月是新生入学月份，该门课大部分会被新生在大一的本学期选修，下学期上课。

2007 年上半年因受选课系统影响，没有及时报课，所以为 0。

我校学生总数大约在一万名左右，依据估算，选课学生大约只占总人数的 4%～20%。

2004～2013 年福建工程学院信息素养课程选课人数（人） 表 1

自然年	2004	2005	2006	2007	2008	2009	2010	2011	2012	2013
上半年	731	283	154	0	526	587	942	214	391	685
下半年	253	263	225	955	547	803	931	449	1218	372
合　计	984	546	379	955	1073	1390	1873	663	1609	1057

2 大数据时代课程的实践与创新

2.1 回归信息素养教育基础，回归图书馆大本营

从教学内容看，"计算机检索"作为一门独立的课程，或课程内容的重要组成部分，都是符合大数据时代读者信息检索需求的。但是，只把计算机检索作为信息素养教育的主要内容的话，本校学科信息检索的特点不明显，教学方向不明确。我们在课程的初期，着重点也放在计算机检索上，但很快，学生就失去了兴趣，因为学生使用互联网的概率和水平远远高于我们的预期。很多学生认为这门课程内容重复或多余，选修的人渐渐变少。后来，我们集中力量调查研究，最终决定教学内容还是要立足本馆的文献资源，要加强自身

资源利用的案例库建设，通过案例带动课程，激发学生学习兴趣，自主发现与探索知识的关联性。实践教学中，我们结合学生专业特点，讲解十种文献类型的多样性与功能性，以及如何在相关数据库进行查找实践。

2.2　教师竞争与课程内容统一相辅相成

在选用信息素养课任课教师上，我们立足以图书情报、计算机、信息管理专业为背景，为初期的课程建设奠定了很好的基础。后来，新任的教师专业学科背景逐渐走向多样化。虽然我们有统一的教学大纲与要求，并且也有详细的教学计划与教案，但是，从听课的结果看，每一位老师上课的技巧，概念传授的深度与广度，教学内容的主次都不一而同，存在较大差异。在教案的研究中，好坏区别也很困难。如果一味强调课程内容统一，教师个人专业特色的发挥就受到限制，最新的检索案例难以进入到课堂中来。为了发挥教学的引导性，课堂教学的互动性与趣味性，我们强调信息素养课程的相关知识点与知识元的统一，并在此基础上鼓励创新，鼓励任课教师结合所教班级及个人专业特点，不断更新教案即时吸收检索新技术、新手段、新理念。

2.3　教师教学与学科服务相结合

与院系教师管理不同，图书馆承担课程的教师都是兼职的，当然各校做法不同，也有专职的，或专兼职相结合。我校采取教研室挂靠图书馆参考咨询部，教师由图书馆员兼职的做法，主要由参考咨询部负责。

由于经费与使用的原因，本馆不可能购买齐全国内外所有的数据库。但是，作为高校信息素养课程，三大检索工具是必备的教学内容。每当以课题作为课堂中心传授检索知识与实验时，我们教授的老师因为没有接触过 EI、SCI，所以讲授这部分内容的时候显得空洞，知识照本宣科。为了解决这个问题，我们要求全部任课教师都担任各院系相关的学科馆员，让他们从院系的教师科研中，从解决具体的信息咨询与文献传递上获得真实的教学案例。这些前沿的、具体的、本地的信息服务，本身就是我们信息素养教育课程研究的内容对象，使我们的课程从枯燥无味中走出来，从活生生的信息服务检索中获得课程内容的真实体验。

2.4　教研管理中以试题库与试卷库建立并重

我馆教研室的业务管理直属校教务处，教学日常规范管理及做法都有统一要求，每周二例行教研室活动一次。教研管理的常态化，较好地解决了教学过程中存在的两个突出问题：

一个是试题库的建立。从信息素养课一开设，就面临这个问题。教师个人希望教研室有个试题库，可信息素养课又是新课，教师个人试题量也不多，任课一多，试题重复率很高。所以，在一段时间，就由教研室牵头，对每位教师的教学试题进行交流。然后，依据教材，分章分节组织实践环节。每学年后，教师之间再开展互相交流，或者从网络，同行等收集整理相关试题，对有意义的题目，通过 QQ 群、微信即时分享。

二是试卷库的建立。教务处每学期都对试卷进行抽查，纸质试卷库的建立是必需的。因为我们做得好，教务处很乐意每年都抽查我们的试卷。所以，试卷、成绩、课程分析、课程总结、教学计划，一整套不断循环、不断有创新的教学资料收集就成了课程发展历程的见证。

3　采用新的教学手段适应大数据时代

在大数据环境下，尤其是信息检索终端设备的变化，随时随地咨询检索，知识泛在化，学生信息检索的需求日常化，我们不可能一直引用传统的教学理念与模式了。2013年之后，我们逐步改变以老师示范检索为中心的教学手段，而引入新的模式。

3.1　嵌入式信息素养教育的应用

我校电子与信息管理专业，信息检索课程是必修课，按教学规定总共只有16课时，1个学分。起初，我们如果按标准24课时的教学手法进行，显然不合时宜。寻找适合于自己的课程教学，制定一个好的教学方案，必须调研在先。嵌入式教学要寻找的嵌入点是：以什么学科为对象，何时、何进度、何问题下嵌入信息素养教育？

为此，需要了解同一学期、同一进度下、同一个班学生都上些什么课程，然后找到该专业课的任课老师，讲明信息素养课的目标与任务。在专业课老师的帮助下，我们一起制定了我们的检索课的目标与内容，同时双方进行教学进度契合，流畅地将信息素养内容嵌入到专业课程中。嵌入式课程没有因与另一门专业课教学进度穿插而形成干扰，有效地通过学生自身的知识迁移而产生课程间的良性互动，学生提升了发现问题与解决问题的能力。

3.2　帮助学生建立自己的文献数据库

在信息素养教育中，学生最迫切的需求是什么，哪些内容学生已经掌握，哪些是我们需要重点讲授强调的，这些都是我们最关注的教学内容。要把这些基本面的问题解决好，把学生的学习兴趣激发出来，最好的办法是帮助学生建立自己的数据库。

在大数据时代，如果网络进入云存储，而个人没有数据库而完全依赖于网络，那么个人创新只有零散的情报信息而缺乏文献基础，研究实际只会流于表面，形成套路，难以深入。作为大学生，除了要具备高级人才的专业素养外，更应具备拥有自己数据库并懂得建立与整理自己数据库的能力。

建立自己的数据库的方式多种多样，有各种软件与产品，这些都可以纳入课堂教学内容。但是从图书馆的文献整理与信息素养教育角度看，个人数据库的建立与文件名的标引，是另一种文献信息整序。要帮助学生了解《中图法》的分类特点，并通过建立数据库的过程，将知识框架，文献整理与编目，及元数据检索等融入其中，形成完全不同的大数据背景下的信息检索课程案例。

3.3　完善学生知识结构，解除学生对搜索引擎的依赖

大数据时代，信息资源获取的便捷性不能同日而语。正因为如此，人们就习惯通过搜索引擎来获得大量信息，从而产生对搜索引擎的依赖，并片面地认为：有了搜索引擎什么问题都能解决了，包括学术论文与创新。当然，就一般性生活与学习信息而言，搜索引擎也足够了。

搜索引擎带来的负面影响：一方面是阻断学生创新思维与信息道德的培养；另一方面是培养学生批判性思维也变得更加困难。学生不能够通过优化信息通道对来源信息提供者保留质疑，从单一的搜索引擎中认知信息源的全面性，完全否定了信息载体多样性的现实。

很多的事例告诉我们，有价值的信息从公开的搜索引擎中是难以获得的。因此，有的教师在讲授信息素养课时，刻意诫除公开搜索引擎的使用，力图从大数据与图书馆背景来完善学生知识结构，从可靠的、多源的信息源来强化学生的信息素养教育。

3.4 从文献检索的案例分析到发现思维导图的文献综述

学术检索是文献检索教学的核心内容，以案例作为检索教学形式来分析与操作，能够将复杂的教学内容分解到案例中，综合的、直观的讲述，对学生学习理解起到很好的帮助作用。

随着大数据时代的来临，以某一课题检索为目标的教学方法，也面临着许多问题。一般情况下，案例或课题都是先设的，通过检索，教师是知道最后结果的，在教学过程中，实际检索的复杂性，诸如检索词转换，关键词的变更，边检索边发现等都被忽略了，而这恰恰是信息检索因人、因题、因境而不断变化的不同的复杂的精彩的过程。这个过程被忽略了，检索就失去兴奋变得平常而缺乏趣味。

对一个有效的问题，其检索结果，往往是两种：要么，检索条目N多，要么就没有。没有的可以作为问题的创新点确立；检索N多的，就面临着如何选择？表述课题的文献综述，发现问题的思维导图，为解决问题提供了新方法。在大数据时代，这二个横向的有深度，纵向的同样也有"深"度的检索问题，一并都在知识发现中得到应用，指明了信息检索课程在大数据背景下的发展方向。

4 结束语

福建工程学院信息素养教育的发展与实践还在不断持续中。十多年来从无到有，从随意到规范，从规范到创新，一步一个脚印，包涵了信息素养教育课程本身所具备的扎实求是作风。信息收集的包容性本身，也使得信息素养课成为现代大学精神不可或缺的素质教育核心课程。

参考文献：

[1] 万晓. 基于大学生信息素质教育的信息检索课教学改革 [J]. 亚太教育，2016（8）：247.
[2] 袁家莉. 泛在信息环境下文献检索课的教学改革探究 [J]. 中国教育学刊，2015（1）：188.
[3] 沈艳红. 思维导图在信息检索课教学中的应用 [J]. 高校图书馆工作，2012（5）：67.
[4] 林运卓. 论网络信息化教学环境与用户信息素质的培养 [J]. 图书馆论坛，2004（3）：41.
[5] 燕今伟，刘霞主编. 信息素质教程 [M]. 武汉：武汉大学出版社，2008.9.

作者简介：

陈信春：（1964-）男，大学本科，图书馆学，副研究馆员，福建工程学院图书馆，研究方向为信息素养课程教学。

大数据时代云南高校信息素养教育创新模式的可行性研究

李海洋　廖　寅　宋野草

（昆明理工大学　图书馆　6505042；云南民族大学　人文学院　650504）

摘　要：针对当前云南省高校现有数字资源现状以及高校信息检索教学面临的问题，提出创建大数据时代高校信息素养教育创新模式的可行性方针，引导信息检索课教师更好地开展信息检索课程教学，提高云南高校师生的检索能力。以培养高校师生的信息检索能力为教学目的，提高高校师生对信息的有效利用为教学宗旨，对云南各高校搜集到的现有电子资源及其科研质量和产量的客观数据进行分析，得出科研质量和产量除了受电子资源数量的影响外，还与从事科研的全校师生的检索能力有直接关系。为了全面培养师生们良好的信息意识及高水平信息检索能力，云南各高校的信息检索课程需要根据云南高校的电子资源现状进行改革，淘汰传统教学模式中与社会需求不匹配的部分，创建多层次的教学模式，树立多角度的教学思维，重新构建信息检索课程教学的理论体系。

关键词：信息检索教学；教学体系；理论学习；教学模式

引　言

随着高校图书馆信息检索课程教学的日益发展成熟，如今高校已经成为培养具备信息检索能力的科研储备军的重要基地。但是，当前高校的信息检索课程教学体系的架构以及网络数据库检索能力的培养，都跟不上我国科研的需求和发展。

天津工业大学图书馆的马爱萍针对目前国内高校信息检索课教学的局限性，提出了全面培养本科生信息素养的一体化教学体系：通识教学、嵌入式教学以及创新教学三个阶段。可是受各种主客观因素的影响，我国当前信息检索教育教学现状并不乐观，新的教学方式在云南地区高校中很难实施到位。

另有一种信息检索课程改革提倡知识自由的理念，牟妍在教育论坛发表的期刊论文《基于知识自由的信息检索课课程体系改革研究》中也提到了加强课程吸引力，根据学生学科背景开设课程以及课程中增加网络安全教育内容。在昆明理工大学借鉴其教学理念并将其贯穿于教学实践之后，发现短短8周的教学周内很难系统有效地完成教学任务。究其原因，云南高校学生的计算机网络知识以及英语语言的基础普遍薄弱，单纯的以强化课堂吸引力和增设法律安全相关知识为教学目的，无法实现信息检索教学改革的有效性。而在教学中，侧重培养学生的检索能力和创建灵活的信息检索教学模式更有利于帮助云南高校学生掌握检索技术。

笔者从当前科研现状要求科研师生具备全面的信息检索知识、高水平的信息检索能力的需要，以及信息检索教学面临的问题，针对云南高校现有数字资源，对创建大数据时代高校信息素养教育创新模式的可行性方针进行了初步探讨。

1 信息检索能力的培养

1.1 云南高校师生信息检索能力培养的重要性

云南省高校图书馆电子资源的购买力增强，数字资源量的扩大，给云南高校实现科研提升提供了广阔的平台。可是对科研创新真正起到决定因素的还是研究者自身的信息检索能力，特别是满足实际操作多种数据库类型的信息检索应用能力。因此，加强云南高校师生检索能力的培养也成了重要紧迫的任务。

从云南高校电子资源增长历程来看，云南高校所拥有的电子资源，2011年以前相较其他省份高校要匮乏得多。以昆明理工大学图书馆为例：2000年昆明理工大学图书馆第一次开始采用Dreamweaver开发建立了门户网站，2003年采用ASP与ACCESS建立第一个动态网站，2002年起启用期刊系统，2005年图书编目、典藏、期刊、流通业务全面实现计算机化管理。自从2012年12月教育部正式批准在昆明理工大学设立"教育部科技查新工作站"之后，学校电子资源量飞速发展，2012年到2014年间，电子资源量的发展远远超过前十年的总和。到2015年12月，昆明理工大学图书馆引进的数据库为145个，同年学校获得国家自然科学基金项目166项。具体数据见图1：

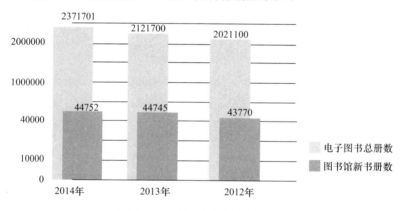

图1 昆明理工大学图书馆数据

再比对云南省各高校2015年间的科研成果情况如下：见图2。

图1和图2数据显示：昆明理工大学在近三年内的科研产量与其校内电子资源量的增长成正比。"教育部科技查新站"的设立要求昆明理工大学增加更多的电子资源，以满足查新工作的需求，同时也使得我校科研产量得到全面提高。而云南农业大学成为第六批教育部科技查新站后，并没有因为增加大量的电子资源而显著提高该校的科研产量。

图2中显示数据分析得出：2015年云南各高校科研产量仍然相差较大，其中一项主要因素在于科研人员信息检索能力的培养不到位，在电子资源量充足的情况下依然无法提高科研能力。因此，云南高校检索能力的培养，需要结合各高校所拥有的数据资源现状，探索更多实现资源共享的路径，将信息检索教学受众扩大化，不仅面对本科生、硕士生，也要针对教师和科研人员。在面对信息检索教学对象多元化的当下，创新信息素养教育模式是提高师生信息检索能力培养的重中之重。

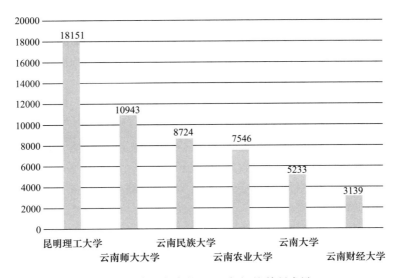

图 2　云南省各高校 2015 年间的科研成果

1.2　信息检索能力培养过程中实践的重要性

信息检索能力的培养必须重视检索实践：在检索内容上求全面综合，提高检索客体的实际操作能力；在检索手段上、方法上力求多角度分析，检索全面准确化。要成为一名合格的信息检索用户，首先要打好检索理论和检索策略的基本功；其次要深入学习和研究专业数据库以及网络数据库的特点，准确定位检索目标，将检索理论和检索策略应用于检索过程当中；同时还要结合检索结果不断地推敲检索策略的准确性和全面性，以修正检索词的挑选和检索逻辑式的组配。

信息检索课程教学的目标是在学生获得检索能力的基础上帮助他们获得检索实际应用的相关知识和信息处理分类的能力，并在检索实践中不断完善和提高检索水平。培养学生的信息检索能力，必须贯彻实践性原则，重视实践环节。更重要的是，除了培养具备专业数据库检索能力，以辅助科研能力的提升外，也要配备相应数量的非本专业电子资源，以满足高校学生对不同类型数据库的需求，开展多层次、多角度的检索实践。

1.3　信息检索能力培养过程中数据资源评估的必要性

我国沿海地区半数以上高校设置教育部查新站，校内网络数字资源形式的多元性、内容的丰富性，以及资源共享的可操作性，足以匹配现代信息检索教学模式，实现培养具备全面信息素养的创新型人才。与之相比较而言，云南高校查新站仅有两所，并且 2012 年才建立第一所查新站，数字资源正处于稳步增长阶段。因此，引导师生有效利用信息资源的信息检索教学，需要结合云南高校现状，对数字资源进行有效评估。

2　创新高校信息素养教育模式

2.1　信息检索理论的选择

云南高校信息检索课程教学面临的一个突出问题就是教师的片面主导，缺少对于不同学习者的有针对性的理论及检索的差异性实践指导。

信息检索课程教学应该在信息检索理论的指导下进行，但究竟应该选取哪些信息检索理论来指导学生的检索实践，则要根据学生的具体情况和培养目标来确定。学生所学专业、科研能力和检索需求有极大不同，而依靠有针对性的信息检索理论，可以有效提高指导学生检索实践的效果，可以确定信息检索应用教学的思路，增强学生对未知信息的应变性获取及对已知信息的逻辑分析能力。信息检索理论不能狭隘地理解为是指导学生具体怎么选择检索词、挑选数据库，以及使用布尔逻辑运算符、截词符，将检索词组配成检索式放入数据库检索的过程，毕竟固定的检索理论套路并不能应对类型纷繁复杂的数据库的实际应用。

目前，云南省大部分高校信息检索课程教学还停留在过去传统的教学观念上，将检索理论学习与上机实践的教学地点以及教学时间分开进行，并且主要侧重借助PPT进行讲台课堂教学方式。这样的检索理论独立式教学，使得学生将理论学习与上机实践分开化，影响信息检索能力的培养。

创新高校信息素养教育模式中的理论学习：在程序上，需要在注重上机实践学习的基础上，逐步增强学生对各种数据库基本知识的了解；在内容上求全面综合，帮助学生认识文献学知识以及信息检索体系。学生对信息检索体系的认识能力提升了，在实际操作中主要通过学习相关检索理论、结合检索实践，信息检索能力得到提高。根据数据库检索理论和上机训练的阶段性特点，找出分析课题的难度、检索策略的难度和找寻相关文献的难度。可以将信息检索课程教学划分为初、中、高三个阶段："初级"为本科阶段查找相关文献基础型，主要针对毕业论文写作，学习基本检索理论、检索策略，旨在查找相关文献，以完成毕业论文中文献综述部分的写作；"中级"为硕、博士生或者科研新人阶段，是探索论文完成周期及最终发表过程中的信息检索密切相关文献研究型，侧重了解数据库的信息检索区别，通过同行评议及期刊质量选择数据库，学习文献学基本知识以及复杂检索策略的应用，以从确立课题到成功发表论文过程中，信息检索起到的关键性作用作为教学目标；"高级"为从事专业检索或资深科研人员阶段的深度研究型，侧重各专业学科背景知识的学习，以达到信息检索辅助科研，实现更精确无误地完成省时与创新的信息检索教学目的。将教学划分为三个阶段分别进行，逐渐形成系统的信息检索教学课程体系，即：从初级阶段对信息检索的基本感知和初步了解，到中级技能的提升，再上升到高级阶段的程序化和专业化训练，帮助信息检索学习对象掌握不同层次的信息检索技能。依此思路，重新构建云南高校信息检索教学体系中的理论部分，旨在根据不同教学对象进行理论分层，实现系统性和选择性的相互结合，描述性和规定性的相互结合，加强教学改革的可操作性。

2.2 教学模式在信息素养教育创新模式中扮演的角色

创新高校信息素养教育模式，一定要"以人为本"。"以人为本"的检索教学与传统检索教学的"以教师为中心"相反，强调检索教学以学生为中心，要求师生角色转换，教与学观念转变。作者本人曾做过实验：给本科大三在读学生教授信息检索课时，在学生实践检索理论学习的基础上，仅教授部分检索技巧，让学生做百度网络数据库搜索练习。结果证明：仅一次信息检索实践，学生几乎全部触类旁通，并且运用自如地在实际操作过程中自学了剩下的一部分检索知识，这充分说明了学生主观能动性的巨大作用。

创新高校信息素养教育模式，要发挥师生两方面的主观能动性，开展多层次的信息检索教学，学习国外检索课程实践重于理论的教学优点，为学生信息检索能力提升创造良好的平台。信息素养能力较强的人知道如何学习，知道如何找到、评价和有效利用信息。信息素养在一个人的学习、工作、终身教育中有着至关重要的作用。信息检索课的目的就是培养学生的信息意识，以及利用信息的兴趣和能力，而不是背诵一些东西，更不仅仅是掌握一种方法。在日语中没有"信息"这个词，取而代之到处可见的是"情报"这个词，"情报"的内涵和外延大致相当于我们汉语里的"信息"。因此，日本与我们国家在信息检索教学内容方面有很大差别，与"情报"一词在两门语言中的概念差别关系很大。西安医科大学图书馆的叶春峰在《浅论日本的医学情报检索课》中对日本信息检索课程设置情况进行调查，其信息检索教学具有以下三个方面的特征：多元化人才培养模式、多层次的信息检索教学、紧跟社会需求，信息检索教学学术合法性增强。由此，我们可以得出这样一个共识：信息检索教学中技能导向和学术导向的教学是可以并行发展的；多元化的信息检索教学，既可以适合不同学生的能力需求，同时也为信息检索学科的发展注入永久的活力和生机。

信息检索人才培养多元化可通过以下几个方面来推行：一是丰富技能类型，类似于具备一门外语技能或者编程技能；二是在科研途径上为学生提供切实有效的多元化选择；三是在评估环节体现"订单制"的特色。高等学校可以在考虑社会需求、本校办学层次和学生具体情况等诸多因素基础上，突破学历教育传统模式，增添与教学过程相衔接的后高校时代的专业化培训或信息检索资格认证，为学生信息检索能力发展创建良好的平台。

3 结束语

随着我国全球化步伐的加快，电子资源集中化的情况在逐渐减少，资源共享的要求也越来越高，这就对高校信息检索教学提出了更高的要求，构建适合社会需求的信息检索教学体系是当前摆在高校面前的一项紧迫任务。作为我国实现西部战略的教育改革主要目标之一，构建一套同步于云南高校电子资源发展速度的、创新式的信息检索教学体系是可行的，也是增强云南高校师生检索能力培养的最佳途径。

参考文献：
[1] 马爱萍. 本科生信息素养一体化教学体系构建研究 [J]. 情报探索，2014（202）：23-25.
[2] 牟妍. 基于知识自由的信息检索课课程体系改革研究 [J]. 信息系统工程，2014（8）：159-160.
[3] 叶春峰. 浅论日本的医学情报检索课 [J]. 医学情报工作，2000，21（5）：63-65.
[4] 叶春峰. 中日两国医学信息课教学比较研究 [J]. 西北医学教育，2001，09（04）：213-214+231.
[5] 张和伟等. 美国高校图书馆可持续发展综述 [J]. 图书与情报，2011（2）：48-52.
[6] 杨福来，郑颖佳. 信息素养教育与信息检索课教学改革 [J]. 东华理工大学学报（社会科学版），2011（2）：177-179.
[7] 邓亚文. 信息检索课互动—目标型教学模式探析 [J]. 科技情报开发与经济，2010（8）：170-172.
[8] JOO SOOHYUNG；CHOI NAMJOO. Factors affecting undergraduates' selection of online library resources in academic tasks: Usefulness, ease-of-use, resource quality, and individual differences [J]. Library Hi Tech，2015，33（02）：272-91.

作者简介:

李海洋:(1984-),女,硕士,英语语言文学,馆员,昆明理工大学图书馆,研究方向为信息检索、图书情报学。

廖寅:(1969-),男,硕士,副研究馆员,昆明理工大学图书馆,研究方向为图书馆管理。

宋野草:(1983-)女,博士,中国哲学,讲师,云南民族大学人文学院,研究方向为道教、中国哲学。

高校信息素质教育的研究与实践
——以北京建筑大学为例

赵燕湘

(北京建筑大学 图书馆 100044)

摘 要：高校信息素质教育是国家高级人才培养战略的一个重要组成部分，信息素质教育对学生能力的培养具有至关重要的作用。本文以北京建筑大学为例，对大学生信息素质教育状况进行了调查研究和分析，并结合各高校在信息素质教育中普遍存在的问题，从师资队伍建设、课程建设、教学方法及教学管理等多方面提出了改革设想和建议。

关键词：信息素质教育；文献检索课；课程建设；调查分析

在当今信息爆炸的时代，谁掌握了有效的信息，谁就掌握了在未来竞争中的主动权。因此，早在2009年10月1日美国就通过了代号为3195-W9-P的"国家信息素养宣传月"的议案，其中强调了在信息时代美国公民需掌握获取、整理和评价信息的必要技能，从而把信息素养和信息获取技能提高成为全体国民素质的基本要求。

我国高校本科生的信息素质教育以开设文献检索（或信息检索）课（以下简称文检课）为主要形式，其发展已经历了30多年的历程。根据《关于在高等学校开设＜文献检索与利用＞课的意见》（原教育部（84）教高一司字004号）、《关于改进和发展文献课教学的几点意见》（国家教委（85）教高一司字065号）以及《文献检索课教学基本要求》（教高司[1992]44号）等文件精神，明确了文检课在我国高等教育中的重要地位，推进了文检课进入大学课程体系的进程，对提高大学生信息素质教育水平起到了积极的促进作用。文献信息检索已与外语、计算机一样成为当代大学生必备的基本技能之一。

虽然各高校在大学生信息素质培养方面取得了不少成绩，但由于高校图书馆以及文检课在校内所处的地位，无论从硬件到软件等方面都存在着不少困难和问题，有些甚至是无法逾越的障碍。随着时代的变迁和信息技术的迅猛发展，信息素质教育课也面临着一个关键的机遇期和发展期。本文试图通过我校近二十多年来的文检课建设与改革实践的总结，分析大学生信息素质教育中存在的问题、发展的瓶颈，结合各院校共同能够存在的问题，探索信息素质教育发展的途径和方向，希望能为有关部门及领导规划和决策时提供一些依据。

1 我校信息素质教育简况

文检课是培养学生获取和利用文献信息能力且实践性较强的方法学课程，其目的是向学生传授文献信息检索知识，提高信息道德修养，培养现代信息意识以及掌握信息检索技能，增强自学能力和创新能力，为从事工程应用、科研与教学以及实现知识更新的继续教育奠定一个良好的基础。

从 20 世纪 90 年代起，为加强对我国大学生信息素质的培养，各高校逐步把文检课加入到教学计划中来并开设了相关课程，使得大学生的信息素质教育取得了一定成绩。但由于各高校在这方面的教学资源很不平衡，课程开出的状况差距也较大。各校开设文检课的教师多为校内图书馆的馆员（部分高校由院系专业教师兼任）；课程开设的对象及范围也很不均衡，造成有条件的就多开，无条件的就少开，甚至部分高校有逐年萎缩的情况。我校自 20 世纪 90 年代起开设文检课以来，所面向的对象及规模也是从无到有、由小到大。最开始是面向全校开设校级选修课，后来逐渐增加教师，由图情专业的教师牵头，将图书馆内具有高级职称的教师组织起来，在校内各专业逐步开设文检课。对于文检课没有被列入教学计划的学院或专业，我们还专门开设了面向全校的校级选修课（即公选课），其课程名称叫"图书馆导航"，从而解决了部分没有被列入文检课教学计划的学生学习信息检索技能的需求。通过 20 多年的教学实践和图书馆教师的努力，目前我校除研究生全部开设文检课以外，本科生已有四分之三的专业把文检课列入了教学计划（详见表1），而校级选修课"图书馆导航"仍继续保留并面向全校开设，以作为文检课覆盖率的一个补充。

北京建筑大学本科生文献检索课开出统计表（2011~2016） 表 1

序号	学院名称	专业名称	专业数	开课专业	未开专业	开课率
1	建筑学院	建筑学/城乡规划/风景园林/工业设计/历史建筑保护工程	5	5	0	100%
2	土木学院	土木工程/无机非金属材料/交通工程	3	0	3	0%
3	测绘学院	测绘工程/地理信息科学/遥感科学与技术	3	3	0	100%
4	环能学院	给水排水科学与工程/建筑环境与能源利用工程/能源与动力工程/环境工程/环境科学	5	1	4	20%
5	机电学院	机械工程/机械电子工程/车辆工程/工业工程	4	4	0	100%
6	经管学院	工程管理/工程造价/工商管理/市场营销/公共事业管理	5	5	0	100%
7	电信学院	电气工程及其自动化/自动化/计算机科学与技术/建筑电气与智能化	4	4	0	100%
8	文法学院	法学/社会工作	2	2	0	100%
9	理学院	信息与计算科学/电子信息科学与技术/理科实验班	3	1	2	33%
		全校统计	34	25	9	74%

2 文检课教学建设中的不足与矛盾

2.1 对文检课的地位及重要性认识不足

有些院系领导、专业教师对文检课的地位及重要性认识不足，认为没有必要单独给学生开设文检课，分析其原因之一是由于教改使得本科培养计划中的总课时或课程门数超标，需要压减学时和课程门数；其二是认为学生的信息检索技能只需在专业基础课、专业课学习过程中，由专业教师指导就可掌握，最多通过开设一些专题系列讲座或校级选修课（即公选课）就可以了。因此，在不少高校里（包括我校早期），文检课只被列为校级选修课，使得未选这类讲座或公选课的学生失去了接受信息素质教育的机会，从而难以实现对每位大学生的信息素质培养，满足不了国家对人才培养目标中的信息获取能力要求，也降低了学生今后的社会适应能力。

当然，信息素质教育也不只能单靠文检课这一门课程来完成，它应该贯穿在整个本科培养计划之中，由计算机基础及其他有关专业基础课、专业课来共同完成。在一个完整的本科生培养计划中，文检课应该占有一席之地，这无论是面对当今信息高速发展的社会，还是从健全的人才培养知识结构方面，都是不可或缺的。回顾我校文检课的发展历史，也经历了一个艰难而曲折的过程，即由校级选修课→必修课→限选课→任选课，其中从校级选修课到必修课，反映了课程计划进入本科培养方案的重要性和必然趋势；但后来把必修课又降为任选课（现我校各专业均把该课改为了任选课），则反映了现阶段的另一个认识误区，即信息时代互联网可以代替一切，学生可不必选修文检课就可掌握现代信息获取能力，从而又降低了大学生信息素质培养的水准。

2.2 文检课教学资源不足与学生学习需求的矛盾

随着世界经济一体化和社会竞争的加剧，在信息时代对大学生进行信息素质教育并开设文检课，是社会发展的要求和趋势所在，也是学生自身发展的需要以及衡量学校办学质量的一把尺子。

要加强文检课的教学建设，其中最重要的是教学资源建设，包括教学队伍建设和教学条件建设，而这两方面的建设，恰恰是我们目前遇到的最大难点问题：一方面，鉴于高校图书馆在学校中的地位远不如各院系受重视，师资力量相对薄弱。[6] 图书馆中图情专业的馆员不多（各地方高校大多亦如此），有教师经历的更少。而原有的图情专业教师又逐年开始退休，新引进的教师严重不足，图情专业毕业的新进研究生则更少。因此，要建立一支专业化的教学队伍是比较困难的。由于师资缺乏，任课教师除勉强应付完成授课任务外，还要忙于图书馆的其他事务性工作，因此也无暇顾及教材建设和教学改革等；另一方面，由于图书馆的经费不足，使得馆藏资源比较匮乏，一些校内重点学科专业需要的数据库也无法购买。

面对移动互联网的迅猛发展，学生对各种信息资源的渴望和需求也与日俱增。针对在大学生中是否要加强文检课的教学，我们教研组为此专门设计了一套调查问卷，通过多批次的抽样调查和分析，可以看出当代大学生在信息素养以及对信息获取等方面的现状与需求，现摘录其中部分调查统计结果如下（详见表2）（样本数71）。

《科技文献检索》课程教学调查问卷统计表（节选一） 表2

调查项目	选项	选项内容	人数	比例
你上网经常做的事情是什么？（多选题）	A	浏览各种网页（新闻、博客、论坛、微信等）	60	84.5%
	B	休闲娱乐（含游戏、聊天、看电影、听音乐、购物等）	57	80.3%
	C	阅读电子图书、杂志	29	40.8%
	D	搜索学术文献资料	10	14.1%
	E	其他	5	7.0%

续表

调查项目	选项	选项内容	人数	比例
面对网络上的大量信息，你获取过程中的感觉是？（单选题）	A	来源可靠、科学性强、信息质量高	16	22.5%
	B	来源可靠，但学术水平和质量不高	17	23.9%
	C	来源不明，学术水平和信息质量一般	35	49.3%
	D	来源不明，学术水平和信息质量较差	3	4.2%
	E	茫然不知所措	0	0.0%
学习《科技文献检索》课之前，你一般通过什么途径获取个人需要的文献资料？（多选题）	A	百度或谷歌首页	57	80.3%
	B	百度文库或谷歌学术搜索	34	47.9%
	C	图书馆的电子资源数据库	13	18.3%
	D	到图书馆查阅纸质书刊	23	32.4%
	E	其他	3	4.2%
学习《科技文献检索》课之前，你在利用图书馆的电子资源时会遇到哪些问题？（多选题）	A	不知该到哪里去查找所需的电子资源	37	52.1%
	B	缺乏检索技巧，不会查所需电子文献	43	60.6%
	C	能找到文献摘要，但不会获取全文	13	18.3%
	D	不熟悉图书馆电子资源的使用方法	31	43.7%
	E	无法随时随地上网进行检索	6	8.5%

调查结果显示：有60%以上的学生每天上网超过2小时（超过4小时的有近25%），约有80%以上的学生上网主要是看微信、新闻和娱乐，只有40%的人是在网上阅读，而搜集学术文献资料的不到15%。对于网络上的大量信息，超过一半以上的学生认为不可靠。大多数人获取网络信息资源主要是通过百度，即使想查找图书馆的专业电子资源，也不知道在何处以及怎样获取。因此，虽然近两年来各专业把文检课又改为了任选课，但选修的学生人数还是占了大多数。

3 我校文检课教学建设过程及实践

为了加强文检课建设，我校图书馆经过二十多年的努力，从开设校级选修课开始，逐步将文检课开到了各个学院并逐步将这门课程纳入到本科培养计划之中。特别是近十年来，图书馆领导非常重视大学生信息素质教育，依托图书馆信息咨询部专门成立了课程教研组，充分利用有限的人力资源，加强教学基础条件建设。

3.1 大力加强师资队伍建设

以图情专业的教师为骨干，结合其他专业背景且有教学经验的教师，在图书馆大力开展教学观摩、教学培训和教学法研究。由于教师年龄结构逐年老化，退休教师不断增加，培养青年教师、加强教师梯队建设也就成为信息素质教育的重要任务之一。因此，教研组积极组织青年教师听课、试讲，并采取以老带新的传帮带活动，努力培养年轻教师，让他们早日登上讲台。

3.2 全面修订了覆盖全校各专业的文献检索课教学大纲

统一制定了针对不同对象的课程教学基本要求及授课内容等。在教材建设方面，统一选用了国内优秀教材，并利用学校图书馆有限的数字资源基础，选讲满足各专业需要的数据库等内容，以贯彻落实教育部的教学基本要求。在教学组织方面，教研组也根据每位教师的专业知识背景安排其承担相关专业的文检课教学，最大限度地满足各专业的教学需求。

3.3 大力开展了实践性教学和网络辅助教学

针对本科教学计划中文检课学时偏少的状况（我校文检课学时比外校少，多数为16学时，部分专业为24学时），采用"堤内损失堤外补"的策略，加强课内外上机实习及辅导，课内学时和课外学时相互补充（我校文检课学时多数为16+8，即课内学时16、课外学时8）。鉴于课程的实践性和操作性强，将课程全部安排在计算机教室上课，这样，教师就能灵活把握教学进度，边讲边练，提高了课堂效率。此外，充分利用新建图书馆的计算机培训教室以及课外学时的学生自由上机时间，增加了课外集体答疑和上机辅导等教学环节，保证了课外学习的效果和质量。

3.4 积极开展第二课堂教学，弥补课时偏少的不足

采用现代教育技术手段、充分利用学校现有的网络教学平台，建成了文检课教学网站及其网络课程，实现了网上完成作业、课内外测试以及网上答疑等。同时，还利用移动互联网及云技术等应用成果，在课程中引入"云班课"等先进教学手段，师生互动不再受到时空的限制，彻底改变了传统教学的时空观，大大地提高了文检课的教学质量和水平。部分教师正逐步使用微课、翻转课堂、即时性反馈教学等现代化手段进行文检课教学，并积累了一定的教学经验。

3.5 教学效果评价

通过调查问卷统计分析结果还显示：上过文检课的学生有七成以上能够熟练检索三大中文期刊数据库的期刊论文，一半以上的学生会从超星数字图书馆和中华数字书苑中查找电子图书等。在馆藏的三大类数字资源（电子图书、中外文期刊论文、多媒体类数据库）中，90后学生对专业书刊和多媒体资源的兴趣和需求也很明显。通过调查还显示出90后学生普遍喜欢老师采用网络辅助教学手段。学生对该课总体的满意度达到了95%以上（见表3），是信息素质教育的教学建设和教学改革实践的初步成绩和发展动力。

《科技文献检索》课程教学调查问卷统计表（节选二）　　表3

调查项目（节选）	选项	选项内容	人数	比例
学习《科技文献检索》课之后，以下数据库你能熟练运用的是？（多选题）	A	中国知网、万方数据、维普科技期刊	51	71.8%
	B	超星数字图书馆、中华数字书苑	36	50.7%
	C	超星名师讲坛、知识视界视频资源库	16	22.5%
	D	读秀学术搜索	31	43.7%
	E	未学会使用任何中文电子资源	5	7.0%
你对文献检索课采用课程网站辅助教学方式的态度是？（单选题）	A	非常喜欢	24	33.8%
	B	比较喜欢	33	46.5%
	C	喜欢	6	8.5%
	D	一般	8	11.3%
	E	不喜欢	0	0.0%
你对该门课程中的哪部分教学内容最感兴趣？（多选题）	A	电子图书	52	73.2%
	B	中外文期刊论文	39	54.9%
	C	学位、会议论文	12	16.9%
	D	专利、标准、规范	9	12.7%
	E	多媒体类数据库	31	43.7%

续表

调查项目（节选）	选项	选项内容	人数	比例
你对该门课程的总体评价是？（单选题）	A	非常满意	42	59.2%
	B	比较满意	20	28.2%
	C	基本满意	6	8.5%
	D	一般	2	2.8%
	E	不满意	1	1.4%

4 对高校信息素质教育改革的思考和建议

经过多年的教学实践及经验总结，本人认为：要想全面提升高校文检课的教学建设水平，切实满足国家对高校信息素质教育的要求，必须从以下几个方面入手。

4.1 加强高校图书馆师资队伍建设

在高校图书馆转型升级的时代背景下，要扩充和保证图书馆师资队伍数量，改善教学人员结构水平和工作环境，增加和引进图情专业的研究生或有学科专业背景的教师，以填补文检课师资力量及水平的不足。由于图书馆的文检课教师与二级学院的专职教师工作性质不同（某些高校的兼职教师除外），其中为读者服务（如参考咨询、代查代检、资源评价等）占用了大部分时间，加上还有科研任务以及为二级学院提供学科服务等，再担任起面向全校的文检课教学任务就突显其工作的繁重（尤其在任课教师不足时）。所以学校要在增加教师数量和质量等方面给予一定的考虑和照顾。另外，图书馆应对任课教师在办公作息管理上采取相应的灵活制度，给足他们备课及教学研究的时间，可采取弹性坐班制等（目前实行的是8小时坐班制）。

4.2 提高任课教师的教学与业务水平

高校图书馆的文检课教师队伍多为图情专业与非图情专业教师组合而成，非图情专业教师不熟悉图书馆学知识，而图情专业教师又相对缺乏各学科专业背景知识。虽然文检课教学是给学生传授检索理论和检索方法，但如果教师熟知某学科的专业知识，那么在对这些学科专业的学生讲授文检课时其教学就容易调动学生的积极性。所以，对非图情专业教师进行系统的图书馆专业知识、文献检索理论、技术与方法等知识的进修及培训就显得非常重要。与此同时，对图情专业教师进行所需的学科专业知识的进修与培训也是很必要的。这对目前多数高校图书馆的文检课师资队伍建设是非常重要的。我馆虽在以上各方面都采取了一些相应措施，如组织教师参加各种学术会议、业务培训、馆内学习交流等，但系统而有针对性地进修和培训仍显不足。此外，提高教师的外语水平，对外文数据库以及外文网站的熟悉和了解也是十分必要的，即要求文检课教师具备一定的外文阅读和外文文献检索能力，掌握一些相关的外文专业词汇等以便更好地胜任专业教学。

4.3 增加学时，分层设课，引入现代教学技术，加强第二课堂教学

我校各专业制定的教学计划中，有的把文检课开设在大一，有的设置在大三，很不规范。就文检课的性质来看，本科新生一进校门就应该给他们普及信息素质教育的观点及基本概念，也为接下来的学习提供一条正确和专业的信息获取方法与途径，避免走弯路。而大三、大四的学生则面临专业课和毕业论文写作的需求，也应结合他们的专业需求讲授文献资源的利用以及文献综述写作等。因此，将文检课进行模块化设置，分成两大部分来进

行教学安排，其中第一部分可在大一开设，其内容可包括文献检索的基本概念、基本原理、馆藏资源检索等，学时设置为16学时（1学分）；第二部分则可在大三开设，其中包括特种文献、外文数据库、网络资源以及论文写作等，学时亦设为16学时（1学分）。在教学方法上可采取课内讲授与上机练习相结合的形式，广泛应用先进的教学方法与手段，如：慕课、微课、翻转课堂、即时反馈性教学等。积极开展第二课堂辅助教学，让学生充分利用web端的网络课程平台（如课程中心）、移动互联网教学平台（如云班课、雨课堂等），极大地扩展学生自学、师生互动的空间与时间，增加学生学习的自主性和自由度。

参考文献：

[1] 肖凤玲. 高校文检课教师能力的缺失 [J]. 教育理论与实践，2009（29）：35-36.
[2] 袁庆荣. 浅谈高校信息检索课程存在的问题及改进措施——以湖北理工学院为例 [J]. 甘肃科技，2014（22）：100-101.
[3] 陈益萍. 大学生信息素质教育现状及发展策略 [J]. 科技情报开发与经济，2014（21）：17-18.
[4] 周晅等. 北京地区高校文检课师资队伍现状调查分析 [J]. 大学图书馆学报，2010（5）：107-111.
[5] 吴小兰. 面向信息素养教育的文献检索课教学模式探讨 [J]. 科技视界，2015（8）：17-18.
[6] 孙会清. 我国高校信息素质教育课程体系建设研究综述 [J]. 现代情报，2008（4）：205-207.
[7] 郑书. 试论在大学开设信息检索课的重要性 [J]. 科技情报开发与经济，2014（22）：135-136.
[8] 史素梅，何小凤. 信息时代文献检索教学师资队伍建设探讨 [J]. 农业网络信息，2011（5）：126-130.

作者简介：

赵燕湘：（1956-），男，硕士研究生，力学，副教授，北京建筑大学图书馆信息咨询部，研究方向为力学、信息素质教育、特色数据库建设、学科服务。

基于《中国学生发展核心素养》的信息素养教育

郭燕平

（北京建筑大学 图书馆 100044）

摘 要：《中国学生发展核心素养》旨在培养具有丰厚文化底蕴、健全人格、创造性思维和创新能力的、有理想信念、敢于担当的人。其中有关学生自主发展，有效管理自己的学习和生活，认识和发现自我价值，发掘自身潜力，有效应对复杂多变的环境等诸多内容，与现阶段信息素养教育，即培养学生反思性信息发现，理解信息如何产生与评估，以及利用信息创造新知识、合理参与学术社团的一组综合能力或思维习惯的目标高度契合，为高校开展信息素养教育指明了方向。

关键词：素质教育；核心素养；信息素养教育

《中国学生发展核心素养》以培养"全面发展的人"为核心，分为文化基础、自主发展、社会参与3个方面，综合表现为人文底蕴、科学精神、学会学习、健康生活、责任担当、实践创新六大素养，具体细化为国家认同等18个基本要点。其中学会学习、实践创新两大核心要素与高校信息素养教育的目标相吻合，为我们进一步凝练课程教学内容提供了政策依据，为进一步创新教学模式指明了方向。

1 《中国学生发展核心素养》应时而生

1.1 我国素质教育走过的35年

1983年，北京八中首次倡导"教育要着眼于未来、着力于素质教育"，并制定了一个我们现在能够查到的第一个比较完整的素质教育大纲。1994年8月，国家颁发《中共中央关于进一步加强和改进学校德育工作的若干意见》，正式提出素质教育的目标和要求。此后的20余年间，国家相继颁发了《关于深化教育改革全面推进素质教育的决定》等文件，党的十八大报告中更是明确提出：全面实施素质教育，着力提高教育质量，培养学生社会责任感、创新精神、实践能力。

1.2 《中国学生发展核心素养》来了

2016年9月13日，《中国学生发展核心素养》（以下简称核心素养）研究成果在京发布。该成果是教育部为贯彻落实2014年颁发的《关于全面深化课程改革落实立德树人根本任务的意见》，委托北京师范大学联合国内高校近百位专家成立课题组，历时3年完成的。

核心素养主要指学生应具备的，能够适应终身发展和社会发展需要的必备品格和关键能力。研究学生发展核心素养是落实立德树人根本任务的一项重要举措，也是适应世界教育改革发展趋势、提升我国教育国际竞争力的迫切需要。

1.3 核心素养的基本内容

核心素养以科学性、时代性和民族性为基本原则，以培养"全面发展的人"为核心，分为以下三个方面：（1）文化基础：文化是人存在的根和魂，重在强调能习得人文、科学等各领域的知识和技能，掌握和运用人类优秀智慧成果，涵养内在精神，追求真善美的统一，发展成为有宽厚文化基础、有更高精神追求的人；（2）自主发展：自主性是人作为主体的根本属性，重在强调能有效管理自己的学习和生活，认识和发现自我价值，发掘自身潜力，有效应对复杂多变的环境，成就出彩人生，发展成为有明确人生方向、有生活品质的人；（3）社会参与：社会性是人的本质属性，重在强调能处理好自我与社会的关系，养成现代公民所必须遵守和履行的道德准则和行为规范，增强社会责任感，提升创新精神和实践能力，促进个人价值实现，推动社会发展进步，发展成为有理想信念、敢于担当的人。

2 我国大学生信息素养教育的目标

2.1 大学阶段实施素质教育的核心

现阶段我国高等教育传承文化、创新知识和培养人才的本质不会变，立德树人的根本不会变。高等教育应坚持以人文主义教育为基础，以尊重个体生命和人类尊严、追求权利平等、社会正义、文化多元性、国际合作和为可持续的未来承担为共同责任。

大学阶段素质教育主要是针对专才培养模式存在的过弱的文化熏陶，过窄的专业学习，过重的功利导向，过强的共性约束等弊端，重点强调以下两点：一是强调科技与人文的融合教育，强调立德树人、以文化人，把价值塑造、人格熏陶、能力训练和知识学习融为一体，培养大学生的社会责任感、实践精神和创新能力；二是强调以人为本，个性化发展，构建以素质教育办学理念为统领的通专结合培养模式，将素质教育贯穿于通识课程、专业教育、课外活动、校园文化以及社会实践等教育教学全过程。

2.3 大学生信息素养教育的目标

大学生信息素养教育的目标与我国高校素质教育的目标是一致的，是以培养学生的创新精神和实践能力为主旨，以信息能力、信息伦理道德和创新能力的培养为核心，注重学生信息伦理道德、社会责任感等方面的发展，培养学生获得鉴别信息真伪的能力，以形成正确的信息伦理道德观念、网络安全观念、自我保护意识以及高度的社会责任感。信息素养是全球信息化需要人们具备的一种基本能力，是个人能力发展的重要基础，是终身学习的核心，它使人们在一生中都能有效地搜寻、评价、使用和创建信息，以实现其个人和社会目标。

2015 年美国颁布的《高等教育信息素养框架》又赋予信息素养新的内涵：包括反思性信息发现，理解信息如何产生与评估，以及利用信息创造新知识、合理参与学术社团的一组综合能力或思维习惯。这个框架的颁布，打破了高校传统信息素养教育"线性需求解决方案"的教学、教法设计思路，结合核心素养教育的内涵，大学生信息素养教育的目标更加明确为培养学生终身学习能力、创新能力、批判性思维。

3 核心素养与高校信息素养教育的契合点

3.1 学会学习是国家社会需要

核心素养之自我发展一环，重点强调的是学会学习，成就精彩人生。那么社会需要什么样的人才：1）具备学习能力的人。现在社会更新知识的速度很快，你没有一个持续的学习能力，接受新鲜事物的能力，你就会被社会淘汰，所以我们要活到老、学到老；2）会通过很多方式学习的人。现在社会更新知识的速度很快，你需要掌握的知识也会很多。你会遇到很多这样那样的问题，但是在人生中你没有导师，所有东西都要自己去摸索学习会很慢。同时，你还要掌握多种学习方法，通过与他人谈话、听各种讲座、阅读文章获取知识和信息。

3.2 实践创新是个人发展需要

清华大学经济管理学院院长钱颖一撰文："人的创造性产生有三个基本元素，它们都不是"知识"本身，都是超越"知识"本身的：首先是好奇心。牛顿对苹果从树上掉到地上感到好奇，才有了万有引力定律。好奇心是驱动人类发现和发明的原始动力；其次是想象力。爱因斯坦说过，"想象力比知识更重要，因为知识是局限于我们已经知道和理解的，而想象力覆盖整个世界，包括那些将会知道和理解的"。正是爱因斯坦、乔布斯本人的想象力，不仅改变了我们对世界的认识，也改变了我们的商业模式和生活方式；最后是批判性思维。批判性思维就是善于对被广泛接受的结论提出疑问和挑战，而不是无条件地接受专家和权威的意见。同时，批判性思维又不是对一切命题都否定，而是用分析性、创造性、建设性的方式对疑问和挑战提出新解释，做出新判断。

因此，敢于创新既是社会发展的需要，更是个人成才的基础。一个人要有创新能力和自我突破的能力，不能顽固不化。要保持好奇心这个创新的驱动力，推动我们去探寻已有知识外的新领域；要依靠想象力，拓展思维空间，使探寻超越现实的局限；要以批判性思维，去挑战已有知识，寻找新的、更好的答案。

3.3 核心素养与信息素养教育的契合点

核心素养是关于学生知识、技能、情感、态度、价值观等多方面要求的综合表现，是每一名学生获得成功生活、适应个人终生发展和社会发展都需要的、不可或缺的共同素养。其发展是一个持续终身的过程，可教可学，最初在家庭和学校中培养，随后在一生中不断完善。这和信息素养教育满足学生终生学习需求的目标高度契合，使信息素养教育的内涵更加丰富。

高等教育作为人才培养的最后一站，理应承担起培养社会需要的创新型人才的重任，应当把信息素养教育作为核心，在教学内容遴选、教学环节设计等方面有所突破，重点解决好大学生学什么、怎么学、为什么学的三大问题，帮助学生在学习意识形成、学习方式方法选择、学习进程评估调控等方面的能力得到有效提升。

4 基于核心素养的信息素养教育核心内容

明确学生应具备的必备品格和关键能力，从中观层面深入回答"立什么德、树什么人"的根本问题，引领信息素养教育内容改革和育人模式变革。

4.1 帮助学生认知多元信息的产生与作用

核心素养之"文化基础"强调人文底蕴，主要是指学生在学习、理解、运用人文领域知识和技能等方面所形成的基本能力、情感态度和价值取向；强调学生要具备科学精神，主要是指学生在学习、理解、运用科学知识和技能等方面所形成的价值标准、思维方式和行为表现。

针对核心素养对学生知识获取、知识运用能力培养要求，信息素养教学应涵盖如下内容：信息内容的可靠性与权威性与信息源和生产者有关；研究、创造、修改和传播信息的过程不同，生产者专业水平的差异都会影响最终的信息产品价值和权威性；不同使用环境下，不同使用者对于信息价值的判断是有差异性的，信息价值的评价标准并不是唯一的等等。

4.2 设计探索式查找与获取信息实践环节

核心素养之"自主发展"强调学会学习，主要是指学生在学习意识形成、学习方式方法选择、学习进程评估调控等方面的综合表现。

针对核心素养对学生学习综合表现的要求，信息素养教学重点应涵盖如下内容：自主性是人作为主体的根本属性，学生要掌握自主学习所必需的一切能力。信息素养教育要通过理论讲授，告知学生信息查找是一种非线性的过程，需要反复进行且带有偶然性的发现活动，从而培养良好的学习意识；要设计探究式的信息查找实践过程，与问题的发现、研究和解决过程同步进行，帮助学生优选学习模式；通过过程性考查或考试方式，进一步提升学生自主性学习过程中对学习质量的控制能力。

4.3 帮助学生提升辩证式利用信息与创新能力

核心素养之"社会参与"强调实践创新，主要是指学生在日常活动、问题解决、适应挑战等方面所形成的实践能力、创新意识和行为表现。

针对核心素养对学生创新能力培养要求，信息素养教学重点涵盖如下内容：在利用信息解决问题的过程中告知学生问题的解决同样是一个反复的过程，需要不断融入新的信息知识；信息和知识的整合与重组形成新的成果，这些新的成果需要与同行分享、交流，融入学术交流中，以增强研究影响力，促进研究进步，及新研究问题的发现，从而提高自主创新能力。

4.4 帮助学生认知信息的伦理与安全

核心素养之"社会参与"强调责任担当，主要是指学生在处理与社会、国家、国际等关系方面所形成的情感态度、价值取向和行为方式。

信息素养教育中重要的内容之一是培养学生良好的信息道德，要在课程教学中明确：信息与知识的产生具有一定的社会价值、学术价值、经济价值；信息和知识是自由的，但并不意味着毫无约束，要遵守学术规范；信息泛在化虽然给人们带来了便利，但也有其破坏性的一面；要合理利用他人的研究成果，遵循知识产权。

5 结束语

基于核心素养的大学生信息素养教育旨在帮助学生提升适应现代社会发展各项需求的自主学习能力，激励他们善于动脑，勇于实践、学会搜集利用信息；帮助学生学会利用学校创造的信息环境，利用现代化技术，自我进行信息素养教育，为实现终身学习奠定良好的基础。

参考文献：

[1] 《中国学生发展核心素养》正式发布[EB/OL].
　　http://news.51edu.com/news/120656.html,2016-09-17.

[2] 关于将素质教育英译为"Suzhi Education"的倡议书[EB/OL].
http://www.cqooc.com/quality/news/detail?id=197,2017-03-14.

[3] 钱颖一:中国教育的三个问题[EB/OL].
http://weibo.com/p/1001603848817685439176,2015-06-01.

作者简介:

郭燕平:(1964-),女,大学本科,图书馆学,研究馆员,北京建筑大学图书馆信息咨询部,研究方向为信息素养教育、嵌入式学科服务。

Ⅵ 读者阅读分析与阅读推广实践

高校阅读推广长效机制初探
——以北京建筑大学为例

何大炜　芦玉海　沈 茜

(北京建筑大学　图书馆　100044)

摘　要：在高校开展阅读推广活动具有非常重要的现实意义。高校图书馆要顺应时代需要，充分、合理、有效地利用自身的优势，加快阅读推广的步伐。文章通过回顾十年来北京建筑大学图书馆开展的阅读推广活动，总结了已经取得的经验，指出设立专门的工作部门、成立学生馆员团队以及建立专项资金是持续开展阅读推广活动的必要保证。

关键词：高等学校；图书馆；阅读推广

1 高校图书馆开展阅读推广活动的意义

2016年4月23日是第21个"世界读书日"。1995年，联合国教科文组织正式确定并设立了世界读书日，其主旨宣言是："希望散居在全球各地的人们，无论你是年老还是年轻，无论你是贫穷还是富有，无论你是患病还是健康，都能享受阅读带来的乐趣，都能尊重和感谢为人类文明做出巨大贡献的文学、文化、科学思想大师们，都能保护知识产权。"

阅读，是人类进步的阶梯。读一本好书就是在和一个高尚的灵魂对话。阅读是如此重要的事情，不仅关乎个人的成长，更关系到整个社会的道德水平。为此，开展全民阅读推广活动已经风靡全球。我们高兴地看到，每到读书日来临之际，全国上下，各省市机关单位都会轰轰烈烈开展并宣传读书活动。

图书馆有丰富的文献资料，是阅读推广的重要活动基地。为此，中国图书馆学会于2006年成立了"科普与阅读指导委员会"，2009年正式更名为"阅读推广委员会"。高校图书馆作为学校的信息情报中心，依托其丰富的文献资源和业务精湛的图书馆员，是学校开展阅读推广活动的重要基地，肩负着读书活动组织者、宣传者的重任。通过开展阅读推广活动，使广大青年学生在追逐梦想的美好年华，不断开阔视野、丰富学识、培养高尚的情操，建立健全的人格，树立正确的人生观、价值观，从而为国家输送出更多优秀人才，是高校图书馆开展阅读推广活动的意义所在。

2 北京建筑大学图书馆开展阅读推广活动的回顾

北京建筑大学是一所具有鲜明建筑特色、以工为主的多科性大学。北京建筑大学图书馆以建设有特色、高水平建筑大学图书馆为目标，以建设文化图书馆、数字图书馆、特色图书馆为中心任务，明确凝练出"汇集建筑文献、研究建筑文化、培养建筑人才、传承建筑文明"的办馆理念，在学校的大力支持下，经过长期的发展，在全国建筑类高校图书馆中保持着建筑类文献品种齐全的优势。目前，图书馆主页访问量累计突破200万次，近3

年年均增长 26 万次。图书借阅量达到年均 20 万册，2015 年度进馆 45 万人次，日均 1500 人次。从 2007 年起，图书馆坚持组织开展全校大型系列读书活动。截止到 2016 年已经成功举办九届读书活动，第十届读书活动刚刚开幕。回顾十年来读书活动所走过的历程，有许多经验值得借鉴和推广。

2.1 图书馆搭台全校参与

北京建筑大学图书馆充分发挥文献中心的优势，整合各种资源，积极开展系列读书活动，并因此被中国图书馆学会在 2007 年、2008 年，连续两年授予"全民阅读先进单位"称号，2010 年授予"全民阅读示范基地"称号，已经逐渐形成了"图书馆搭台，学校各部门配合，广大师生参与"的组织模式。为此，图书馆组建了"文化工作室"，该工作室的职责之一，就是负责协调和组织读书活动的各项事宜。文化工作室作为一个枢纽，不仅要联系学校各部门，如教务处、宣传部、学工部、团委、工会、财务处，还要联系学生馆员团队；既要保证各部门对读书活动能够鼎力相助，又要调动学生参与的积极性，使得读书活动顺利进行下去。经过多年的实践，如今，读书活动已经作为建大的一个品牌活动，得到了全校师生的认同。每年的读书活动开幕式都是学校的一件盛事，校领导及各学院负责人和学生团体会悉数到场庆贺。

2.2 开卷招投标形式创新

作为阅读推广活动的主体，学生的积极参与是重要的保证。为此，北京建筑大学图书馆广开思路，实施了"开卷招投标"的创新做法，即在每届读书活动开幕以后，由读书活动组委会对各项读书活动进行招标，学生自愿组成团队作为具体活动的承办者进行投标。组委会根据学生投标的申请书，仔细评判每份策划书，之后评出中标的团队。组委会与中标团队签订合约，保证合约中的活动如约举办。该办法，极大地调动了学生参与活动的主动性和创造性，学生参加招投标活动踊跃，活动质量也有了保证。2015 年，在首届全国高校图书馆阅读推广案例大赛中，北京建筑大学图书馆申报的"开卷招投标——让学生做阅读的主人"案例，获得大赛优秀奖。

2.3 活动内容丰富多彩

丰富多彩的阅读推广活动内容，可以有效地吸引更多的读者参与到读书活动中来。十年来，北京建筑大学图书馆始终坚持既有传统的活动内容，又有不断创新的亮点，使得参与阅读推广的读者人数持续增长。

活动一：举办以老北京为主线的系列文化讲座

目前，该系列讲座已经举办了 50 余场，如图（表1），初步统计，参加讲座的学生多达 3000 余人次，讲座效果反映良好。

老北京系列文化讲座　　　　　　　　　　　　表1

序号	讲座内容	序号	讲座内容
1	古村探源——中国聚落文化与环境艺术	6	老后的大山情节
2	建筑易学的当代价值	7	房山古村落
3	一代名园圆明园	8	北京大西山佛寺源流及其建筑特色
4	北京的胡同与四合院	9	看电影·想建筑
5	美的求索	10	《梁陈方案》诞生与夭折始末

续表

序号	讲座内容	序号	讲座内容
11	宣南文化	21	北京历史上的水灾和防灾对策
12	北京文物古迹走廊——平安大街和朝阜路述略	22	张恨水故居及往事
13	北海公园的古桥	23	漫话清八家铁帽子王的后裔
14	当下执着于穿透时空的情感表达——古体诗词欣赏与创作	24	北京古桥的现状与保护
15	北京地名漫话——从地铁1号线站名说开来	25	北京城市水系与水文化
16	左右尊卑与阴阳方位	26	北京门前古狮
17	京西皇家园林	27	北京的胡同与四合院
18	孔孟文化精髓理念	28	城市现代化与建筑生态化的问题
19	文化名人与北京西山	29	古村探源
20	北京的商业文化	30	丞相胡同与菜市口

活动二：举办各种展览

图书馆利用资源优势，举办了内容涉猎广泛的展览，拓宽了学生的视野。仅2015年，北京建筑大学图书馆就举办了李瑞环专著展、馆藏珍品展、老北京沙盘展、匾额拓片展、建筑学院赵希岗教授剪纸作品展以及学生摄影作品展等。同时，图书馆还与宣传部、二级学院等部门合作，不定期举办各种主题展览，让读者在感受艺术创作带来的美和感动之余，陶冶了情操，提升了文化素养。

活动三：编辑各种宣传资料

通过每月一期的《北建工馆训》小报，向读者推荐书单，推广馆藏资源的使用。

活动四：举办各种文化沙龙

比如推出了"living library"系列活动，设计了"院长有约"、"学者人生"、"我说，你听"等栏目，通过邀请校内有学识的教授或学长与读者面对面交流，解答学生读者在生活或学习中遇到的困惑，读者普遍反映受益匪浅。此外，还有令读者流连忘返的"金筘暗拍·琴尚在御"的古琴沙龙、"仲冬品茗·浅瓯吹雪酬知音"的茶文化沙龙、"青砖雕琢·万象包罗"的砖雕技艺沙龙等，旨在弘扬高雅文化、提升参与者的精神境界、滋养人生情怀。

活动五：读书主题创意无限

每届读书活动都有明确的主题，以"开卷"为主线，在学生中征集主题名称，并最终投票评选出当年的主题。同时，年底会有主题征文比赛。此举，充分发挥了青年学生的积极性、主动性和创造性。历届主题征文如图（表2）：

历届主题征文　　　　　　　　　　　　　　　　　　　　表2

年度	读书活动	读书主题
2007	第一届	开卷有益
2008	第二届	开卷有疑
2009	第三届	开卷有你
2010	第四届	开卷有e

续表

年度	读书活动	读书主题
2011	第五届	开卷·给人智慧、使人勇敢、让人温暖
2012	第六届	开卷·悦读校园
2013	第七届	开卷·我的大学
2014	第八届	开卷·展翼
2015	第九届	开卷·生花
2016	第十届	开卷·筑梦

3　阅读推广活动带来的反思

通过北京建筑大学图书馆十年来开展的阅读推广实践活动，我们切身体会到，为了使读书活动能够顺利地长期开展下去，必须有"三个保障"：

保障一是如何引导大学生多读书、读好书，需要高校和高校图书馆建立一个长效的阅读推广机制和一支稳定的阅读推广队伍。图书馆有必要设立专门负责阅读推广的工作部门，比如北京建筑大学的"文化工作室"。该部门作为图书馆的常设机构，首先明示了阅读推广活动是图书馆的一项基本业务，有利于阅读推广工作的经验积累，有利于培养图书馆自己的阅读指导专家，有利于今后该活动的延续与承接，有利于阅读推广作为一项常规业务工作而不是作为临时性的节日工程去开展。

保障二是有必要成立学生馆员团队，它是连接图书馆与学生读者的有效桥梁。在阅读推广活动中，学生馆员团队是不可或缺的中坚力量，许多活动创意来自于他们，许多精美的海报设计等工作也由他们来完成。他们能够帮助图书馆了解学生的思想动态，了解学生的阅读需求，他们也是阅读推广活动的积极参与者。学生馆员团队是志愿者团队之一，成员要求热爱阅读，自愿且对阅读推广工作有热情；具备阅读学习的能力，能坚持广泛阅读；具备良好的口头表达能力和协调沟通能力，有吃苦耐劳，乐于奉献的精神。如何调动起他们的工作积极性，是值得深入研究的课题。

保障三是有必要设立阅读推广专项活动基金，并将其纳入到图书馆的工作预算中。在实践中，令我们深感头疼的一件事就是每一项活动都要去学校各部门临时"化缘"，活动资金没有保障，计划中的有些活动因此不得不取消。资金是阅读推广活动顺利进行的必要保障，解决不了活动经费问题，将对整个阅读活动的持续性构成威胁。

4　结束语

"互联网+"时代为阅读推广提供了许多活动平台，我们欣慰地看到全国许多高校图书馆正在努力利用好这些平台，为读者提供更加丰富多彩的阅读推广内容，比如四川大学图书馆开展的"光影阅动——微拍电子书"、北京大学图书馆推出的"书读花间人博雅"、武汉大学图书馆开发的"拯救小布之消失的经典"等，影响广泛，活动效果持久。总之，阅读推广工作还有很长的路要走，深入研究读者的阅读需求，开展有针对性的阅读辅导，坚持传承与创新相结合，不断推进阅读推广工作的有效进行，是高校图书馆刻不容缓的研究课题。

参考文献：

[1] http://www.baike.com/wiki/世界读书日
[2] http://tech.gmw.cn/newspaper/2016-04/24/content_111976969.html
[3] 秦疏影. 高校图书馆设立大学生阅读推广委员会的探索［J］. 情报工程. 2015，1（02）：109—114.
[4] 张敏. 高校辅导员担任阅读推广人的探索［J］. 图书馆论坛，2013，33（5）：153-156.
[5] 张麟. 高校图书馆义务馆员的阅读推广及基本条件［J］. 图书情报论坛，2011（3/4）：37-39.

作者简介：

何大炜：(1968-)，女，硕士研究生，经济学，副研究馆员，北京建筑大学图书馆读者服务部，研究方向为大学生阅读推广、信息素养教育。

芦玉海：(1964-)，男，大学本科，图书馆学，馆员，北京建筑大学图书馆文化工作室，研究方向为图书馆文化环境建设、大学生阅读推广。

沈 茜：(1973-)，女，硕士研究生，行政管理，副教授，北京建筑大学校友办公室主任，研究方向为大学生思想政治工作、大学生阅读推广。

高职院校图书馆开展移动阅读服务的问题及对策研究

赵学云　杜长娥

（山东科技职业学院　图书馆　261053）

摘　要：随着信息技术的发展，信息与知识获取主要围绕互联网进行，网络成为提供与获得信息资源的主要场所，读者的阅读行为也随之发生了很大的变化，尤其手机阅读、电子阅读等新的一些阅读方式已成了当前读者最喜欢的阅读形式。文章对高职院校图书馆开展移动阅读服务过程中存在的问题进行分析，提出有针对性的改进举措，以此推动移动阅读服务的有效开展。

关键词：移动阅读；高等职业院校；图书馆

在移动互联网及现代信息技术的推动下，图书馆从服务模式、服务方式及服务内容上已经向数字图书馆转型，其核心工作就是要大力推广移动阅读服务，以适应新时代的阅读需求。但由于高校图书馆受众群体的特殊性，以大学生和教师为主体的服务群体对移动阅读的需求也更加具体化，他们不仅数量庞大，而且对内容质量要求也极为严苛。因此，服务大学生的高校图书馆，应以移动互联网技术为依托，积极探索适应高校读者阅读习惯、阅读方式以及阅读内容的新方法，拓宽新渠道，打造移动阅读新的服务品牌。

1　移动阅读现状

1.1　移动阅读概念

广义的移动阅读，是指读者利用手机、电子阅读器、平板电脑等移动设备或终端进行的所有阅读行为。狭义的移动阅读，是指通过移动终端进行定向阅读的行为，通常是指移动终端（手机、PSP 等）上安装阅读软件，如熊猫读书、QQ 阅读等。这样做的好处是成本低，不用重新投资就可以获得阅读体验，而且方便携带，可以极大地提高"碎片时间"的利用率。胡振华、蔡新也在其文章中谈到"移动图书馆是依托比较成熟的无线移动网络、互联网以及多媒体技术，使人们不受时间、地点和空间的限制，通过使用各种移动便携设备（手机、手持阅读器、掌上电脑、e-book、笔记本等）方便灵活地开展图书馆信息查询、浏览和获取的新兴图书馆信息服务，是数字图书馆电子信息服务的延伸与补充"。

1.2　国民移动阅读现状

中国互联网络信息中心第 36 次《中国互联网络发展状况统计报告》中指出：截至 2015 年 6 月，我国网民规模达 6.68 亿人，互联网普及率为 48.8%，手机网民规模达 5.94 亿人，网民中使用手机上网的人群占比达 88.9%。由此可以看出，移动阅读这种形式已经得到了读者的广泛认可。

1.3　高职院校移动阅读现状

通过调研发现：潍坊地区多数高职院校图书馆的移动阅读服务处于起步时期。在潍坊高等职业院校中，开通微信公众号、微博公众号、图书馆短信提醒服务的仅有50%，购买电子阅读机的高职院校也是少之又少。由此可见，手机阅读这种阅读方式已被读者认可，但是高等职业院校图书馆在提供移动阅读的服务方面，无论从环境设置还是资源配置上，都还没有完全进行转变，还是处于起步阶段。

2 高职院校移动阅读服务模式

高等职业学院图书馆与普通高等院校图书馆相比，在发展规模、人力资源组成、信息资源建设及信息服务模式上存在很大的差距，这是我们必须正视的现实，但我们可以充分发挥自身的优势，借力互联网开展移动阅读服务。

2.1 借助微信、QQ、微博等媒介开展阅读推广服务

全国新闻网站每日发新闻3万条，网民每日新发微博2.3亿条，微信每天160亿条，QQ信息70亿条，博客2000万篇，所以，以互联网为主的一整套信息技术（包括移动互联网、云计算、大数据技术等）给日常生活带来了巨大的改变。有些图书馆也借助了这些技术，比如笔者所在"山科图"，就主动改变为读者服务的模式，以图书馆网站、博客、微博、QQ、微信等方式，将图书馆好书推介、宣传辅导、专题讲座、读书活动、读者借阅信息情况及时公布。读者只要关注"山科图"二维码，就可以通过移动终端进行移动阅读。这种服务模式可操作性强，可以让读者随时随地的进行信息查询，适应了读者的移动阅读方式，提高了读者的阅读满意率。

2.2 借助电子书借阅机开展移动阅读服务

潍坊地区部分高等职业院校图书馆已经安装了超星公司的歌德中文电子书借阅机，读者在自己手机上安装超星移动图书馆客户端软件，扫描歌德中文电子书借阅机的二维码，就可以将自己所需要的文学、时政、经典名著、科学技术等类型的图书，下载到手机里进行移动阅读。这种阅读方式，极大地方便了读者使用图书馆的资源。读者可在触屏上查找、浏览电子书，并通过智能手机下载APP终端、扫描二维码实现电子书的借阅下载，实现真正意义上的移动阅读。

3 移动阅读推广对策

由于资金、资源、人力等问题，我国高等职业院校图书馆的移动阅读服务推广工作尚处于起步阶段，是一项长期的、复杂的工作，需要校领导的重视，馆员的密切配合，才能将移动阅读进行推广，让更多的读者通过移动阅读来实现国家倡导的"全民阅读、全民参与"，提高图书馆藏书的阅读率，充分发挥好图书馆的教育职能。

3.1 观念转变

有些专家称移动阅读为浅阅读，对人体的大脑思考起不了积极的作用。据心理学家、教育学家研究分析：阅读主要是通过语言符号来激活人的思维和想象的能力，最大限度地运用精神资源，取得融会贯通。而浏览仅仅是视觉与听觉的刺激，只能停留在比较浅的层面上，因此，他们不建议提供移动阅读服务。但是，通过国家层面的调查数据显示，移动阅读已经深入人心，已经成为我们的一种生活方式，所以说，不管是校、馆领导，还是图书馆馆员都应该转变观念，在做好传统服务的同时，注重并开发移动阅读服务。

3.2 软硬件建设

硬件建设是高职院校图书馆促进校园信息化发展、打造数字图书馆的基础，移动阅读需要强大的软件、硬件的支持：一是图书馆管理软件建设。山科图目前使用的是丹诚"DT1500"软件，目前该软件虽然实现了采访、编目、流通等环节的数字化管理，但是服务内容局限，不能跟数字化校园或是校园一卡通对接，因此若要实现移动阅读，首先要更换管理软件或是升级管理软件服务内容；二是自助借还机、电子书借阅机在内的硬件设备建设。在管理软件能实现手机短信服务、校园一卡通、数字化校园等功能的基础上，购买自助借还机、电子书借阅机等硬件设备，为读者的移动阅读奠定基础。

3.3 服务创新

硬件设备与管理软件的建设与完善，只能给移动阅读的推广提供必要条件，而要真正做好服务，高职图书馆就要通过不断的服务创新，发挥服务职能，充分做好阅读推广工作。第一，要通过信息技能与语言技能培训，促进移动时代阅读推广人的快速成长；第二、要根据本馆特色开发手机APP，在QQ、微信环境下，实现手机终端的经典美文片段推送，实现新出版优秀图书连篇推送，并将优秀毕业生的职业生涯音像资料、工作心得等特色文章进行即时推送；第三，通过手机阅读界面设计、音像效果设计等手段，吸引读者在阅读的同时积极参与文章评论与推荐，以提高阅读兴趣，达到阅读推广之目的。

4 结束语

总之，移动阅读已经成为当前读者最重要的阅读方式。图书馆应该提高认识、抓住时机，无论从资源、设备上都要紧跟时代发展的潮流，拓展图书馆的业务能力及信息服务能力，将发展高职院校图书馆移动阅读服务作为图书馆建设的重要组成部分，利用各种手段宣传和推广移动阅读服务，与时俱进，为读者提供实时而优质的信息服务。

参考文献：

[1] 黄玥. 高校图书馆移动阅读服务研究 [D]. 黑龙江大学，2015.
[2] 胡振华，蔡新. 移动图书信息服务系统 [J]. 现代图书情报技术，2004（4）：18.
[3] 易鹏. 科学发展观视域下的城乡文化一体化发展研究 [D]. 西安理工大学，2014.

作者简介：

赵学云：（1982-），女，大学本科，信息管理与信息系统，山东科技职业学院图书馆馆长，研究方向为图书馆用户及信息服务。

杜长娥：（1974-），女，大学本科，汉语言文学，馆员，山东科技职业学院图书馆，研究方向为图书馆用户及信息服务。

基于移动图书馆的高职院校读者阅读服务创新研究

李德家

(山东工业职业学院 图书馆 256414)

摘 要：移动阅读从根本上改变了大学生的传统阅读方式和阅读内容，给高职院校图书馆的未来发展提出了新的挑战以及服务创新模式机遇。如何积极参与学校人才培养、信息化建设和校园文化建设，如何更好地服务于学校教学、科研是高职高专院校图书馆需要解决的关键问题。本文从高职院校移动图书馆发展的现状，阐述了移动图书馆的拓展应用。作为高职院校移动图书馆要为学院的师生学习服务，要应用于课堂的授课上，为教师授课与学生的学习提供最好的辅助工具。

关键词：移动图书馆；学习空间；信息资源

移动图书馆（Mobile Library），是依托无线网络、互联网以及多媒体信息技术，使读者不受时间、地点和空间的限制，通过使用各种便携移动设备（如手机、掌上电脑、E-book、笔记本电脑等）方便灵活地进行图书信息的查询、浏览与获取的一种新兴的图书馆信息服务，是数字图书馆信息资源服务的延伸与补充。近年来，借助数字图书馆、移动互联网、移动终端等信息技术以及移动设备的飞速发展和日益成熟，国内高职院校移动图书馆如雨后春笋般涌现，高职院校大学生手中的智能手机和便携电脑的普及，使得手持移动终端浏览器的移动阅读更方便、更快捷地获取信息资源，让移动阅读成为纸质阅读后的又一重大阅读方式的转变。

1 高职高专院校移动阅读应用的发展的现状

1.1 高职大学生阅读手段的变化趋势

随着信息技术的迅猛发展，移动图书馆给师生带来的是阅读行为的转变，智能手机、IPAD平板电脑等手持终端设备成为高校师生便捷移动阅读的潮流。现在高职高专院校几乎所有的教职工和大学生都拥有智能手机，都拥有移动阅读的工具。移动阅读的数字化资源来源于传统的图书馆内容提供商，而移动阅读商提供的通信兼容性服务可以使图书、报纸、杂志、音乐、视频等多面体综合表现出来，在阅读内容上成功实现跨越式融合。例如国内许多传统数据库以及网络电子书数据库的提供商与图书馆有着传统而且密切的联系，因此，高校图书馆可以获得更多的数字资源和技术支持。由于手机使用普及率更是高达100%，数字化阅读已经成为当今大学生阅读的主要方式，尤其是网络在线阅读以及移动终端阅读占据了主导地位。

1.2 高职大学生阅读内容的变化

现在大学生阅读现状是在线网络阅读多，传统纸质图书阅读越来越少，大学生每天使用手机和电子阅读器接触互联网的时间越来越多，数字化阅读以其先进性、便利性正在成为一种趋势和习惯。新兴的媒介对大学生有很强的吸引力，通过语音通话到音乐视频，大学生热衷的网络微信、微博，还有各种频繁更新的网络游戏，这些早已经超越了传统的纸质阅读范畴，而且来得更生动、快捷。

在网络文学的异军突起下，当前我国移动阅读面临的一个主要问题是泛娱乐化倾向严重。从最受中国手机阅读用户喜爱的手机电子书类型调查情况来看，言情、都市、武侠和玄幻、悬疑，占到总份额的70%以上。大学生在学习方面出现了重视网络忽略书本、追求时尚轻视经典等不良倾向，严重影响了大学生的爱读书、读好书、收藏好书的传统阅读兴趣。另一方面泛娱乐化、浅阅读的阅读方式也无法满足青年受众的求知需求，移动阅读导致碎片化阅读增多，系统化阅读减少，使得大学生养成一种惰性阅读习惯，移动阅读导致功利性阅读增多，经典阅读减少。很多大学生为了应付考试或者获得各种证书，传统经典的书籍阅读的减少，使得大学生不可避免地缺失了人文素质的养成，大学生偏离了经典、严肃、有深度的阅读内容，泛阅读和浅阅读干扰了大学生独立思辨能力的形成。阅读和投机取巧相联系，读书变成了获取现实利益的工具，违背了图书馆"书香育人"的宗旨，这种现象必须引起我们图书馆人的足够重视。

2 图书馆应对移动阅读创新应用服务的对策

2.1 高职院校建设共享的教学资源平台

高职院校图书馆应该主动服务于师生的信息需求与学习，时时了解学院专业动态需求，做好调研、完善移动资源获取环境与手段，加快校园有线与无线网络建设，使得高职学院内网络覆盖每一个角落，并且要提高完善学院网络的浏览速度，将移动资源浏览、移动检索界面设计、格式不同的电子资源兼并整合到一个操作平台，让师生在一个平台上通过不同的链接检索到多个数据库的资源。要结合学院自身情况，制定符合本馆资源的阅读终端，根据高职学院专业特色和大学生的阅读需求调整开发相应的阅读终端产品。

2.2 高职院校建立移动阅读学习平台

利用学校及图书馆的数字资源进行自主学习和多元学习是移动图书馆发展的重要方向。通过手机阅读，读者可以不受时空限制，随时随地、无处不在、无限延伸学习。移动图书馆最重要的还是落脚在师生授课与学习的课堂上应用上，形成学习者与授课者协作和交流的互动关系，师生通过移动阅读空间可以与一流学者、专题作者、不同读者进行直接交流。将数字图书馆服务推送到教师授课课堂上，推送到学生身边，使师生得以突破时间和空间的限制，在任何时间、任何地点都能够传输与获取信息与知识。师生不光可以对感兴趣的专题进行评论，还有与其他读者交流互动的机会，更好地为师生搭建了与专题作者直接对话的平台，进行学术交流与互动，为读者提供学习、研究、讨论的公众交流空间。

例如师生们可以利用超星云舟系统，教师与所授课的班级的全体同学组成一个学习空间（群），在该空间里教师可以将所授课程的课件、视频、ppt等授课资料放到空间上，老师可以非常方便地播放视频、课件。而该课程的学习参考书可以利用超星图书馆提供的数字资源，随时、随地地阅读。授课时师生可以利用手机客户端进行交流、布置作业、学生考勤、教师答疑，都可以利用手机客户端在学习空间进行，突破了时空限制。学生可以利用移动装置根据自己的需要选取感兴趣的内容收看，使学习突破时间和空间的限制；对于学校时常举办的演讲活动、社团活动，通过校园网络可以将实况转播到院校的每个角落，学生在宿舍、研究室、教室内就可以利用行动装置收看精彩的活动。对于学校的精品课堂等学习视频，可以通过多媒体移动教学平台进行自主学习。

3　结束语

移动阅读通过无线网络和移动终端载体，实现了文字、声音、影像等交互媒体内容的传播和个性化服务。移动阅读作为一种新型的阅读与交互学习模式，具有旺盛的生命力和广阔的发展前景。拓展移动图书馆的应用，使得教师与学生的活动参与度低的现象有了极大改观，读者入馆人数、图书借阅量、活动参与人次和读者满意度逐年提升。图书馆与读者的互动交流日益密切，读者参与管理的积极性明显提高，图书馆服务创新工作初见成效。让大学生在阅读的同时，提高信息素养，引导学生理性思考，使移动阅读走上高效化、科学化的深层次发展轨道。

参考文献：

[1]　曾妍. 移动阅读在图书馆实行的可能性分析［J］. 图书馆建设，2009，(2)：70-72.
[2]　詹自强. 移动阅读：图书馆促进社会阅读的机遇［J］. 现代情报，2012，(3)：25-27.
[3]　白燕燕. 我国移动阅读面临的6大瓶颈及对策研究［J］. 编辑之友，2013，(3)：80-83.
[4]　董二林. 移动阅读如何走出"浅阅读"困境［J］. 中国出版，2013，(2)：51-53.
[5]　时爱福. 移动阅读时代高校图书馆的知识创新服务［J］. 河南图书馆学刊. 2012，(5)：124-126.
[6]　付跃安，黄晓斌. 试论我国图书馆移动阅读服务发展对策［J］. 图书馆工作与研究，2012.3.
[7]　罗宵涛. 探索移动图书馆服务新模式［J］. 图书馆论坛，2013.2.

作者简介：

李德家：(1962-)，男，教授，山东工业职业学院图书馆，研究方向为职业教育。

建筑专业学生阅读倾向实证研究（续）
——以北京建筑大学图书馆馆藏为例

陈靖远

（北京建筑大学　图书馆　100044）

摘　要：本文在对北建大图书馆 5 年内建筑与城市规划学院三个本科专业和研究生借阅数据分析的基础上，通过建立借阅数据"新分类法"的尝试，为更加全面准确、简便地捕捉读者阅读倾向，以及今后开展学生阅读调研提供一种新的方法和思路，与此同时，展示一种实证性的研究学生需求与发现问题的分析研究方法。

关键词：建筑教育；实用性；思辨能力；借阅率；需求分析；图书分类；书目信息

1　新分类探讨

1.1　新分类的目的

在笔者之前的一篇文章里，通过对现有数据库的加工，从多方面对建筑专业在校生借阅图书的情况进行了分析和解读。中图法分类是这些分析工作的基础工具和手段，有了图书分类为每一种图书标定属性才使得把握读者借阅信息的统计工作成为可能。

然而在研究中笔者发现，中图法定义的每一种图书属性虽然详细，但并不一定准确，尤其在当下知识爆炸、信息泛滥，各种新知识、新学科新领域层出不穷，很多传统学术领域正在走向交叉融合的时代背景下，同一种书不同的采编人员给出不同的分类已经是众所周知的事实。

另一方面，以上一篇"3.1.3TU 类图书细分类"为例，其小分类多达 217 种，过细的分类属性使得书目信息过于分散，不利于整体把握读者的阅读趋向。特别是对于建筑学科这样一个融合了社会学、美学、艺术、哲学、历史文化、工程技术等多领域的综合性学科来说，仅凭中图分类法很难捕捉到适合建筑学科特点的读者阅读信息。"3.1.4 总分布趋势分析"中可以明显看出，借阅信息数据库中 99% 的书目集中率非常低，其中一定隐含着大量分散的有用信息。

为此，笔者试图从读者特别是建筑专业学生阅读意向的角度，通过为每种图书定义两个更宽泛分类标签的做法，达到更加准确把握学生阅读趋势的目的。为数据库 A 的 7 万 6 千多条书目增加分类标签，需要很大的人力投入。分类方法主要从书名、作者和出版社上判断，书名上无法判断的经图书馆检索系统查阅书目信息、内容简介等，个别缺乏上述信息的书目还通过亚马逊图书网进行了查询，以提高分类的准确性。然而，由于时间精力和能力限制，笔者在添加分类标签的过程中，主观性判断差异或逻辑不周密之处在所难免，在此特别说明。关于新分类法与中图法分类的关系，将在后文中进行详细说明。

1.2 新分类方法

1.2.1 大分类

从建筑学科学生读者的角度，区分图书对学习和掌握知识的最大分类应该是"一般素养"和"专业素养"。与学科培养目标紧密相关的，即学科教学所涵盖的范围定义为"专业素养"，主要集中在T类工业技术，J类艺术等，部分分散在K类历史地理，如少数民族建筑等。"一般素养"定义为学科必修课和培养方向之外的，旨在提高学生修养的知识领域，如I类文学、A类马列毛邓理论等。C类社科总论、F类经济等是介于"专业素养"与"一般素养"之间的领域，根据书目不同而归入不同的类别。

1.2.2 中分类

这是在"一般素养"或"专业素养"之下的分类，根据具体书目不同而归入不同的类别，包括：

法学：主要针对D类"政治法律"；

管理学：含部分D类、F类"经济"等；

国学：含部分B类"哲学宗教"、R类"医药卫生"等；

教育学：含部分G类"文化科教"、T类"工业技术"等；

经济：主要对应F类"经济"；

军事：主要对应E类"军事"；

考试书：各种辅导书含中图法多个分类；

历史文化：含K类"历史地理"、T类"工业技术"等；

励志书：各类传授成功秘诀或法则的书，含B"哲学宗教"、C"社科总论"、G"文化科教"等多个门类；

美学：主要对应B类、J类，含部分T类；

名人传记：含历史和当代各领域名人著作，作品集等；

社会学：含C、D、F类；

实用技能：对学生提高将来生活、工作、目前学业有实际和直接效益的，涵盖中图法多个分类；

实用图册：含各种图集、图册、摄影集、图谱、图典、便捷手册、地图、导游、年鉴等等；

思辨：富于思想性、启发性、前瞻性、批判性的读物，含各种论文集、研究研讨文集、前卫性专业读物、经典思想家著作、哲学哲理探索等等。

思维方法：类似国家审定的教科书、教材类读物，也含有以传统、成熟的讲解方法传授知识类图书。

体育：对应G类"文体科教"；

统计学：对应部分C8类"社科总论"；

文学：主要对应I类"文学"；

心理学：各应用领域的心理学，涵盖中图法多个类别；

艺术：主要对应J类和部分TU类"建筑科学"；

语言：主要对应 H 类"语言文字"和部分 TU 类；
哲学：主要对应 B 类；
政治：含 A 类"马列毛邓理论"、B 类等；
宗教：主要对应 B 类；

用上述两个大类加 25 个中类对所有数据进行新的归类，以期更加贴近读者感受，达到研究初衷的目的。

需要说明是，上述简便的分类方法在具体书目上同样存在左右两可和重叠的问题。例如判断一本书属于传统教科书，归"思维方法"还是具有革新创新意味的"思辨"，其中混杂有分类人主观性价值评判的成分，不同的人可能会给出不同的分类。同样，一本书归到"名人传记"中，可能出于对名人效应的期待，然而不同的读者对"名人"的理解也会不尽相同，在没有可信度高的统计数据的前提下，本文不对此类"偏差值"问题进行讨论。但确定书目属性的归类时，遭遇"偶发性"选择的难题，却是很难避免的。

1.2.3 与中图法分类的关系

图 1 集中了总借阅量 50 人次以上的中图法小分类细目，表达它与新分类之间的相互关系。红色代表新的大分类"专业素养"，蓝色表示"一般素养"。

图中显示，"一般素养"主要集中在新分类的"哲学"、"语言"、"文学"、"实用技能"、"历史文化"、"考试书"里，同样的中图法"历史地理"归在新分类"历史文化"的占比重最大，超过了 1000 次；归在"名人传记""实用图册"中的次之；归在"思维方法"和"思辨"里的最少，均在 200 次以下。

新分类的中类中，"宗教"、"政治"、"哲学"、"语言"、"心理学"、"文学"、"考试书"、"经济""国学"和"管理学"可以说归到"一般素养"大类之中，其余的"历史文化"、"名人传记"、"实用技能"、"实用图册"、"思辨"、"思维方法"、"艺术"则可以确切地划归"专业素养"。

笔者认为，上面的分析从一定程度上揭示了建筑专业学生在选择阅读对象时，无意识之中的一种归类标准。

2 数据库分析

2.1 数据库 A 分析

图 2 是新分类对不重复书目数据库 A 重新编排的结果。25 项中分类项叠加表示某一中分类项的总阅读量。图中可见，位居中央的"思维方法"、"实用图册"、"思辨"和"实用技能"占据了绝对优势，而这四项又以"专业素养"大分类占据主导地位。借阅量接近 6000 次的"名人传记"和"历史文化"也以"专业素养"内容为主。"一般素养"占主导地位的主要有"语言"、"文学"和"考试书"，并且阅读量都在 2000 次以下。

2.2 数据库 B 分析

2.2.1 本科生整体阅读倾向

按照"新分类"的大类统计，B 数据库 32501 条数据中"一般素养"5282 条，占总量的 16.25%，"专业素养"占 83.75%，明确显示出在校生总体上重视专业知识学习的倾向。

按 25 个中分类进行统计的结果如图 1 所示。

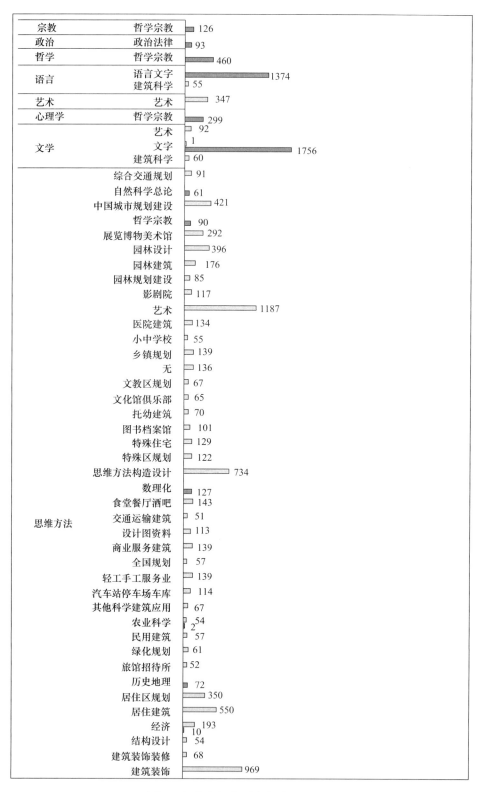

图 1　新分类与中图分类关系（一）

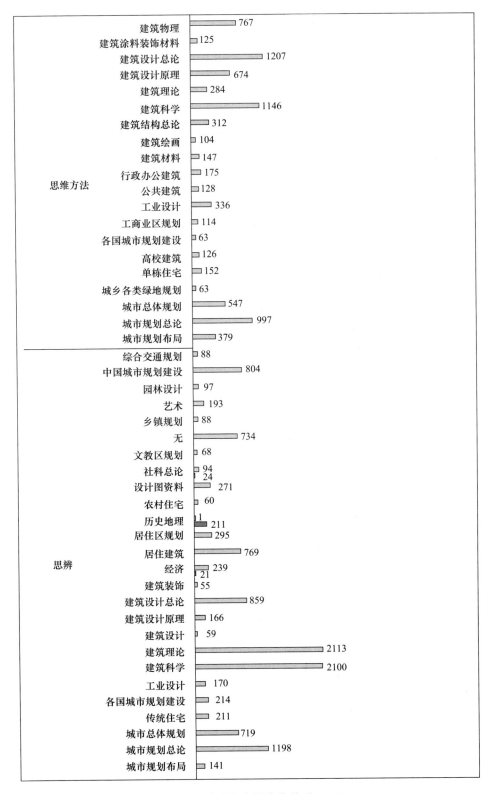

图1 新分类与中图分类关系（二）

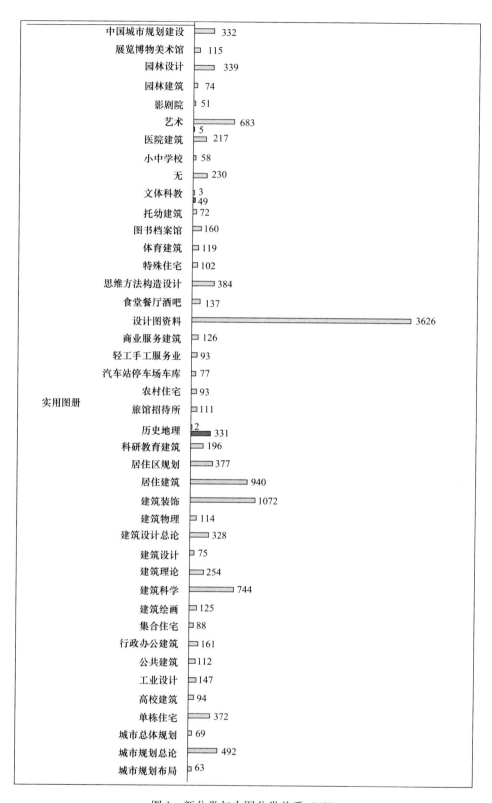

图1 新分类与中图分类关系（三）

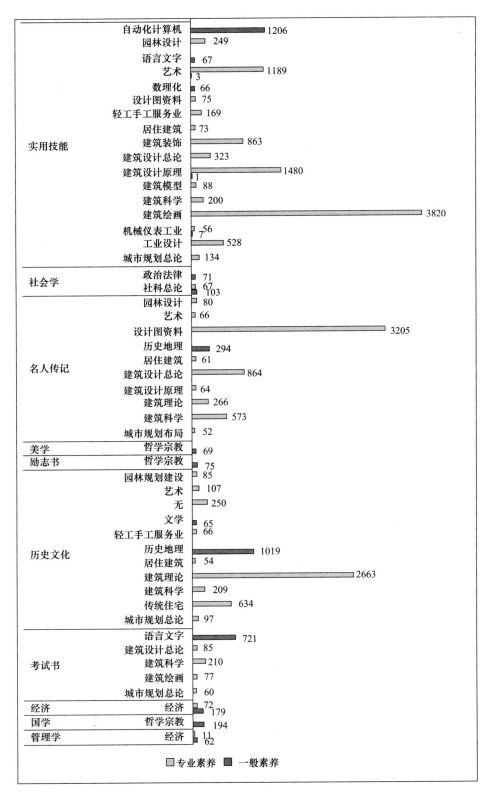

图 1 新分类与中图分类关系（四）

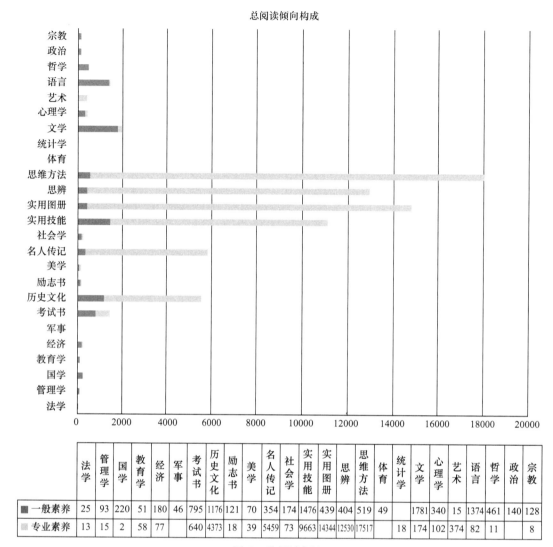

图 2　总阅读倾向

图3显示,"实用技能"与"实用图册"占到了总体的43%,表现出建筑学科本科生在选择读物时,具有重视知识的实用性、速效性,重视实际操作技能的特点。"思维方法"分类主要代表传统经典的专业知识体系,"思辨"则代表了引领本行业发展趋势、具有思想性和启迪性的知识读物。"历史文化"反映出学生拓展人文领域知识视野的倾向,"名人传记"的主要范围以知名建筑大师思想和作品介绍为主,上面6个类别的平均阅读量占本科生4年总阅读量的90%。

这里应特别说明的是,"名人传记""历史文化"与"思辨"、"思维方法"之间的区别有时并不清晰。在建筑专业领域,知识的新与旧,传统与新锐于对培养学生来说都是必要的养分。例如从"历史文化"以及前人足迹的"名人传记"中寻找适应新时代、新需求的答案,这已是不仅仅局限于建筑界的人类普遍的智慧和做法。从这个意义上可以得出这样的结论,即建筑专业本科生通过书籍获取知识养分的学习姿态可分为实用性倾向和思辨性倾向两大类。

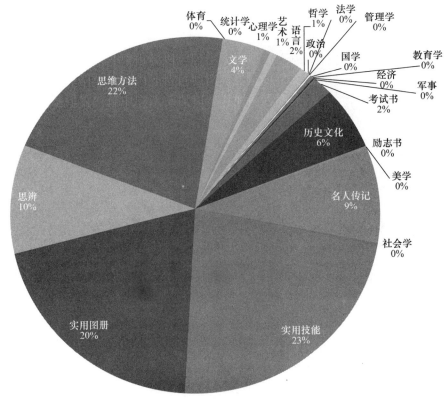

图 3　分类统计分析

上述 6 个类别中，剖析其中三个分类，进一步分析它们的构成，并以"思辨"类书目信息举例说明如下。

分解例 1："实用技能"内涵

"实用技能"中，各类有关计算机辅助设计软件应用的书目占到了几乎一半左右，其次是传授各类手绘表达技巧的"绘画技法"，介绍国家和行业规范、规程、各类建筑材料的使用方法等内容的"设计实务"以及工程制图、识图方面的"制图技法"，绘画之外的各类手工艺制作技巧的"美术技法"等等，这些内容占到了"实用技能"的 95%。

分解例 2："实用图册"内涵

"实用图册"中，介绍国内外设计机构、房地产开发商优秀设计实例的"设计实例图集"和"设计资料集"占据了总体阅读量的一半，"外国设计作品"和"著名建筑图册"包含了外国，主要为发达国家的优秀古建筑和现代建筑，占到了总体的 10% 左右，显示出在校生特别对国外优秀建筑的学习欲望。作为尚未实现的设计作品，"大学生设计作品"主要涵盖了优秀毕业设计以及课程设计、快速设计作业，加上历届国内外设计方案比赛"设计竞赛作品集"也占到了总体的 6%。"设计实用手册"包含设计规范、指南、材料便览等，这几部分占到了总体的 75%，可以说从一个侧面反映出了学生重视资料的实效性、速效性的功利主义思想。

另一方面，介绍国内外城市规划、居住区规划、景观园林成功案例的"规划图集"以及从文化价值角度介绍分析国内外特色城镇与建筑的"文化图册"也占到了 10%，虽然比例很小，但无疑是建筑教育中应该重视和着力加强的部分。

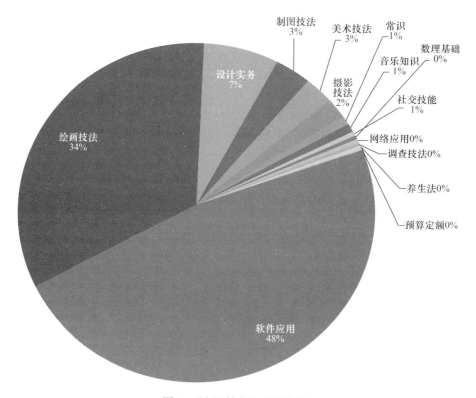

图 4 "实用技能"内涵分析

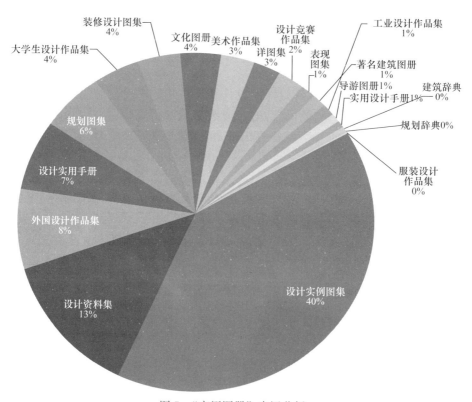

图 5 "实用图册"内涵分析

分解例3:"思辨"内涵

"思辨"类中,一个明显的特点是外国原著的中译本借阅量之和1233占总借阅量3165的38.95%,其中欧美作家的著作占79.1%,日本作家的著作占20.9%,表现出在校生对国际上经典的和新锐的建筑思想,以及东亚先进的建筑思想持续关注的特点。

此类图书内容比较丰富,按照内容类别细分为19个小项,如图6所示。

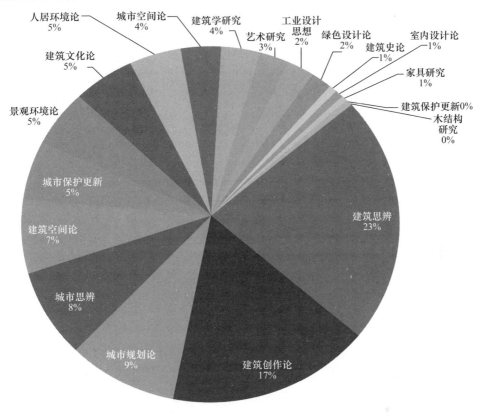

图6 "思辨"内涵分析

图6显示,"思辨"类图书中,建筑类占58%,城市类占38%。

建筑类按阅读量排名,主要内容如下:

(1)以建筑大师经典著作、新锐建筑师著作以及文化人等,来自不同领域对建筑的新视角、新观察为主的"建筑思辨",代表性作品有:《建筑十书》、《形式主义建筑》、《建筑师的20岁》、《建筑师与设计师视觉笔记》、《非常建筑》、《建筑的故事》、《建筑的眼睛》等。

(2)以建筑作品评析论述为主的"建筑创作论",代表性作品有:《设计与分析》、《建筑创作构思解析》、《积木之家》、《破土:生活与建筑的冒险》、《设计的开始》、《品味安藤忠雄》、《非线性设计》等。

(3)以论述建筑空间设计思想为主的"建筑空间论",代表性作品有:《空间》、《空间的语言》、《空间的革命》、《建筑空间论:如何品评建筑》、《意中的建筑,空间品味卷》等。

(4)从建筑文化内涵角度观察与分析建筑含义的"建筑文化论",代表性作品有:《不只中国木建筑》、《园院宅释:关于传统文化与现代建筑的可能》、《世界都市漫步》欧美建筑专辑、《华夏意匠:中国古典建筑设计原理分析》、《中国江南水乡建筑文化》等。

城市类按阅读量排名，主要内容如下。

（1）以城市规划与变迁为主的"城市规划论"，代表性作品有：《穿墙故事：再造柏林城市》、《理想空间》各规划专辑、《城市与建筑漫笔》、《城市设计新理论》系列等。

（2）以城市批判、品味城市提出新观点新建议为主，对学生有启迪思想意义的"城市思辨"，代表性作品有：《交往与空间》、《拼贴城市》、《美国大城市的生与死》、《街道的美学》、《古城笔记》、《都市空间作法笔记》、《阅读城市》等。

（3）以保护与开发城市历史文化地区和古建筑为主的"城市保护更新"，代表性作品有：《解读旧城：重庆大学城市规划专业"旧城有机更新"课程教学实践》、《理想空间》相关专辑、《上海里弄的保护与更新》、《北京历史文化名城的保护与发展》、《北京旧城历史文化保护区市政基础设施规划研究》、《姑苏新续：苏州古城的保护与更新》等。

以论述城市空间特性与意义为主的"城市空间论"，代表作品有：《公共空间·公共生活》、《人性场所：城市开放空间设计导则》、《城市广场：历史脉络·发展动力·空间品质》、《城市设计的维度：公共场所—城市空间》、《新城市空间》等。

横向比较

图7～图10分别代表三个专业四年间年生均借阅率0.5以上的分布情况。对比上一篇相应的图表（图3～图6）可以发现以下特征：

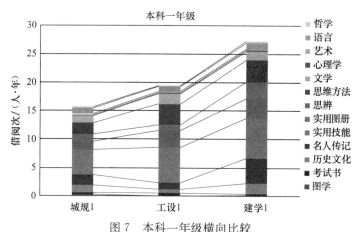

图7 本科一年级横向比较

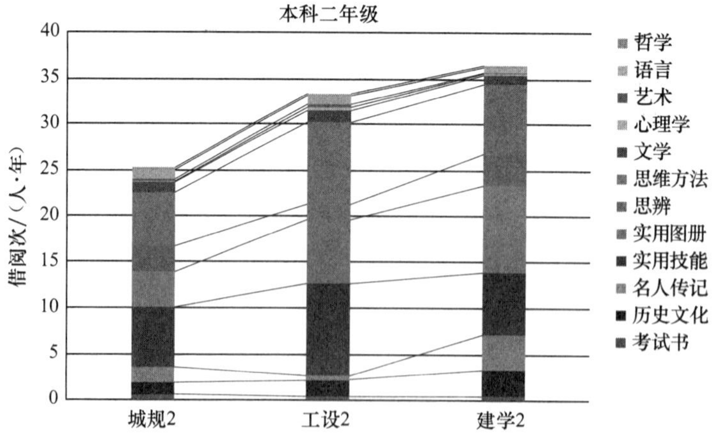

图8 本科二年级横向比较

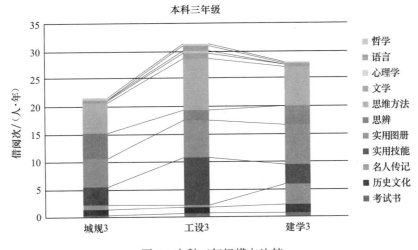

图9 本科三年级横向比较

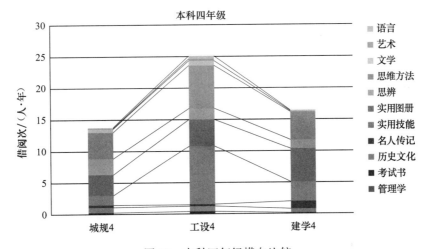

图10 本科四年级横向比较

(1) 新分类与上一篇中图法分类的阅读量走势极为相似。

(2) 新分类中各专业年阅读量较上一篇中图法分类平均高5~8个点。

(3) 新分类中阅读量构成较上一篇中图法分类简单、清晰。

这说明新分类提高了统计的覆盖面，更能够具有代表性和说服力。同时，简化的构成结构更容易把握以下特点：

(1) 随着时间的推移，学生阅读内容呈现逐渐清晰化，集中化的特点。一年级学生阅读类型基本以"语言"、"文学"、"思维方法"等八大类为主，除"实用技能"外，其他各项所占份额差别不大。而到了高年级，则演变为以"思维方法"、"实用图册"和"实用技能""思辨"四大板块为主的阅读模式。

(2) 专业特点方面，可以看出三个专业具有阅读结构基本相似，但工业设计专业学生对"实用技能"的重视程度每学年均保持领先，结合前文中图4~图6对书目信息的分解分析，可以得知工业设计专业学生在计算机软件应用技巧方面投入的精力更多；而城市规划和建筑学专业学生则对"思辨"与"名人传记"更感兴趣。

（3）如前文中分析的那样，"思维方法""思辨"与"名人传记""历史文化"均属于培养专业素养中最重要的组成部分，其中又以"思辨"为知识阶梯中的高级阶段。专业素养大类中的"名人传记"，基本可视为等同于"思辨"，"思维方法"中一些新的教材类图书也可归类于"思辨"类，但总体上本科生阅读"思辨"类图书的比重还不高，城市规划和建筑学专业学生对"思辨"类图书的兴趣普遍高于工业设计专业。

纵向比较

图11～图13更直观地反映出本科三个专业学生四年间生均阅读情况的变化。与第一部分相应图表相比，除了具有上述三个特点外，还可以观察到以下特点：

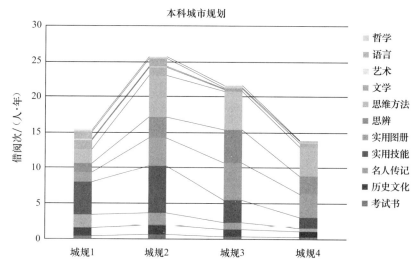

图11 本科城市规划纵向比较

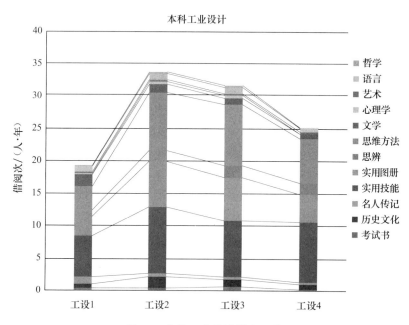

图12 本科工业设计纵向比较

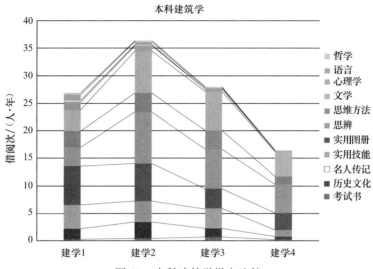

图 13 本科建筑学纵向比较

（1）三个专业的阅读构成中，"实用图册"和"实用技能"均占到总体阅读量的 1/3~1/2。

（2）三个专业对"实用图册"的依赖程度均呈现变化不大的趋势。"思维方法"与"思辨"之和也呈现变化幅度不大的特点。变化幅度大的主要有"实用技能"和"名人传记"，此类图书主要以低年级阅读为主。

（3）专业特点方面，城市规划专业"思辨"比重相对最大，工业设计专业则"实用技能"占最大比重，建筑学相比其他两个专业，学生阅读门类分布相对均匀，"实用图册"占比例最大。这些特征是对三个专业各自的特点的真实描述。

2.2.2　研究生阅读倾向

图 14 与上一篇中 3.2.4 的图 10 具有相同的特点，并且相比上一篇中图法分类阅读量平均高出 10 个点，第一年生均借阅量达到 55 次。第三年虽然比一年级阅读量锐减一半以下，但仍保持高于本科生四年级，相当于本科三年级的阅读量水平，因此总体上研究生的阅读量高于本科生，相距约 10 个点。

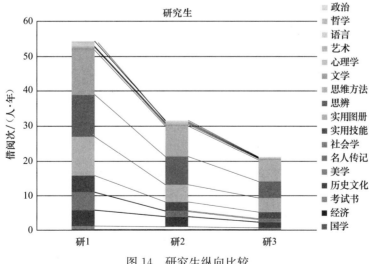

图 14 研究生纵向比较

阅读结构上也呈现与本科生不同的特点：

（1）"实用技能"的比重大大缩小，"思辨"的分量明显加重。这反映出研究生教育注重新理论与创新性思维训练的突出特点。

（2）"思维方法""思辨"和"实用图册"持续占据了三个学年生均阅读量的70%，并且三者的比例几乎均等，"名人传记"和"历史文化"归为思维训练的一部分，那么可以对建筑学院5个一级学科研究生培养的全过程做出这样的概括性描述，即三分之二的重点放在以"思辨"为主的思维训练方面，三分之一用于以"实用性"为主实践环节，体现培养实用型人才的宗旨。

2.3 新分类小结

从上面对两个数据库的图示分析可以明显看出，本文用自创的"新分类法"（指用于本文的分类法）效果显著，相比原数据库（中图法分类），它显示出在分析读者阅读倾向方面具备更简单明了、更清晰易懂的特点和效果。

3 结论与展望

本文通过对北建大图书馆5年内建筑与城市规划学院三个本科专业和研究生的借阅数据分析，得出如下结论：

（1）建筑专业在校生总体阅读倾向具有明显的工科院校特点，即在学习和掌握基础知识和技能方面注重实用性和速效性，同时也显现出学生整体上对富有思想性、前瞻性、前沿性的国内外特别是发达国家城市和建筑理论与实践方面最新成果的高度关注。

（2）图书馆为建筑学科学生提供馆藏服务，除了需要丰富T类特别是TU类馆藏建设之外，还应当重视和加强本文提出的与"思辨类"相对应的书刊种类采购与流通服务。

（3）通过分析图书馆借阅数据，展示了一种客观把握服务对象需求的研究方法，为建筑类高校教学部门、图书馆及时准确地把握学生需求变化和动向提供借鉴与参考。

（4）通过独创的图书"新分类法"，达到了更加全面准确和简便地捕捉读者阅读倾向的目的，为今后开展学生阅读调研提供了一种新的方法和思路。

（5）本文从一个侧面揭示了研究生教育在培养学生创新思维方面的正确方向，然而从更大范围上看，无论是大学生整体阅读量还是创新型思维的自我训练意识还都远远落后于发达国家的平均水平。在当今知识数字化的社会大背景下，纸本图书的出版发行以及传统图书馆的服务读者模式都在经历一场前所未有的深刻变革。本文引言中阐述的假说虽然尚没有实证性研究加以佐证，然而本文所展示的纸本图书借阅率实证结果，却可以为教学部门研究改善业务提供基础性量化依据。

4 结束语

目前，数字化、云计算云存贮等新概念新趋势正在不可逆转地改变着图书馆的发展和读者的阅读习惯，相信未来若干年内，数字图书馆的发展将形成与传统图书馆业务有机而高效的衔接，届时，使用高性能计算机管理系统也许能瞬时实现对服务对象需求把握的汇总和整理。在这一点上，本文也为图书馆提高服务读者、服务教学的深度和广度方面展示了一种操作的可能性。

参考文献：

[1] 陈靖远. 建筑专业在校生阅读倾向实证研究 [M]. 云服务时代的特色图书馆建设，北京：中国建筑工业出版社，2013，7：100-112

作者简介：

陈靖远：（1962-），男，工学硕士，北京建筑大学图书馆副馆长，研究方向为城市景观、建筑设计概论、图书馆管理。

移动阅读环境下高职院校图书馆读者阅读行为研究

汪艳玲

(常州工程职业技术学院 图书馆 213164)

摘 要：本文分析了移动阅读环境下高职院校读者阅读行为的变化及其带来的影响，提出了高职院校图书馆可通过调整馆藏资源结构、创新阅读推广途径、改变服务模式等措施，适应移动阅读模式下读者的阅读需求。

关键词：移动阅读；高职院校；读者阅读行为

移动网络时代，移动阅读成为一种重要的信息获取方式，不断渗透到大学生的学习和娱乐生活中，对大学生的阅读内容、阅读方式和阅读习惯等都带来了巨大的冲击和影响。移动阅读的盛行，一方面为读者获取信息提供了方便和快捷，另一方面也对图书馆的服务提出了更高的要求。高职院校图书馆应积极应对，采取相应的措施引导大学生进行健康有效的阅读，在满足读者需求的同时，转变服务方式，提高服务水平。

1 移动阅读环境下高职院校读者阅读行为的变化

随着移动阅读的日趋普及，高职院校读者阅读需求和阅读方式呈现出新的变化趋势，主要表现为阅读对象的改变、阅读方式的转变、阅读深度的改变、阅读环境的变化、阅读专注度的改变等。

1.1 阅读对象的改变

移动阅读环境下，读者获取信息渠道多元化，对纸质资源的依赖性逐渐降低，其阅读对象不再局限于图书馆的纸质藏书。以笔者所在学校为例，图书馆2011至2015年纸质图书的外借量如图1所示。

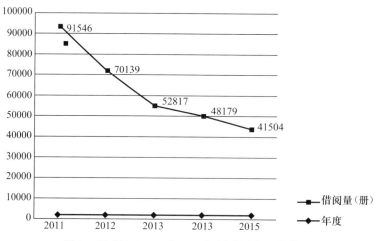

图1 图书馆2011至2015年纸质图书的外借量

从图 1 可以看出：我馆纸质图书的借阅量在移动阅读环境下呈逐年下降的趋势，读者的阅读对象从以往比较单一的纸质文献逐渐转向多元化的阅读对象，涵盖电子图书、电子期刊、各类图片、视频、新闻等等，读者可以通过手机、Ipad 等移动设备随时阅读，而非到图书馆借阅纸质文献这一种途径。

1.2 阅读方式的转变

移动阅读环境下，高职院校学生的阅读方式呈现出多样化和信息化的特点。移动阅读是指使用移动终端设备进行的所有阅读行为，包含通过浏览器浏览手机网站，以及阅读新闻客户端、报纸客户端、杂志客户端、微博、微信的文章等，它是一种不同于传统纸质阅读的新型阅读方式。易观国际发布的《中国手机阅读市场用户调研报告2010》称：手机阅读已经成为移动互联网用户使用频率较高的应用之一，每天阅读一次及以上的用户占比达到45%。而当今，由电子产品陪伴成长的高职院校学生，更成为手机阅读的主要群体，电子书、微博、微信等成为他们阅读的主要内容。其阅读呈现出信息量大、信息获取更便捷、阅读更随意等特点。基于以上特点，移动阅读成为高职院校学生阅读的主要方式。

1.3 阅读深度的改变

移动阅读环境下，文献资源形态影响着高职院校读者的阅读行为，其阅读呈现出浅显化、碎片化的特点，由深阅读向浅阅读转变。网络信息资源搜索方便，点击链接迅速，内容丰富，改变了读者传统深度阅读的文化习惯和耐心程度，塑造了高职院校学生阅读群体的浅显化、碎片化的阅读习惯。在校园的任何场所都能看到他们掏出手机翻点，这种浅显化、碎片化的阅读少了深度思考，忽视了对文本深入细致的阅读，使阅读处于浅显状态。

1.4 阅读专注度的改变

网络是一个比较开放的空间，其信息资源也更加丰富、庞杂，通俗文化、大众文化、高雅文化等都可以通过网络进入现实生活空间，高职院校学生很难理性地去思考应该浏览什么和为什么浏览等问题。学生们的关注点随各类信息标题而动，对网络上的各类信息大多是走马观花、浮光掠影式的浏览。手指点到哪里阅读就到哪里，有时甚至表现得漫不经心，移动阅读呈现随意性的特点。

1.5 阅读环境的变化

移动阅读时代，高职院校读者获取信息的渠道呈现多元化，图书馆不再是获取信息的唯一渠道。读者不到图书馆，依然可以借助于网络、手机等获取信息。在教室、在食堂、在宿舍、在路上，只要有网络的地方就可以获取信息。

2 移动阅读环境下高职院校学生阅读行为变化的影响

移动阅读在高职院校学生中的盛行，在为其阅读带来了方便、快捷等积极影响的同时，也带来了阅读内容良莠不齐、阅读没有深度等消极的影响。

2.1 移动阅读的积极影响

首先，移动阅读方便、快捷。移动阅读以快捷性、广泛性等特点，为高职院校学生获取新知识、新信息提供了便利。他们想要阅读什么内容，只要在百度上输入关键词或主题就可以搜索到。通过网络查阅资料，克服了传统阅读的时空限制，大大节省了借书、买书的时间，提高了学习效率；

其次，移动阅读为高职院校学生的学习创造了良好的条件。读者可以随时、随地查阅所需的信息，为其提供了学习知识的便利，使他们可以充分利用琐碎的时间，掌握一个相对完整的知识组块。正如面对一堆看似杂乱无章的知识碎片，经过每天一片、一点的摄入和积累，最终会形成一个完整的知识拼图一样；

再次，移动阅读为图书馆与读者之间的交流、互动提供了便利。图书馆与读者可以通过图书馆的微信、微博等平台进行交流和互动，使图书馆及时了解读者的需求和读者对图书馆工作的意见和建议，为提高图书馆服务水平、创新服务方式提供参考。

2.2 移动阅读的消极影响

首先，网络信息多而杂，内容良莠不齐，开放性和随意性很高，导致一些如垃圾小说、色情文学等低俗的东西都可以名正言顺上网，这使得网络信息整体水平不高。而高职院校学生正处于青春期，好奇心比较强，加上鉴别能力有限、阅历较浅，容易受到不良信息的影响；

其次，移动阅读可能导致高职院校读者过多的沉迷于手机阅读，成为"低头一族"，忽略了自己的学业。有些学生甚至上课期间也是手机不离手，而疏忽了专业学习。另一方面，过多地依赖手机阅读而缺乏对图书馆的关注，一定程度上会影响图书馆的业务范围和发展空间，从而导致高职院校图书馆服务价值的降低。文中的图表显示，我馆纸质文献利用率逐年下降，这与广大读者移动阅读量的增加密切相关；

再次，移动阅读呈现阅读随波逐流的特性。移动阅读多了浏览、少了精读，学生们往往关注一些点击率高的视频、热点新闻，造成了移动阅读的随波逐流，这反映出移动阅读受大众的影响明显高于纸质阅读。他们的阅读行为多数是为了放松心情，或是打发时间，或是满足好奇心而随意点击阅读；

最后，移动阅读造成的"浅"阅读在一定程度上排斥了"深"阅读，加剧了学生的功利心理和浮躁心理。例如，在借阅图书时，学生会首选时尚娱乐等通俗读本，或者是与自身兴趣息息相关的书籍，而对专业知识、基础理论以及经典著作的关注度比较低，以名著缩写本、名著简评等代替原著，缺乏深层次的阅读和思考，这与高职院校提高人文素养、夯实理论基础、积淀学术氛围的总体目标是不相符合的。

3 移动阅读环境下高职院校图书馆的应对措施

高职院校图书馆作为学校教学、科研的重要阵地以及知识交流的中心，是推动大学生阅读的重要力量。充分发挥其教育和引导功能，满足高校师生多样化的阅读需求，培养大学生读者良好的阅读习惯，提升其人文素养，是高职院校图书馆的重要职责所在。针对移动阅读带来的消极影响，高职院校图书馆应顺应移动阅读的发展趋势，采取积极有效的措施，正确引导读者通过多种方式进行阅读，营造良好健康的移动阅读环境。

3.1 加强资源建设，优化资源结构

在移动阅读环境下，高职院校学生的阅读呈现出多样化和个性化的特征，因此，不断提升图书馆的资源管理水平显得尤为重要。首先，要不断提高资源采购水平，加强新书、新刊采购的规划性。对于专业书刊的采购，要广泛征求各院系专业教师的意见和建议，以此为依据制定出专业书刊采购目录。对于普通书刊，可以参考专家推荐或各种权威机构的推荐，也可以征求广大学生读者的意见和建议，来制定采购目录；其次，要顺应移动读者

阅读发展的需求，加强数字资源建设。充分调研读者的需求，科学制定资源采购方向，制定合理的经费使用计划，保证纸质资源需求的同时适当增加数字资源的采购，满足读者多样化的信息需求，使图书馆的各类信息资源能得到有效的利用。

3.2 加强队伍建设，提高馆员素质

在高职院校图书馆的服务中，发挥作用的有三个主要因素：图书馆建筑占5%，信息资源占20%，图书馆员占75%。从这个比例可以看出：高职院校图书馆的服务中馆员发挥着重要的作用，是图书馆服务的中坚力量，是图书馆服务质量的决定性因素。因此，提高馆员的综合素质，为读者提供个性化、高质量的服务，是图书馆必须重视的问题。提高馆员综合素质的途径很多，各馆可根据自身的实际情况采取相应的措施。例如，笔者所在的图书馆将每周三下午定为"馆员学习日"。学习日期间会通过专业技能培训、比赛、讲座、实际演练等各种方式来促进馆员的学习，提高馆员的专业技能和专业水平，以更好地为读者提供优质的服务。

3.3 加强阅读推广，创新服务方式

移动阅读时代，各种积极的和消极的影响并存，这就需要高职院校图书馆开展阅读推广服务，对读者的阅读进行正确的引导和指导，承担起对读者阅读方式和阅读内容等方面的教育和引导功能，使读者向着有利于身心健康的阅读方式和阅读内容的方向发展。以笔者所在的院校为例，为适应移动阅读发展的需求，我馆推出了"125·要爱我"阅读推广服务模式，"125"即1个主题、2条路径、5项举措。1个主题即"服务学生读者，共建书香校园"；2条路径即传统路径和新媒体路径，传统路径主要依托纸质文献推送、阅读讲座、阅读分享会等方式，侧重于面对面的服务，引导读者阅读传统纸质文献。新媒体路径主要依托移动图书馆、歌德借阅机和图书馆官方微信等媒介拓展图书馆的服务范围，引导读者通过新媒介进行阅读。两者相互补充、相互激发，让读者自由选择最适合自己的阅读资源和方式，实现从传统图书馆向全媒体复合型图书馆的转型，实现"让阅读无所不在"的愿景；5项举措即"月月新主题，天天读好书"、"分享阅读，交换快乐"、"制作榜单，引领阅读风尚"、"树立典型，激发阅读热情"、"书香校园，你我共建"。该模式将读者与馆员相结合、传统与现代相结合，从不同的角度出发，采用不同的方式，推荐不同的读物，引导读者多途径阅读。

3.4 改善阅读环境，营造阅读氛围

阅读环境对读者阅读心理的影响不容忽视，舒适的阅读环境是吸引读者到馆的一个重要因素。因此，高职院校图书馆应改变以往严谨、厚重、威严的圣殿形象，营造类似于沙龙、休闲会馆等轻松愉悦的阅读氛围，用"悦读"替代"阅读"。特别是随着90后大学生的到来，他们对感官效果和心理满足等方面的要求不断提高，更要求图书馆跳出传统的思维模式，站在读者的心理需求和思维立场上思考图书馆阅读环境的问题。我馆于2015年底着手对图书馆进行整体改造，从广大读者的角度出发，继续优化借阅一体化的管理模式，对馆内的环境进行改造和提升，最大限度地给予读者自由"悦读"的时空，真正体现以人为本的人性关怀。

3.5 完善制度建设，建立阅读学分制

阅读学分是图书馆及学校相关部门依据学校学分制管理办法制定的学分实施办法，指导学生通过阅读获得相应的学分。高职院校建立阅读学分制度，要求读者完成一定数量的

文献阅读和学分才能够毕业,激励学生阅读各类文献,各学校可结合本校实际情况设置阅读学分标准。"阅读学分制"源于韩国江原大学的读书认证制度,2001年韩国江源大学开始实施"读书认证",并把它作为学生毕业的条件之一。在我国,山东理工大学是最早实行"阅读学分制"的高校,山东理工大学发动全校教授向学生推荐了150种书目,要求学生在校4年利用业余时间选读10本,每本书写一千字左右的读书感想,由导师对其进行鉴定并给予学分。随后,华中科技大学、武昌理工学院等学校也推行了阅读学分制。通过阅读学分制的实施,可以促使高校读者有针对性地阅读,达到丰富知识和完善知识结构的目的。

4 结束语

移动阅读时代,读者阅读行为的改变给高职院校图书馆的发展带来了机遇和挑战。高职院校图书馆应采取相应措施积极应对,满足读者的阅读需求,发挥其在校园文化建设和人才培养方面的积极作用。

参考文献:

[1] 钱小荣. 网络环境下人学生读者阅读方式的变化及图书馆的应对策略[J]. 现代情报,2010(9):147-150.

[2] 周薇,刘勇. 网络环境下大学生阅读方式的变化及图书馆的应对策略[J]. 湖北经济学院学报(人文社会科学版),2015(1):157-158.

[3] 宋立新. 网络环境下高校读者阅读行为探究[J]. 内蒙古财经大学学报,2013(5):124-127.

[4] 韩凤伟. 新媒体时代高校读者阅读行为改变与图书馆应对策略[J]. 中华医学图书情报杂志,2013(8):42-44.

[5] 罗巧燕. 移动阅读环境下高校图书馆读者服务模式变化及创新途径[J]. 河南图书馆学刊,2016(4):59-61.

[6] 邱相彬,沈书生,徐晓拉. 移动网络环境下"浅阅读"对"深阅读"的影响分析——基于对浙江六所高校大学生的实证研究[J]. 图书馆学研究,2016(1):71-75.

[7] 徐堇. 高职院校读者阅读行为和图书馆利用研究[J]. 江苏科技信息,2016(12):26-28.

作者简介:

汪艳玲:(1981-),女,馆员,常州工程职业技术学院图书馆,研究方向为读者教育和资源建设。

Ⅶ 发展中的高职高专图书馆

读者行为模式变化下的图书馆创新服务的实践探索

赵红杰

（辽宁农业职业技术学院 图书馆 115009）

摘 要：互联网的普及与应用渗透到日常生活中的方方面面，对以服务为职能的高职院校图书馆，最大的冲击就是来源于读者行为模式发生的巨大变化。文章结合工作实践，阐述了读者阅读行为模式变化的前提下，高职院校图书馆在实现创新服务中的实践与探索。

关键词：读者行为模式；高职图书馆；创新实践

时下，人们生活较之以前发生的最重要的变化就是互联网的普及与应用。先进的信息技术让世界任意两点间通过互联网随时相互交流，这种影响渗透到日常生活中的方方面面。对以服务为职能的高职院校图书馆，最大的冲击就是来源于读者行为模式发生的巨大变化。笔者结合自己的工作实践，就读者行为模式变化下，高职院校图书馆如何适应时代发展，开展有效的创新服务进行了研究。

1 读者行为模式的变化及思考

1.1 读者对互联网的深度依赖

智能手机的普及，社交媒体的兴起，读者可以便利地收集到自己感兴趣的任何相关信息，而且就信息的深度与广度而言，社交网站已经成功地把具有共同爱好的人聚集在一起，特别是高职院校的学生读者群，互联网已与他们形影不离，他们对网络的深度依赖，都是以前无法想象的。读者对互联网深度依赖，直接影响到图书馆的学生读者流失、文献资源闲置。即便他们走进图书馆，很多读者也是利用这里清幽的环境玩手机。

我院近几年的读者调查显示：95%以上的学生认为自己一天也离不开手机或网络，80%以上的学生认为自己不进图书馆依然能够获取所需信息。这一变化，要求图书馆人必须理性分析，不但要思考如何主动改变服务模式，以适应现代社会读者群的行为状态，否则，图书馆将门可罗雀。而且，同时更要看到读者阅读方式的变化也为图书馆创新服务提供了机遇，也对图书馆创新服务提出了更高的要求。

1.2 读者对信息的需求实用性与个性并举

现在高职院校的学生，90后出生的一代人，他们的价值取向有自己的独特性，这也就决定了他们对信息的需求，因不同的生活环境、不同的行为习惯、不同的阅历等而各异。调查中，学生如是说：高职生找工作凭的是技能，在校学到实用的东西才管用；我搜集它们，是因为我喜欢；学专业知识是我的工作，其他信息是我的休闲；就是让自己多懂点儿，走上社会不那么孤陋寡闻……这些具有代表性的言语说明求知、兴趣、休闲是高职学生时下阅读的倾向。

无论以何种目的阅读，时下流行的"速读"、"泛读"、"缩读"、"读图"等以其即时性、浅易性、娱乐性而为人们轻松接受。这种"浅阅读"适应了快节奏的时代气息，同时也对图书馆工作提出了新的挑战。例如，浅阅读可能会导致学生对纸质图书的忽视，浅阅读可能会排挤深阅读，从而加剧学生的功利和浮躁；浅阅读可能会导致学生对基础理论和经典著作的关注度削弱；浅阅读（主要是网络阅读）更可能让学生沾染低俗信息，荒废学业，甚至影响他们价值观的判断……因此，怎样利用网络阅读的便捷性、随意性以及信息的广泛性开展创新服务，在读者与图书馆之间架构桥梁，是图书馆人应该深入思考并努力实践的关键所在。

2 读者行为模式变化下的创新服务实践探索

我院图书馆一直以来都是学院信息交流的中心和教学、科研的第二课堂，是我院优秀的院校文化基地。"图书馆是一个生长着的有机体"，意思是要我们图书馆人把握时代脉搏，与时俱进，充分发挥科学技术优势和馆藏优势。所以我馆从文献资源建设、读者导读工作、阅读氛围的营造、读者阅读素养的提高等方面加强工作，在满足读者阅读、积极引导读者培养健康阅读习惯和创新服务方式上努力探求契合点。

2.1 创新组织机构

图书馆学家哈里森说："即使是世界一流图书馆，如果没有充分掌握馆藏优势、效率和训练有素的工作人员，也难以提供广泛有效的读者服务。"每一所高校里的图书馆都有其自身的特点，以及环境、文化赋予它的内涵，要实现管理创新、优化人才，一定要结合自身院校的实际情况和特色进行创新，找到适合自己的新思路和新方法。

高职图书馆组织机构创新的目的是使业务流程能适应信息数字化的时代需求。传统的组织机构中每一个部门都是一个相对独立封闭的管理单元，其弊端是部门间缺乏双向的交流沟通。因此，高职院校图书馆要适应信息化社会的要求，建立一个既有弹性、高效率、能增强彼此的协作，有良好的沟通渠道，又可迅速回应各种读者需求的组织机构。我院建立了院级的图书馆工作委员会（领导层面），由主管图书馆的校长、图书馆馆长、教务处长、学生处长、科研处长、系主任及教师代表组成，由图书馆馆长主抓工作，使图书馆工作成为院级领导、各系部领导工作的一部分，为优化图书馆服务提供了有效支持。图书馆工作委员会下设图书馆读者协会（读者层面），由图书馆专门人员负责，教师、学生自主参加，旨在收集读者对文献的需求信息和意见、建议，组织宣传图书馆的各类培训，开展学生读书交流等活动等。图书馆工作委员会把图书馆与学院各个层面都连接了起来，"广开言路"，集思广益，避免了决策上的失误，让图书馆的创新之路有了组织保障。

2.2 创新能力做到"三"化

2.2.1 信息资源丰富化

互联网信息的时效性，传播信息的便捷性、多元性，决定了高职图书馆网络信息资源建设与管理必须和纸质图书的建设与管理并驾齐驱。现代信息技术下的网络阅读模式，更需要在网络技术上来进行更新和拓展。对于高职院校图书馆来说，如何从高职院校教育教学实际出发，实现知识资源效益最大化，变"收藏信息"为"知识效益"，这个市场是非常广阔的，但运作起来不应模式化，而应该个性化、地方化，是"八仙过海"式的。一是依据本院自己的办学专业特色和主打品牌，对本院重点专业（如：农艺、园林、畜牧、食品等）和特色专业（宠物养护、生物制药等）的纸质文献进行重点收藏、优先投入，以重点带动一般，使重点学科的藏书尽可能丰富、系统和完整。同时，向相关学科、交叉学科专业扩展，建立全面、系统、连续的学科专业馆藏文献资源；二要围绕本院重点学科或专业，有计划、有针对性地购买具有本校专业特色的数据库；三是将传统馆藏文献数字化；四是自建特色数据库，如：考试专题书库；五是根据本地区经济、文化、科技等特点，建立有地方特色的信息资源库；六是收藏各届毕业生的优秀设计作品，形成形式多样、丰富多彩的特色馆藏库等。

2.2.2 服务手段人性化

当下，很多高职图书馆在借阅手段上已经实现了图书定位、自动盘点、自动分拣、自动借还等创新模式，大大提高了为读者服务的效率。但从人性出发，真正从师生的阅读需求上来服务读者，营造优悦的阅读环境，优化设计出好的服务方法，让更多读者能够从管理服务中获得收益才是当今高职图书馆建设与管理的重要一环。实现读者从"阅读"到"悦读"，再到"越读"，才是我们创新服务的终极目标。为此，图书馆应重视如下几方面工作：

一是开馆时间弹性化。仅仅做到准时开馆，到点闭馆，已不能满足服务学生读者的需求，应提倡弹性开馆时间，在学生有特殊需求时，提前或延长开馆时间，以学生为主体，实现人性化的开馆时间，这样"为了读者的一切"才能落到实处；

二是服务用语温馨化。高职院校的学生敏感、自我，说不得，更冷不得。他们对墙壁上语气庄重的"入馆须知"、"注意事项"等不仅不入眼，甚至是不屑一看。所以，要把学生留在图书馆，就要在这些基础工作中紧紧围绕服务人性化这一主题，将提示语也温馨化，如：使用"温馨提示"、"为您服务"、"欢迎步入知识殿堂"等语言，让他的脚刚迈进图书馆，感觉就是温馨的、可亲近的；

三是阅读环境休闲化。图书馆无论自然环境还是人文环境，都是开展各种服务的物质基础。它们既是图书馆服务的"生产"场所，也是读者享受这种服务的"消费"场所。当下，学生自主、自助利用信息的行为迅速增强，读者对阅读环境的要求提高，温馨、舒适、优雅、多功能的环境是读者的向往。所以图书馆的环境设计要在休闲化上做文章，全方位体现人性化的氛围。如，室内装饰要标识清晰明确，室内用品及装饰绿色环保体现人文化；阅览桌椅摆放位置合理，协调搭配的形状、颜色等要体现舒适性；书架的高低及书刊的摆放要突出易取性；休闲空间、自由讨论空间及开放式展览区的设计要体现生活性……这些彰显图书馆的文化包容性与人文亲和力的举措，能满足读者的阅读需求、沟通需求、精神需求和休闲娱乐需求。

2.3 信息传递多样化

2.3.1 纸质图书灵活化

网络环境下，读者对信息的需求更加多元化、网络化。高职图书馆真正树立"读者第一"的理念，强化"主动服务"思想，必须与教学一线密切结合，走出图书馆，上门服务找读者，面向教师科研、学生读者送信息，主动提供有针对性、有选择性的信息，把"创新服务"落到读者的心坎里，用特色服务，吸引读者走进图书馆。例如，文献采集中吸纳各专业老师为内容专家；文献流通中实现弹性、多元，如，开架书库建立专升本书架、四六级英语书架、公务员考试书架、计算机等级考试书架等。设立专门调研组，每月进行读者热读推荐，针对国际国内形势，直击资源动态，进行热门图书推荐。

2.3.2 数字信息时尚化

不但如此，在信息化的今天，评价高职院校图书馆质量高低的首要条件是文献信息的传递职能，这一职能决定了其服务项目的多元化。目前，高职院校图书馆不仅保持着传统的内阅、外借、情报检索、用户培训、开设检索课等多种服务，还应与时俱进，应用新的服务理念，对馆藏实体资源、人力资源、空间资源和虚拟资源进行重构，开拓新型服务，满足读者多元化、个性化的需求。如：把QQ、微信、微博这些新型传播工具引入图书馆网络服务平台，研究怎样让一个从来不进图书馆，也不能通过网络利用图书馆的学生，因通过这些便捷方式而推送的内容，改变对图书馆的冷漠。

3 结束语

总之，读者行为模式变化下，创新高职图书馆建设与管理体现在诸多方面，都值得图书馆人认真思考与实践。无论哪项研究都必须紧紧围绕职业技术教育特点，不断优化服务环境，丰富馆藏信息资源，浓厚人文氛围，提升图书馆的知识利用度等，来体现图书馆存在的价值。

参考文献：

[1] 任俊霞. 基于工会视角下的高校图书馆信息服务创新研究 [J]. 农业图书情报学刊，2016（3）：169-171.

[2] 王翀. 图书馆微信平台服务模式初探 [J]. 农业图书情报学刊，2016（3）：182-183.

[3] 钱小荣. 网络环境下大学生读者阅读方式的变化及图书馆的应对策略 [J]. 现代情报，2010（9）：147-150.

作者简介：

赵红杰：(1964-)，女，大学本科，馆员，辽宁农业职业技术学院图书馆，研究方向为流通部的管理与服务。

高职院校图书馆在现代职业教育中的意识提升和角色转换

范帮义

(朔州职业技术学院　电教图书中心　036002)

摘　要： 在现代职业教育中，图书馆作为高职院校的重要组成部分，责无旁贷担负起服务教学科研和精神文化建设的职能作用。图书馆通过提升服务意识，改变思维，增强使命感；通过转换角色，积极创新，激发活力。图书馆要充分发挥在新经济社会态势中的优势，紧紧抓住国家发展所赋予战略机遇，更好地助推高职院校向现代职业教育方向快速发展，以期实现"十三五规划"目标。

关键词： 现代职业教育；高职图书馆；角色转换

2014年，国务院《关于加快发展现代职业教育的决定》中提出"创新发展职业教育。专科高等职业院校要密切产学研合作，培养服务区域快速发展的技术技能人才，重点服务企业特别是中小微企业的技术研发和产品升级，加强社区教育和终身教育服务"。刚出台的"十三五规划"纲要中，也明确规定了高职院校今后发展之路就是"支持科技型中小型企业发展，参与国家创新体系建设。"由此可见，国家对科技发展、技术创新和培养技术型人才的高度重视。那么作为高职院校的"三大支柱"之一的图书馆该如何发挥其积极作用，助推高职院校向着现代职业教育方向快速发展，需要我们认真思考研究。

1　高职图书馆的发展机遇

图书馆是高职院校的重要组成部分，是对文献信息进行采集、加工、整理、存储及流通的汇集中心，既是学校教学辅助、科研能力提高及科研成果展示的有力助手，是支撑教学变革，开发智力资源，助力人才培养的重要机构，更是高职院校与社会实现信息资源共享、展示技术能力和文化品牌的窗口。

随着社会经济方式的转变、生产结构的调整、产业的升级和中小微企业快速发展对技术技能型人才的集聚需求，高职院校传统的教育教学方式、专业设置、职业培养范式都受到很大的冲击，图书馆也无例外，其服务功能和在校园文化建设中的作用在弱化。然而，挑战与机遇永远都是并存的，我们必须重新调整功能定位，把原有的、不利于参与高职院校实用型技术人才培养，以及对科研技术服务支持的传统的服务思维和运作模式从图书馆剥离出去，从"意识提升"和"角色转换"两个方面来提高图书馆服务的内涵，强化图书馆职能的转变，实现图书馆的创新发展，焕发高职图书馆新的活力与生机。

2　提升服务意识促进图书馆职能转变

高职院校图书馆作为高等职业教育办学的重要组成部分，是培养专门技术人才的重要基地和第二课堂，主要突出服务于教育、科研的辅助职能。

2.1 强化图书馆的阅读功能意识

改革开放以来，我国的经济发展飞速提高，人民的生活发生巨大变化。在物质生活提高的同时，精神文化生活方面却被忽略，导致图书馆职能弱化。2012年11月，党的十八大报告提出"开展全民阅读活动"。2014年至2016年，"倡导全民阅读"连续3年写入国务院政府工作报告。2017年的政府工作报告又提出"大力推动全民阅读"，把精神文化建设提高到国家战略层面，这一重大举措给处在文化建设前沿的图书馆带来前所未有的发展机遇，职能必将得到空前加强和提升。

笔者认为：在思想观念上必须要清醒认识，在切实履行"校企合作，工学结合，以服务为宗旨，以就业为导向，走产学研结合发展的道路"的高职院校办学宗旨上，图书馆要加强服务阅读功能，两者相辅相成。通过意识提升，转变思维，拓宽职能，拓展空间，强化职业的实用性，参与企业创新产品研发，参与社会服务，具有一定自主性和灵活性。

2.2 强化图书馆的自身建设意识

多数高职院校图书馆是在中等专业学校升格为专科职业院校后，在原图书馆的基础上建立起来的，存在规模小，图书种类少，专业性不强，布局不合理，功能性不完善，资金投入不足，人员缺少，职业素质不高等诸多问题，不能发挥应有职能，与国家"大力推动全民阅读"和加快发展现代职业教育的要求相距甚远。图书馆作为高职院校教育教学和教学研究的服务机构和丰富精神文化生活的主要场所，有着非常重要的作用。因此，加强图书馆的自身建设十分紧迫。

2.3 强化图书馆的专业馆藏建设意识

图书馆的首要功能就是收藏文献，因此，藏书建设的意义十分重要。藏书建设是由规划、选择、收集、整序、组织、管理等构成的系统工程，应始终坚持实用性和标准化原则。目前，我馆藏书专业性不强，与设置学科专业课程衔接不够紧密，更新速度慢。由于不了解当地区域经济发展状况，藏书建设意识僵化"重藏轻用，重管轻用"，对外交流少，信息共享不畅，创新意识匮乏，对社会动态和职业发展缺乏研究。

高职院校图书馆的馆藏图书文献要突出于职业性特点，符合专业设置、培养对象、区域经济特点，避免杂乱无章，以适应高职院校在现代职业教育中的要求。馆藏文献的数量要符合评估的要求标准，要有明确的藏书体系规划，即按学科或专题分类，按文化水平定级别，按文种确定比例，按时间补充资料，按文献类型补充资料等。图书馆员要经常参加专业化的培训学习和继续再教育，熟知院校专业课程特点。不仅要当好图书管理员，还要充当图书导读员，使图书馆成为"第二课堂"。同时，图书馆要配备先进高效的设施设备，比如图书管理系统、账目的管理、期刊的装订、读者流量统计、条形码的打印、多媒体教学设备、网络数据平台，以及防盗监管等。

2.4 强化图书馆的信息化意识

随着计算机和网络技术的飞跃发展，可根据实际需要创建图书资料电子信息库，也就是将图书馆实行数字化管理，是当今世界图书馆界发展的主流趋势。即通过目录索引，查询信息平台，极大地方便读者提高效率节省时间。建立数字化图书馆的目的就是将诸多的文字资料、图片资料及音频资料等进行数字化处理，最后再以数字化存储和网络化技术，再加上馆内的无线网络覆盖和远程数据平台，只需要进入门户网站，不入馆也可阅览查询，读书学习。这样就使传统的图书馆换代升级，通过创新服务模式，来延伸服务内涵，实现运作信息化、现代化。根据职业院校学科专业设置和重点学科建设逐步建立专项信息资源数据库，以此为基准，调整资源储备，充实专业数据量，从而使图书馆精准参与教育教学，走在职业教育的前沿。

2.5 强化图书馆的社会办馆意识

随"大力推动全民阅读"和高职业院校人才培训、产品研发、校企合作等走入企业的必然趋势。图书馆必须走出大院，融入社会，实行对外开放，特别是面向中小微企业更具自身优势。提供技术数据支撑，直接参与他们的技术研发和产品升级，掌握企业发展动态，积累时效性的信息技术，积极将院校成熟的理论成果与企业的生产实践相结合，既可带来经济效益，又能提高学校的社会影响力。在条件许可时，还可以积极参与社区文化教育活动，比如举办社区读书活动等。还可以加入地方公共馆，密切信息交流，资源共享，扩大社会影响面。

3 转换角色让图书馆服务变被动为主动

图书馆服务意识提升带来的是思维观念的转变，而实施效果还需要转换角色，主动出击，变被动服务为主动服务，激发图书馆工作的活力。

3.1 将管理者转变为经营者

在2005年中国图书馆学会上，詹福瑞理事长在开幕词中说："图书馆是重要的文化设施，是弘扬优秀民族文化，建设新文化的社会组织。图书馆又是重要的信息情报收集、整合、发布机构，在经济建设中发挥着日益重要的作用。图书馆更是一个国民终身教育的场所，对提升全民族文化素质、促进个人的全面发展具有独特的功能和作用。"可见，图书馆在社会进步和国家发展中将扮演着十分重要的角色。随着国家出台以全民阅读促进文化建设，增强创新力量的战略决策，对高职图书馆来说，这既是十分重要的机遇，但同时也对图书管理提出严峻挑战。尤其是在知识经济时代和网络数据时代，传统管理理念和实施手段已不能适应发展要求。高职院校图书馆必须明确定位，找准角色，与时俱进，首先，将静态的管理变为动态的经营。在遵循图书馆工作客观规律的基础上，要采用符合现代管理的理念和方法，有效培养组织一批符合图书馆现代化管理的人才队伍，先从理念上确定人人都是主人翁，尽心经营。以读者为上帝，个性化服务，最大限度地让读者感到方便、快捷、温馨；其次，从专业角度走出去，引进来，所有的服务窗口都是独立经营的单元，"独联体"，有特色才有吸引力。引入社会力量，比如开设书吧、音乐吧、文化艺术馆，这也必然摒除懒散、应付、得过且过的工作态度。引入竞争机制，用"德、勤、技、能"作为考核标准。

3.2 提高基础创新能力

"十三五规划"纲要明确指出，国家发展目标和战略需求，要求高校、科研院所具有"提升创新基础能力"，"开放科研基础设施和创新资源。"因此，作为高职院校图书资源、数据信息集中的图书馆也必须要提升创新基础能力，要有自己的发展规划，不断通过理念创新、模式创新，使资源配置最优化、潜力发挥最大化，从而让职能体现最强化、多样化。为促进校园文化建设，打造校园文化中心，充分利用丰富的电子设备资源，将学院电教部分申请并入图书馆成立电教图书中心，利用图书馆的教学数据资源，考试数据资源，论文写作数据资源等实施教课。利用 50 平方米的 LED 显示屏与学院团委、学生处组织学生开展经典诵读、礼仪鉴赏、精品阅读、书法展示等活动；成为全国模范公共图书馆朔州市图书馆的分馆，建立平台资源共享，积极开展多种文化宣传活动；积极发挥主观能动性，积极探寻学院图书馆参与社会服务教育的方式方法，同时提高了校园文化建设的品位和增进了打造校园文化中心的信心。

3.3 邀请专业人才参与图书馆的资源配置

在图书馆将馆藏文献、信息资料、数据平台尽量满足教育教学的同时，将教学教研引入图书馆。比如朔州职业技术学院电教图书中心设置专业课程（学术）讨论室，邀请学院的专家、学科带头人、骨干教师定期研讨，指导本中心在专业书籍的购置、数据资源的建设、社会经济发展动态、企业调研及社会化服务等进行实效行的规划实施；与本区域内的职业高中结成对口图书信息支援；参与市区工会组织培训向小微企业技术人员活动，并提供有关数据资源。

3.4 加强与社会各界的沟通交流

"走出去，引进来"也是图书馆不断发展的重要环节。我们邀请北京邮电大学、万方数据公司、同方知网、人天书店、超星公司等行业知名专家学者来中心传授行业新经验、新做法；邀请省市民盟、九三学社等专家领导指导工作等；选派图书馆骨干馆员去省市图书馆学习交流；随同学院的实习、实训师生考察企业；不断加强图书馆员的思想素质、文化素质和业务素质的再学习、再培训引导员工树立正确的社会主义人生观，世界观、价值观；定期交流工作经验和自我学习笔记；踊跃创新，提高效率，改进工艺；自加压力，充电学习图书馆管理方面的知识和学院的精品专业，争当优秀导读员；在服务教育科研的同时将服务师生文化生活上升到创建校园精神文明建设的高度，争创学习型部门、文明型部门。

3.5 走出校园参与企业社区社会化服务

利用自身丰富的文献资料，快捷的网络平台，为生产一线提供信息资源服务。朔州职业技术学院电教图书中心就将图书馆"搬"入了学院实习、实训基地，在畜牧养殖、果蔬裁剪等方面等取得良好效果；与社区共同举办图书书画巡回展，向敬老院赠送老医疗书籍。通过一系列活动，既有利于理论联系实践，验证学术成果，又产生良好的社会效应。

4 结束语

图书馆的主要职能是保护人类文化遗产，开发信息资源，参与社会教育。根据性质分为服务职能和教育职能，根据目的又分为社会职能和教育科研职能。其中的社会职能又分为思想教育职能、两个文明的建设职能、文化教育和丰富群众文化生活教育职能。高职院校图书馆要进一步明确思路，必须紧紧抓住国家发展所赋予的战略机遇。根据高职业院校的发展定位，图书馆既不能办成本科类大学图书馆，成为注重学术理论的研究型机构；也不能办成地方公共图书馆，成为注重社会教育、丰富群众文化生活教育型机构。

参考文献：
[1] 国务院关于加快发展现代职业教育的决定（国发〔2014〕19 号）〔Z〕. 2014-05-02
[2] 张鹏顺. 我国现代教育体系的内涵与建构路径［J］. 教育与职业，2015（3）：5-7.

[3] 王川. 高职高专院校图书馆提高服务质量的措施 [J]. 教育教学论坛, 2014 (9): 261-262.
[4] 赵宇凤. 创新高职图书馆教育职能 [J]. 科技风, 2010 (9): 19.
[5] 王冰. 图书馆员专业化发展途径 [J]. 科技文献信息管理, 2015, 29 (2): 46-46.
[6] 张霞. 图书馆在高职院校的职能作用 [J]. 科技致富向导, 2010 (15): 263.

作者简介:

范帮义: 男 (1970-), 大学本科, 行政管理, 朔州职业技术学院电教图书中心办公室, 研究方向为图书馆行政管理。

广东科技职院图书馆"十三五"时期事业展望

周跃红

(广东科学技术职业学院 图书馆 519090)

摘　要："十三五"时期，大数据与云计算、信息化与经济潮都在挑战"传统图书馆"。面临着业务模式从"以收藏、简单借阅服务为中心"向"以数字化和合作交流为中心"的变革。大学图书馆将转型升级为激活知识交流的创造型空间，利用新技术、新方法，创新信息服务空间，深入开展多形式的阅读推广活动，推动学校文化内涵建设；优化馆员队伍水平，依靠改革创新推动和提升图书馆管理的整体水平。努力构建互联网＋时代背景下的新型图书馆服务模式，在"创新强校"工程建设中为教学科研、人才培养、文化传承、社会服务提供优质高效的资源保障，充分发挥图书馆的教育和信息服务职能。

关键词：十三五时期；学习空间；信息共享空间；社区服务

引　言

当今，国内外图书馆都处于新时代变化之中，无论是高校图书馆或是公共图书馆，均面临着新技术、新知识的冲击，各种挑战扑面而来。图书馆要保持自身的优势，并在这场浪潮中寻找到自身的发展方向，必须努力实现创新驱动，转型发展。我们制订图书馆的十三五规划纲要，就是要立足本校发展需求，落实图书馆规划意图，引导全体馆员的工作行为。这是提升图书馆管理与服务水平的重要依据，是传播职业精神的重要纲领，是未来五年我馆能够更加紧随学校发展步伐的蓝图，能够适应时代变迁和需求的指导纲领。

1 图书馆面临的形势

1.1 发展的机遇

《高等职业教育创新发展行动计划 2015-2018 年》指出：图书馆是服务社区教育和终身教育、促进职业技能培养和职业精神相融合的场所。我校顺利通过了"骨干校"验收，将迎来新的发展阶段——"创新强校"，正在朝"国内一流、国际知名的高水平高等职业院校"发展。这些为图书馆的未来五年计划提供了良好的大环境、大背景，蕴藏了无限机遇。

1.2 面临的挑战

没有一个时代比当前的图书馆面临的环境更复杂。如果要给这个信息时代加上多个修饰语的话，从数字化时代、互联网时代、移动互联网时代，到物联网时代、大数据时代、云计算时代，再到开放获取时代、信息与知识经济时代……这一切都在挑战"传统图书馆"。未来的大学图书馆依然是大学的心脏，但面临着业务模式从以收藏为中心向以数字化和合作交流为中心的转型时代。大学图书馆将转型升级为激活知识交流的创造型空间，高职院校图书馆也不可能置身其外，而应该抓住机遇，谋求进一步发展。

1.3 面临的问题

我校图书馆在"十二五"期间虽然取得一定的成绩，但也存在不少的问题，总体可归纳为以下四个方面：第一，专业队伍建设不足。我馆的服务队伍水平虽不断提高，但由于各种原因，专业素质整体水平不高，难以为读者提供更深层次的信息服务；第二，硬件设备仍需改善。随着信息技术的不断深化，互联网＋时代的到来，我馆的各类电子设备、馆舍设施等，均需在一定程度上进行改善；第三，服务社区教育和终身教育的职责仍需加强落实。我馆在服务社区方面取得了一定的经验，但在数量与质量方面均显不足，在制度保障方面仍缺失；第四，如何利用图书馆深层次推进文化育人工作，促进职业技能培养与职业精神养成相融合，仍是图书馆需不断探索的命题。

2 "十三五"规划指导思想与建设目标

2.1 指导思想

贯彻落实科学发展观，全面执行国家高等教育方针，坚持以教育部2015年底颁布的《普通高等学校图书馆规程》为指导，以《高等职业教育创新发展行动计划2015-2018年》为服务指引，以"学校的发展、教学和科研服务"为办馆宗旨，不断提升与改善馆内软硬件条件，努力构建互联网＋时代下的新型图书馆，在"创新强校"工程建设中为教学科研、人才培养、文化传承、社会服务提供优质高效的资源保障，充分发挥图书馆的教育和信息服务职能。

2.2 总体目标

与高职教育特色相适应，与学校建设与发展总体目标相适应，与图书馆业界发展主流相适应，利用新技术、新方法，创新信息服务空间，深入开展多形式的阅读推广活动，推动全校文化内涵建设；优化馆员队伍结构，依靠改革创新推动和提升图书馆管理和服务的整体水平，逐步将我馆建成学校的"学习交流中心、信息加工中心、文化传承中心"。

2.3 具体目标

2.3.1 完善管理制度，重建图书馆工作委员会

根据《普通高等学校图书馆规程（2015）》相关要求：高等学校可根据需要设立图书馆工作委员会，作为全校图书馆工作的咨询和协调机构。我馆拟组建学校"图书情报工作委员会"，由分管图书馆工作的校领导担任主任委员，图书馆长担任副主任委员，委员均请二级学院（系）副院长或副书记兼任，并适当吸纳学生代表。完善的管理制度，将有助于进一步提升图书馆的整体管理水平，是各项活动开展的有力保障。

2.3.2 完善基础建设，强化信息资源保障体系

图书馆的基础设施含两大方面：一是计算机应用技术，二是信息资源（含传统纸质资源和数字资源），基础设施的不断完善是各项业务开展与转变的基础。图书馆将逐步构建数字资源保障新体系，主要计划包括：网络基础建设，改善广州珠海两校区图书馆网络带宽，优化异地的图书馆数字化管理；对VPN系统进行升级改造，确保校外读者正常使用图书馆数字资源，提供24小时无障碍服务；架设无线网络，充分利用移动应用技术；整

合相关资源,打造一个用户统一认证接口,更好地提供读者服务。

在信息资源建设方面,图书馆将根据学校的办学规模、专业设置要求,并根据相关规定,逐步完善信息资源保障体系建设,主要工作包括:继续保持馆藏生均不低于60册的标准;每学期均主动联系一线教师,让其参与选书工作,做到与专业建设相匹配;合理调整期刊采购经费比例,逐步实现纸质期刊与数字期刊的优化整合。

此外,读者服务部将继续发挥一线窗口功能。作为图书馆各项基础工作开展的有力载体,读者服务部继续做好每周不少于90小时的开馆工作,积极参与馆内其他部门的工作,熟悉业务流程,做好面对面的参考咨询服务工作。

2.3.3 接入互联网+,建立信息共享空间

图书馆将在完成电子阅览室改造工程的基础上,进行新的升级发展——开辟信息共享空间(Information Commons),运用IC服务模式整合图书馆传统服务。图书馆将引入各种学习软件,有针对性地提供信息服务,主要内容包括:(1)上网学习区是集学习、娱乐于一体的区域,选择性安装我校重点专业涉及的部分软件、工具软件以及一些游戏软件,供读者学习、娱乐使用;(2)语音区主要面对外国语学院相关专业及语言学习爱好者,包括了口语、口译、听力、旅游英语、商务英语、模拟练习等服务内容;(3)多媒体点播区配置专用多媒体服务器,上传我馆购买的音像资料、精品课件、专家学者讲座视频以及经典影视作品库等等;(4)数字图书馆使用区是专为读者提供我馆数字资源使用的区域,该区域将配置50台计算机,开放图书馆网站资源,供读者免费使用;(5)开放阅读区配备休闲沙发和相应的阅览桌椅、报刊架,在休闲阅读区内提供部分报刊供读者休闲阅读。

2.3.4 融入内涵教育,促进职业技能与职业精神的培养

通过融入内涵教育,包括信息素养、文化讲座、学习空间教育展览等模式,逐渐促进图书馆成为我校职业技能培养与职业精神养成相融合的重要场所之一。计划内容包括:在校级结题项目《基于项目导向的信息素养步进课程的设计与实现》的基础上,运用信息化教学手段,充分体现"做中学、做中教"的教学理念,全面投入到学生中去应用,争取将信息素养教育课程正式纳入综合素养必选课程,完成广东省教育厅立项的教改课题"基于移动微课的信息素养APP设计与实现"的研究与实践;将图书馆一楼中庭作为常用展览区,将特色馆藏定期在该区进行展览宣传。图书馆欲与各二级学院携手合作,创办"企业文化"讲座,与校园文化对接,邀请这些企业的主管来我校为全体学生开设讲座等。

2.3.5 提供多元化环境,创新服务模式

通过对阅读环境的改善,提供多元化环境,创建新的服务模式,进一步加强读者之间的阅读交流:拟在图书馆一楼开辟一个"休闲阅读吧",与二级学院旅游服务专业合作,提供专业实践平台。读者即是"管理者",也是"客人",让阅读更贴近学生的学习与生活;继续完善"梅兰竹菊"四大学习空间的建设,与学生社团为主力,加入阅读元素,满足读者的实践平台需求;同时,在各个专馆试行"专桌制度",为在一定时期研究某个问题的读者提供极大的便利,也将阅读推广活动更深入精细化等。

2.3.6 发挥信息资源优势,建高职校园文化阵地

高职图书馆是集"信息、知识、情感"三位一体的交流场所,是高职校园文化建设的担当者。图书馆将以突出职业教育特性的校园文化为基础,发挥图书馆的信息资源优势,以学风、校风建设为核心,开展多种形式的校园文化活动,包括以师生为主体的课堂教学

的延伸和扩展,校园的硬件与软件共同构建的文化环境、文化气氛及文化底蕴,逐渐成为校园文化的主要阵地之一。

2.3.7 多方合作,推进区域惠民工程

《高等职业教育创新发展行动计划 2015-2018 年》指出：图书馆是服务社区教育和终身教育、促进职业技能培养和职业精神相融合的场所——高职院校图书馆承担着该使命。如何打开高校图书馆的围墙,与社区服务共享信息,该命题一直是业界讨论的热点。由于资产流失责任、物流服务等方面均未能较好地解决,所以高校图书馆与社区的文化服务始终有着一堵墙。

近年,我馆通过网络技术,并加入新的服务元素逐渐形成了系列社区信息共享服务：(1)搭建数字馆际联盟,通过与同地区的三所高职院校合作,我馆牵头成立了"珠海市职业院校图书馆资源共建共享联盟",所在社区的金湾区图书馆于 2016 年 4 月 18 日正式加盟,这样真正实现了地方与高校图书馆资源的共享；(2)提供主题服务,定期走进社区,通过双方多次合作,逐渐形成了"主题服务,定期走进社区"的信息共享模式。"主题服务"主要开展与地区文化、学习、社区居民生活息息相关的文化活动。图书馆作为主要策划方,社区图书馆作为承办方,开展诸如岭南粤剧文化、手工艺术制作等活动,这些恰好与高职教育的实践性强的特点相吻合。定期走进社区,开展阅读文化的推广。结合当地实际情况,以服务农家书屋为主开展活动,如杂志漂流、中小学生阅读辅导等。我馆于 2016 年 4 月 23 日世界读书日,带着藏书和服务队在金湾农家书屋举行了传播知识的"我爱记诗词"活动,挑出上百本诗词在农家书屋进行了漂流。

未来,图书馆将继续与多方合作,扮演好高等职业学校"服务社区教育和终身学习"的辅助角色：维护与完善"珠海市职业院校图书馆资源共建共享联盟"的建设工作,通过职教集团、学校的多方支持,逐步壮大该"联盟",将其发展作为服务社区的一项重点工作；"走出去,引进来",与社区相关机构,如图书馆、文化馆等进行合作,发挥资源优势,通过共建、共享实现共赢,助推社区的教育服务,从而提升学校的区域影响力与辐射力等。

3 保障措施

上述具体目标是"计划"的主流方向,在实施过程中还将涉及细节流程,但这些"具体目标"以"服务育人、环境育人、文化育人"为服务对象,以"三大中心"为建设方向,最终达到"助学、助教、助研"的目的。这些具体的目标还需一定的保障措施,才能更好地开展,才能真正地实现。

3.1 加强班子建设

不断加强馆内领导班子成员的思想作风、业务能力建设,努力创建"公开、公平、公正"的工作环境,提供优越的创新环境,激励每位馆员以主人翁的姿态加入到图书馆的建设中来,加入到学校的大发展事业中来。

3.2 推进职能部门建设

积极推行馆长负责制和岗位目标责任制,同时根据业务需要,结合相关文件要求,合理设置业务管理职能部门,优化组织机构和业务流程,增强服务创新发展的活力。

3.3 加强馆员队伍建设

以"馆内培养"为主要方式,通过多途径为馆员提供"再教育、再培训"的机会,"个体提升"带动"整体提升",逐渐打造一支服务水平高、业务素质强的队伍。

3.4 健全管理机制

重建图书馆工作委员会,做到科学管理,广开渠道,以读者为本,迅速应对各种问题;积极配合学校需求,调整各项业务工作,根据实际需求设置对应部门与岗位,做到合理配置工作人员岗位,实现信息资源最大优化管理。

3.5 提升科研水平

鼓励馆员积极投身到科研工作,将工作实践上升为理论,参与专业学术交流;为馆员争取更多的学习资源和个人才能施展平台,为其自身发展提供条件,确保图书馆的创新活力。

3.6 争取经费支持

争取学校及相关单位的重视和支持,确保信息资源建设经费的投入,逐步加大信息环境建设的投入,互联网＋项目的投入,为图书馆的发展提供有利的稳定的经济基础。

4 结束语

总之,"十三五"期间图书馆的发展,在质与量上,均要有较高的提升,要始终以学校的发展需求为己任而不断努力,做好校园"信息超市"的角色,做好校园"文化育人"的阵地,做好校园"传递正能量"的窗口。图书馆是学校的文献信息资源中心,是为人才培养和科学研究服务的学术机构,是学校信息化建设的重要组成部分,是校园文化和社会文化建设的重要基地。在"十三五"建设期间,图书馆的建设和发展与学校的建设和发展相适应,继往开来,积极发挥教辅及学术部门的职能,以"国内一流、国际知名的高水平高等职业院校"办学目标作为图书馆全体馆员工作与创新的动力。

参考文献:

[1] 中华人民共和国教育部. 教育部关于印发《高等职业教育创新发展行动计划（2015-2018年）》的通知[EB/OL]. [2015-10-21]. http://www.moe.edu.cn/srcsite/A07/moe_737/s3877/201511/t20151102_216985.html.

[2] 杨亮. 金湾首创馆际联盟地方与高校图书馆共享图书资源[EB/OL]. [2016-04-19]. http://epaper.oeeee.com/epaper/N/html/2016-04-19/content_28682.htm.

[3] 陈嘉平. 传承中华经典、感受传统文化-珠海市金湾区图书馆在漂流书屋举办"我爱记诗词"大赛[EB/OL]. [2016-04-27]. http://www.0756zx.com/news/local/4322058.html.

作者简介:

周跃红:(1958-),男,大学本科,教授,广东科学技术职业学院图书馆馆长,研究方向为图书馆管理。

浅析十三五规划下高职院校图书馆的发展

杨 骞 蔺伯华

(天津铁道职业技术学院 图书馆 300240)

摘 要：伴随着十三五期间高职教育的规划，高职院校图书馆也需要配合学校的发展改进工作。本文从背景概述、现存问题、问题产生的原因进行分析，从提高馆藏资源质量、馆员素质、馆内科研能力以及建立高职馆的特色馆藏等四个方面提出改善问题的建议。

关键词：十三五规划；高职院校；图书馆

高职教育在我国高等教育中属于比较年轻的教育类型，这也使高职图书馆与其他类型图书馆之间存在着差距，在发展过程中不可避免地存在各种问题。但从对当前高职图书馆发展环境的关注与研究来看，整个大背景都呈现出利于高职图书馆发展的有利因素。因此，如何利用现有的积极环境，正视一系列现实存在的问题并采取相应对策，顺势而为，改变高职院校图书馆的发展模式，彰显馆藏特色，优化文献资源结构，打造优良素质团队，跟上职业教育的发展形势，充分发挥图书馆在高职院校中"三大支柱"之一的作用，是当前高职院校图书馆的重要关注点。

1 十三五规划下高职院校图书馆的发展背景

在 2014 年 6 月国务院召开的全国职业教育工作会议前，国家主席习近平就加快职业教育发展做出重要指示。国务院印发的《关于加快发展现代职业教育的决定》及教育部等六部门印发的《现代职业教育体系建设规划（2014—2020 年）》，对加快发展现代职业教育做了顶层设计。[1] 这充分体现了国家对职业教育的重视，为高职高专图书馆的发展提供了良好的机遇。

2016 年 1 月，全国教育工作会议在北京召开。会上教育部部长袁贵仁强调，"十三五"时期是全面建成小康社会、实现第一个百年奋斗目标的决胜阶段，"要把促进人的全面发展、适应经济社会发展需要作为根本标准，提升学校办学综合实力、学生成长成才能力、社会贡献力、国际竞争力"。教育部副部长鲁昕在全国职业教育科研工作会议上的专题报告中提出：做好职业教育科研工作，坚持为促进就业服务、为加强高技能人才队伍建设服务、为提高劳动者素质服务方向，是高职院校发展的必然选择。[2] 所以在新形势下，高职院校图书馆如何改进工作服务模式，如何应对未来的发展与变化是不可回避的问题。

2 高职院校图书馆现存问题

2.1 馆藏资源的质与量难以保障教学活动

长久以来，生均文献作为图书馆的评估指标之一就已经对各学校产生了不小的压力。

随着近些年的扩招,要保证达标更是不易。在图书经费预算有限的情况下,一些高职图书馆为了达到"评估指标"要求的绝对数量,很难兼顾文献资源与学校学科建设的方向,甚至书籍本身的质量也难以保证。在我校的图书采购中就出现过这种情况:有些书单中的书籍未能采购到馆,书款预算已经申请下来,书商会自行填充进一部分书籍,但到馆后发现不少是"垃圾文献",更不用提文献资源的科学化建设了。

2.2 队伍人员素质参差不齐,结构不合理

近些年来,高等职业教育发展前景引人注目,许多高职馆也在这种有利环境下开始补充了新鲜血液,其中也有不少专业人才。但即便如此,从整体看,高职图书馆人员的素质离发展要求相去甚远,特别是队伍的专业结构很不合理。以我馆人员的组成来讲,分为以下几种:学校其他岗位流转过来的教师、行政和工勤人员,大多数没有接受过图书馆专业培训,还有部分专业人员转去其他岗位。如果图书馆开展深层次工作,比如:开题定题服务、信息加工、信息素质教育、知识管理等,馆员有限的水平会导致工作质量较低,服务不到位,对教学科研信息支撑度低,也难以达到现代化管理与服务的要求。

2.3 高职馆开展科研活动普遍较少

从当前情况来看:一方面是很多高职高专图书馆大多是在原中专图书馆的基础上发展而来的,部分人员缺乏科研精神与科研能力,科研积极性不高;另一方面也是各种类型图书馆都曾存在的情况,馆内安排了较多随调家属,也有为照顾老弱病而安排的人员。他们中很多人无学科专业背景,学历低,更没有接受过图书情报专业的系统学习和培训。高职馆人员业务素质整体上的不足对科研活动的开展有很大的阻碍。

2.4 高职馆建设缺乏鲜明特色

在《中共中央关于全面深化改革若干重大问题的决定》中,职业教育被赋予了明确的改革发展目标,即"通过加快现代职业教育体系建设,深化产教融合、校企合作,培养高素质劳动者和技能型人才"。[3]既然高职教育是一种职业定向教育,那么每个学校的培养方向与目标都应该是鲜明有特色的,但高职院校图书馆与其培养方向结合的却不够紧密,文献的知识内容与教学科研需要的结合度偏低,现有的业务体系不能适应高职教学的需要,并未突出其职业性、行业性和地方性,重要的实践教学环节得不到文献信息保障和服务。

3 高职图书馆存在问题的原因

首先,从对图书馆发展的指导思想上,具体表现在评估指标项目的设置上就存在认识偏差。评估在数量上有明确规定,比如生均馆舍面积、生均文献量等。而馆内更能提供教学服务支持的"软指标",如文献收藏的质量,服务工作的好坏,文献开发的深浅等,这些是用数量难以做出客观评价的。评估指标作为带导向性的指标,在各馆的达标工作中,会在重数量的同时,淡化了质量,导致内涵与外延的失调。所以,目前高校图书馆界有人主张"对评估进行评估"。

其次,在学校升格以后,需要进行各项工作的整改,要解决的问题很多,加上资金有限,只能分"轻重缓急"。而属于教辅部门的图书馆,只能归为"缓"这一部分中。所以,很多学校采取"先保面上通过,下来再练内功"的应对措施,最终导致高职馆的建设水平参差不齐,很多未能跟上学校其他部门建设的步伐。

第三,由于很多高职院校由中专学校升级而来,进入高校行列,高职馆只认识到与其

他高等院校和中专图书馆的共同之处，而对高等职业教育的基本特征及特殊规律认识不够，并且受传统普通高等教育观念的影响，原有高校的"学科型"教育才是高级人才培养的唯一模式，更多的将高职教育和职业教育联系在一起，这导致高职院校图书馆的定位得不到提升，图书馆的服务工作还在过去被动服务的模式上原地踏步，缺乏信息组织和生产的意识和能力，不能满足信息的深层次需求。[4]

4 对于改善高职馆发展问题的建议

4.1 提升馆藏信息资源质量

鉴于目前高职馆的经费相对紧张，馆舍条件有限的状态，图书馆在把纸质文献作为馆藏重点的同时，可以加强数字资源建设，使二者互补协调发展。数字资源的选购应偏重于纸质文献价格昂贵、学术价值高、难以替补的资源。同时，可以联合协调本区域内其他学校图书馆、公共图书馆、企业图书资料室，构建一个有专业指向的信息资源平台，实现文献资源的优势互补。需要注意的是，在构建特色馆藏体系的过程中，人文精神修养方面文献也是不可或缺的。人文精神是人类文化的精髓，是大学生全面发展的土壤，是专业教育的根基。为此，人文精神修养教育也是高职院校人才培养和图书馆整体工作的重要组成部分。特色馆藏体系的构建不仅要收藏专业文献，还要收藏人文文献，以陶冶师生的情操，提升师生的人文素养。

4.2 提高馆员专业素质

高职教育办学类型及培养目标决定了师资队伍的建设要适应其人才培养模式及其发展改革的需要。现如今，我国高职教育师资队伍建设都要求提倡"双师"。对于高职院校图书馆馆员团队，也应是具备一专多能的"复合型"人才团队。[5]所以要加紧锻炼一支思想素质高、勤于业务并精于岗位、熟悉本馆特色、深知读者需求并能团结协作可持续发展的馆员队伍，加大图书馆业务骨干的培养力度，特别是围绕信息服务、信息资源建设等重点领域，积极推进人才队伍建设。要有计划地安排各部门根据自身岗位，有侧重地外出培训、访学、内部交流等，鼓励馆员继续深造。

4.3 提高高职馆的科研能力

拓展研究领域，加强学术研究工作。尽可能多地引进有图书、情报、信息管理相关学科背景的专业人员。要加强团队学术精神的培养，馆领导引导研究方向，与学校有合作关系的企业共同完成科研项目，互补长短，使研究活动能够发掘深度、拓宽广度，提出更多创新的方向。鼓励馆员在国内核心期刊上发表学术文章，倡导学术研究的百花齐放。[6]

4.4 建立高职馆的特色馆藏

高职院校图书馆的特色馆藏体系应以院校发展规划、人才培养目标为准绳，充分考虑院校专业结构、学科设置、行业背景、师资队伍建设等诸多因素，突出重点学科、特色专业文献的收藏，关注、收集与院校重点学科、特色专业相关文献资源的最新研究成果，避免馆藏建设的盲目性、随意性。建立本校教学课件数据库、重点学科专题数据库、科研成果数据库、产学研合作数据库等，以充分展示本校重点专业特色。[7]同时，为了适应高职院校技能型实践性的教学特点，应增加相关资源，注重收藏师生实习实训中的相关资料，相关企业的培训、规范、工艺标准等。[8]

参考文献：

[1] 关于学习贯彻习近平总书记有关职业教育工作重要批示和全国职业教育工作会议精神的通知[EB/OL].[2015-10-08]. http://aqzcj. aqedu. gov. cn/in-dex. php/cms/item-view-id-332021. shtml.

[2] 2016年全国教育工作会议召开袁贵仁作工作报告［EB/OL］.[2016-01-15]. http：//edu. nen. com. cn/system/2016/01/15/018794461. shtml.

[3] 中共中央关于全面深化改革若干重大问题的决定公布（全文）［EB/OL］.[2016-01-15]. http://www. guancha. cn/politics/2013_11_15_186020. shtml.

[4] 胡宇梁. 对高职院校图书馆现状与发展问题的若干认识［J］. 图书馆论坛，2005（5）：88-90.

[5] 颜哲先. 高职院校教育与图书馆建设发展——从高职院校及其图书馆的定位和特色谈起［J］. 重庆师范大学学报（哲学社会科学版），2009（3）：124-128.

[6] 苏坤. 高职院校图书馆"十三五"发展规划研究［J］. 哈尔滨职业技术学院学报，2016（1）：11-13.

[7] 颜哲先. 高职院校教育与图书馆建设发展——从高职院校及其图书馆的定位和特色谈起［J］. 重庆师范大学学报（哲学社会科学版），2009（3）：124-128.

[8] 黄幼菲. 高职院校图书馆"工学结合"人才培养模式构建研究——基于高职院校图书馆核心理念与发展策略的思考［J］. 图书馆建设，2014（8）：76-79.

作者简介：

杨　骞：（1987-），女，助理馆员，天津铁道职业技术学院图书馆，研究方向为信息资源建设。

蔺伯华：（1962-），男，副教授，天津铁道职业技术学院图书馆，研究方向为图书馆管理。

浅议高职院校图书馆发展定位

娄 冰 张 虹

（河南经贸职业学院 图书馆 450000）

摘　要：随着我国高等职业教育事业的发展，高职院校图书馆如何发展定位至关重要。文章分析了高职院校图书馆的发展现状，研究了高职院校图书馆办馆方向、目标，以及如何根据自身的现状和办学特点，准确定位图书馆，提出了高职院校图书发展定位的主要内容是要结合本馆特点，定好自己的发展思路，才能发挥馆舍资源、文献资源和人力资源的作用，更好地为读者服务，为培养高级技术型、应用型人才服务，为学院教学、科研服务，从而促进高职院校图书馆事业发展的思路。

关键词：高职院校；图书馆；发展定位

高等职业技术学院是具有职业性、实用性和地方性特点的新型职业院校。近十年来，随着我国社会经济结构变化和人才市场的需求，以及国家大力发展高职教育的政策，我国高等职业教育得以快速发展，在校生规模接近本科院校。但高职院校在办学条件、师资力量、文献资源等各方面还达不到国家要求，作为办学条件设施之一的图书馆与教育部《普通高等学校图书馆规程（修订）》还有较大差距，存在着馆藏文献数量不足、结构不合理、馆舍等硬件设施较差、人员队伍及服务功能单一等诸多问题。因此，高职院校图书馆应根据现状和特点，确定自己的办馆方向和目标，谋求准确定位。现结合河南经贸职业学院图书馆多年实践，就如何在新的形势下建设高职院校图书馆，确定发展方向，提出一些思考和研究。

1 高职院校图书馆发展现状

高职院校是在上世纪末开始快速发展的，少部分由职业大学改名为职业技术学院，大部分是由中专合并或升格为职业技术学院。与普通本科院校相比，具有较大的差异，一是培养人才的职业性、技能性和实用性；二是短期性，高职院校为三年制，采取2+1的模式，即两年在校学习与实习，一年在企业顶岗实习；三是高职的办学模式为工学结合，许多学校实行双园制，即学校有产业园，产业园作为学生实习第一场所，形成园中有园，其课程改革是理论与实践的结合，强调所学课程的实用性。高职院校的这些特点决定了高职院校图书馆与本科院校图书馆的差异。

河南经贸职业学院作为国家示范高职院校和国家骨干高职院校，2012年至2014年，在新校区耗资1.1亿元，建成一座4.1万平方米的现代化图书馆。2014年9月迁入新馆后，利用RFID技术，全面实施了借还自动化的服务新功能；为增加阅览座位，扩大服务面积，又新购入书刊架1080个、阅览桌627个，阅览椅3104把，阅览座位由原来两个馆共2604座增至5269座。现有纸质馆藏图书70万册，期刊报纸合订本4.8万册，年均订购中文期刊760余种，报纸70余种。

2 高职院校图书馆发展定位

我院图书馆根据现状，为把握未来发展规律，给自己一个准确的定位，明确自身发展的方向和目标，对存在的问题采取切实有力措施逐步加以解决，利用现有的条件充分发挥图书馆的作用，提出了以下发展定位。

2.1 办馆思路——制订发展规划，突出育人功能

任何事物的发展都必须适应自身发展规律，高职院校图书馆的发展也不例外。根据《普通高等学校图书馆规程（修订）》，结合高职高专人才培养评估指标和本院的办学定位和目标，只要制定好这些发展规划，并突出育人功能的设计，就能充分发挥图书馆的作用，其地位也就相应提高，其馆藏、设备、人员等就能得到学校的重视。

我馆以教育部《普通高等学校图书馆规程（修订）》为纲领，以河南经贸职业学院的总体发展规划为建设方向，制定自己的建设发展规划，包括馆藏建设规划、文献资源建设规划、图书馆人员发展规划、设备发展建设规划等，紧紧围绕学院教学、科研工作的中心任务，以科学发展观谋划图书馆的发展，以管理创新、服务创新为中心，以队伍建设为关键，以文献信息资源建设、开发、利用为重点，以数字化图书馆建设为方向，建立与教学、科研和学科建设发展相适应、纸质文献与电子文献互为补充的文献资源保障体系，提高学校教学和科研的文献保障水平。立足本馆现状，脚踏实地，稳步前进。

2.2 资源建设——以纸质文献为主体，优先发展中文纸质文献

图书馆收藏文献包括纸质文献和电子文献、网络文献等多个类型载体。高职院校图书馆应把中文纸质文献作为发展首选，并加大中文纸质文献采集力度，这是提升服务质量的关键。这是因为：第一，高职馆是以教学为主，以向学生提供阅读环境为先。没有相当数量或相应的新纸质文献，图书馆就不能吸引学生；第二，从文献利用率分析，纸质文献比电子文献更具吸引力，学生可以随时随地阅览，纸质文献的报刊利用率也比较高。报刊具有最新消息、最新的研究成果、情报含量高的特点，受学生欢迎，提供阅览服务方式最佳；第三，纸质文献出版后再版其价格相应会高，而电子文献随着时间其价格会锐减，因而用有限的经费优先发展中文纸质文献是高职院校图书馆的发展思路之一。根据教育部办学条件生均3册的要求，结合学院2万名在校生人数，我馆的年图书采购定在6万册。

2.3 信息服务——建立教学与学习需要的全方位服务模式

随着网络信息技术的发展，图书馆信息资源建设的多样化、特色化、网络化、数字化等成为图书馆发展的重要趋势，因此，我馆在保证纸质文献正常借阅服务的前提下，开展网络化全方位信息服务。我馆数字资源建设以综合性、多学科全文数据库为主，开通了CNKI中国知网数据库、超星移动图书馆、畅销人文类博看期刊数据库、拥有8万种随书光盘在线查询使用的畅想之星光盘数据库等6个新数据库，自建特色数据库3个。同时新开通了万方数据库、维普数据库、新东方数据库、中科专业课学习和考试资源数据库、圣才数字图书馆、FiF外语学习资源库等8个数据库的试用，为教师教科研工作提供了有力的保障服务。

我馆利用这些数据库开展读者利用培训，建立导航阅读平台，设立图书馆动态栏目，将图书馆活动、馆藏文献动态、服务动态等通过此栏目告知读者；针对学生的阅读服务模

式开展的推荐图书、阅读指导等工作，使读者服务工作由被动变为主动，由静态变为动态，由单一类型文献变为纸质、数字与网络一体化的信息服务，从而满足教学和学生学习的需要。

2.4 服务建设——采取多种形式服务手段，加强读者个性化服务

1）加强读者培训，我馆利用丰富的馆藏信息资源、专业的技术指导和完善的信息服务等优势，通过开展新生入馆教育、定期举办专题讲座、开设信息检索课程等形式的培训活动，引导学生自觉地、积极地走进图书馆，利用图书馆拓宽知识面，提高文化素养，促进全面发展。

2）开展形式多样、内容丰富的读书活动，吸引学生到图书馆来，最大限度地发挥好图书馆应有的作用。我馆设立"好书推荐"、"专题文献书架"、"热门图书点评"等专栏，向读者推荐优秀图书；举办图书展、图片展、专题讲座等，向学生介绍古今伟人、大师名家的成才道路、人生经历和处事方法等，促使学生树立正确的人生观和价值观；借"世界读书日"之际，开展读书征文、演讲比赛、书香班级评比、优秀读者评选等多种形式的专业特色活动，鼓励学生走进图书馆多读书、善读书。

3）利用图书馆的网络环境，开展多种层次、多种方式的读者服务工作，提高各种文献的利用率。紧密结合经贸职业学院的学科建设，围绕应用型人才教学模式的信息需求，对网络文献信息进行收集、筛选，建立学科导航。做好网上信息资源导引服务，通过图书馆网页为读者推荐优秀图书、电子出版物；对读者进行信息素质教育；设立读者意见箱和开展读者调查需求，及时了解并尽快解决读者利用图书馆遇到的问题。我馆定期召开座谈会，与系、部师生沟通与联系，征求系、部师生对图书馆工作的意见建议。

2.5 特色馆藏——探索馆藏特色资源的开发与建设

继续加强我馆自建的数字资源，即《教学·管理·改革》月刊资料、《郑才诗学》文学季刊，和学院2005年至今的毕业生论文库。并研究实物特色馆藏，在商业文献的收集基础上进行初步研究和探索，确立收藏方向，形成本馆特色馆藏。

3 结束语

高职院校图书馆是学校的文献信息中心，学校图书馆的发展定位与学校办学定位密切相关。学校图书馆只有选准定位，才能办出特色。在同类学校图书馆中要"异中求同，同中求异"，要坚持科学发展，敢于创新，敢于走适合自己学校图书馆发展的道路。只有这样才能在竞争中处于优势地位，更好地服务于学院的教学和科研。

参考文献：

[1] 教育部. 普通高等学校图书馆规程（修订）[EB/OL]. http://www.moe.gov.cn/jyb
[2] 陶功美. 高职院校图书馆发展定位思考与研究[J]. 河南图书馆学刊，2013（4）：41.

作者简介：

娄　冰：(1970-)，女，副研究馆员，河南经贸职业学院图书馆馆长，研究方向为图书馆学，图书信息学。
张　虹：(1965-)，女，副研究馆员，河南经贸职业学院图书馆，研究方向为图书馆学。

新常态背景下的高职高专图书馆发展模式探索

刘 畅

(长春金融高等专科学校 图书馆 130028)

摘 要：信息传播途径、读者阅读方式、信息资源建设等方面的改变对高职高专图书馆的发展提出了新的定位与思考。高职高专图书馆应当顺应发展的需要，树立现代化的服务理念，拓宽服务领域，构建多元化的服务平台，以迎接新常态的挑战。

关键词：高职高专图书馆；新常态；发展方向；发展途径

新常态背景下的社会经济发展对技能型人才提出了更高的要求，而高职高专图书馆不仅肩负着为培养专业技能人才提供信息资源保障和智力支持的重要职能，同时还承担着为地方经济发展服务的社会责任。面对"新"的挑战和机遇，高职高专图书馆也应以"新"的内涵建设引领自身发展，提升服务理念，完善资源结构，彰显专业特色，拓宽服务领域，体现图书馆的核心价值。

1 新常态背景下高职高专图书馆服务环境的改变

新常态作为一种优化转型的过程，必将促进各个行业对生产和经营方式的结构性转变，同样也将给高职高专院校图书馆的服务环境带来重大的改变。从信息的传播方式到读者的阅读习惯，从资源的建设整合到服务效益的体现，这一系列的变化都对高职高专图书馆的发展提出了更高的要求。

1.1 信息资源传播途径的改变

随着互联网和移动无线网络技术的发展，数字图书馆、移动图书馆、智慧图书馆等新兴信息传播方式的出现，使得传统的以纸质书刊为借阅主体的图书馆服务模式发生了重大改变。互联网成了新的主流媒体，打破了原有纸质资源传播在空间和时间上的限制。而且信息的形式也由原来单一的文字变成了更为丰富和生动的音频、图形和视频。信息资源传播方式的改变是图书馆服务环境改变的起因和基础，这些变化打破了图书馆的围墙，改变了原有每天朝九晚五、借还、上架书刊的工作方式，使图书馆的工作重心和格局发生了根本性的转变。

1.2 读者阅读习惯的转变

信息传播方式的转变必将带来读者阅读习惯的改变。智能手机、平板电脑的出现以及微信、超星移动图书馆 APP 等的广泛应用使得数字化阅读成为潮流。纸质图书不再是读者的首选，手机、平板电脑则成为学生们平时阅读的主要工具。根据中国新闻出版研究院 2016 年 4 月份发布的"第十三次全国国民阅读调查"报告数据显示：2015 年我国成年国民数字化阅读方式的接触率为 64.0%，同比上升了 5.9 个百分点，而在这其中手机阅读率最高，达到 60.0%，同比上升高达 8.2 个百分点。电子阅读器阅读、IPAD 阅读等其他电子阅读方式也都呈增长态势，而与此同时纸质图书和期刊的阅读量逐年持续下降。

阅读习惯的改变，一方面使得学生不需走进图书馆，便可在任何时间、任何地点，通过智能终端方便快捷地查找到自己所需要的信息；另一方面，数字化阅读还可以与学生产生互动，学生可以在原有信息基础上进行扩展甚至信息反馈，与其他读者进行交流。

1.3 服务对象的转变

近年来，随着国家对高职教育的重视及政策的调整，"校企合作、工学结合"已经成为高职高专院校的办学方向。高职高专院校的教学应该更加贴近于实践，形成"教学做用一体化，教研产销一条龙"的办学体系，这与以往单纯依靠书本讲理论知识的教学方式有很大的区别，因而对图书馆的馆藏结构提出了全新的要求，在资源建设方面要更加突出专业性和实用性。

在新常态下校企合作已经成为一种运营共识。图书馆的服务对象不应仅局限于校内的师生，而是要扩展至企业，面向大众服务社会。那么如何利用馆内资源服务于企业，又如何能在合作中获得双赢，这也是现在高职高专图书馆所面临的一个重要课题。

2 新常态下高职高专图书馆的发展方向

新常态下服务需求和服务环境的改变，给高职高专图书馆的发展带来了新的定位与思考。为了适应并服务于教学科研和地方经济建设，高职高专图书馆也应与时俱进，顺应时代发展的趋势，以科学发展的理念打造现代化、专业化、人性化的图书馆。

2.1 由信息资源的提供者转变为信息收集和创造者

网络环境下，面对学生和教师的信息需求，图书馆不应仅仅是信息资源（购买的各种信息）提供者这么简单。大数据时代为读者带来了海量的信息资源，但同时也使得信息检索变得更加繁杂。图书馆应发挥其专业优势进行信息的二次加工，承担起信息过滤、提取、整合的职责，为读者提供丰富、专业而又精确的信息资源。

2.2 建设专业化、特色化的馆藏资源

高职高专图书馆的发展要根据高等职业教育人才培养的定位，学校的办学规模、学科布局等需要，馆藏资源建设方面应紧贴教学和科研，体现出专业性和实践性。从某种意义上讲，特色就是高职高专图书馆的发展方向。新常态下图书馆应当以网络为基础，走一条集约型的发展道路，注重专业化和数字化建设，真正做到"人无我有，人有我优"。

2.3 拓宽服务领域，助力地方经济发展

服务区域经济文化发展将成为高校图书馆的又一项基本职能，高校图书馆的社会责任意识正不断增强。而高等职业教育作为高等教育的重要一环，其服务地方经济的条件已日趋成熟。高职高专图书馆有丰富的专业资源，显著的地缘优势和校企合作的背景，应充分利用这些优势条件深化高校与企业之间的合作交流。

3 新常态下高职高专图书馆的发展途径

新常态下高职高专图书馆的发展途径关键就在于要体现出"新"的内涵，即转变服务理念，以关注读者需求为动力；调整馆藏结构，服务教学科研；拓宽服务领域，提高馆藏资源的利用率；创新服务方式，打造数字化、人性化、社会性的服务平台。

3.1 以读者为中心，强化服务意识

服务理念的转变，是高职高专图书馆发展的本质要求，是创新服务模式的前提条件。图书馆传统的服务工作是以馆藏为中心，体现的是以提供纸质实体资源为主的服务模式。而在新常态下，图书馆的服务则应以读者为中心，体现的是提供专业化、精细化的纸质和数字资源并重的服务模式，要体现服务方式的灵活性和服务内容的多样性，利用微信、QQ 等现代化手段搭建交流平台。馆员在日常的工作中，要多与读者进行互动交流，及时了解和把握他们的所想所需，并把读者的要求反馈和体现到工作当中，以读者的"满意度"作为衡量工作水平的标准。

3.2 科学构建特色馆藏资源体系

高职高专图书馆的馆藏资源应当充分体现职业教育的应用性和实践性是特点，更要体现学校的学科布局和专业特色。

3.2.1 整合现有资源，调整藏书结构

过去，高职高专图书馆的馆藏建设一直盲从于本科院校，追求"大而全"，以至于造成许多图书复本量大，利用率低，资源过度闲置。图书馆要根据学校的办学规模、专业设置、学科重点及科研任务等多方面需求，建设有本校特色的藏书体系。首先要对现有资源进行整合，对复本量大、借阅率低的图书要及时剔旧。对相同学科的书籍进行分类加工，对于内容重复或已经过时的书籍进行筛选，使原有的资源更加精炼，方便读者的查找和使用；其次是在新书的采编过程中要更加的科学合理。对于综合类图书的采购，要选择时下比较热门和社会反响较好的图书，侧重于就业创业、管理、人文地理等学生感兴趣的方面。因为综合类的图书更新要快，这样才能吸引更多的同学走进图书馆。而对于专业类的图书，应充分体现本学校的专业特色，注重强调实践操作能力，切忌追求理论知识的深度与广度。针对职业类院校学生考证、考级多的特点，对于此类辅导用书在复本量方面要有所增加，并且要保证年年及时更新。

3.2.2 利用数字资源深化馆藏结构

数字资源在形式上解决了传统图书馆时间和空间的诸多限制，在内容上丰富和深化了馆藏结构，而且可以通过搜索引擎的强大功能实现精确查找，已经成为学生最为倚重的一种获取信息的方式，所以新时期高职高专图书馆馆藏建设的重心也应该倾向于数字资源建设。图书馆要构建本学校的专业数据库，力求资源丰富，数据准确，从教学实践到科研成果，从行业动态到规范标准，覆盖与专业相关的方方面面信息，从而提升专业资源的深度与广度。

3.3 融入校企合作，提升服务效益

高职高专图书馆有着丰富的信息资源和显著的地缘优势，图书馆的专业信息资源建设也多与地方的经济建设和重点行业密切相关，这都为高职高专图书馆服务地方经济奠定了良好的基础。高职高专图书馆服务地方经济最有效的途径就是参与校企合作，为企业提供文献传递、科技查新、数据分析等专业化信息服务。还可以依托图书馆搭建信息交流平台，实现教学、科研与企业的一线对接。师生通过平台可以及时了解行业动态，为教学提供第一手数据，企业也可以通过平台与专家进行交流，解决生产运行中的问题。

4　结束语

新的信息环境下，高职高专图书馆传统的服务模式已经无法保证能够持续稳定地发展。为了满足新常态下教学、科研及社会对高职高专图书馆的要求，应当重新定位与思考图书馆的发展方向，构建一套与之相适应的服务体系。只有这样才能在新的发展环境中充分发挥高职高专图书馆的作用，体现自身的核心价值。

参考文献：

[1]　中国新闻出版研究院
　　　http://cips.chinapublish.com.cn/kybm/cbyjs/cgzs/201604/t20160419_173544.html
[2]　张白影. 服务社会：大学图书馆的时代使命 [M]. 北京：首都经济贸易大学出版社，2009：85-95.
[3]　黄俊贵. 纵说图书馆新常态——黄俊贵先生访谈录 [J]. 图书馆，2015（5）.

作者简介：

刘　畅：（1982-），男，助理馆员，长春金融高等专科学校图书馆，研究方向为图书馆学。

新常态下高职高专图书馆区域合作发展模式探析

齐国佳　司丙新

(哈尔滨科学技术职业学院　图书馆　150300)

摘　要： "新常态"是"习氏热词"之一，同时也是对当前国内外社会、经济环境的概括性描述。本文首先分析了"新常态"在国内外经济领域和图书馆界的含义。在此前提下，提出高职高专图书馆在新常态背景下构建区域合作发展模式的内涵，分析了高职高专图书馆区域合作发展模式的可行性和必要性，并指出后续研究的方向。

关键词： 新常态高职高专图书馆；发展模式；区域合作

1 何谓"新常态"

1.1 什么是"新常态"

"新常态"原是对欧美国家经济发展状况的表述。一般认为，"新常态"（New Normal）一词由美国太平洋基金管理公司（PIMCO）总裁穆罕默德·埃尔埃利安在2010年的第40届达沃斯世界经济论坛上首先提出。他指出：世界也许再也无法回到全球金融和经济危机前稳定的"正常"状态，它将面临一个全新的"正常"状态。

国内关于"新常态"的论述始于习近平总书记，他第一次提及"新常态"是在2014年5月考察河南的行程中。当时他说："中国发展仍处于重要战略机遇期，我们要增强信心，从当前中国经济发展的阶段性特征出发，适应'新常态'，保持战略上的平常心态。"从"新常态"的基本概念上来说，我国的"新常态"与欧美国家的"新常态"是完全不同的，虽然它们都是对国民经济发展情况的论述，但是欧美的"新常态"是对于金融危机过后，欧美国家经济下滑背景下低增长高失业率的情况的描述。而中国的"新常态"则是指中国经济面临转型升级遇到的新情况及应对措施。

1.2 图书馆界的"新常态"

欧美图书馆的"新常态"与其在经济方面的常态一脉相承，即经费问题凸显，财政预算出现困难。美国图书馆协会的《2013年美国图书馆现状报告》称公共图书馆已经超过四年连续削减预算，目前尚不清楚何时能够恢复到经济衰退前的水平，许多图书馆将面对持续的财政危机积累的负面影响。政府经费削减的后果就是项目经费减少、图书馆合作进程停滞。

中国图书馆界对于"新常态"有两种观点：吴建中、曾建勋等人认为我国图书馆"新常态"与欧美图书馆"新常态"类似，在高增长时代过去后，低增长或零增长将不可避免地削减图书馆事业的项目经费，图书馆的紧日子已经不是一种由于经济波动造成的暂时现象，而是由于经济、需求、信息环境等变化而形成的一种常态，即以经费削减为主要特征的"新常态"。而黄俊贵则认为中国图书馆界不存在西欧国家的所谓"新常态",我国图书馆"新常态"的实质就是落实图书馆科学发展观:(1)重点发展,重在体现图书馆核心价值;(2)和谐发展,图书馆构建良好的社会环境;(3)协调发展,要建立图书馆科学资源观;(4)持续发展,营造图书馆服务长效机制和影响力,与时俱进。

可以看出当前图书馆的"新常态"应该说是一个机遇与挑战并存的状态,需要高职高专图书馆抓住历史机遇,利用国家政策,获取更多发展资源。同时,只有转变传统观念,变封闭为开放,构建新的合作发展模式,才能让高职高专图书馆在新常态下发展得更好。

2 高职高专图书馆区域合作发展模式内涵

2.1 建立政府驱动的高职高专图书馆合作组织

面对当前复杂的外在环境,高职高专图书馆只有进行区域合作、拓展服务渠道、提升服务质量,才能保证自身发挥应有的职能,避免失去应有的存在意义。而在国内行政体制相对固化的环境中,如何才能将合作发展落实到实处呢?笔者认为:只有建立政府驱动的高职高专图书馆区域联盟,才能落实到实处。具体来说,高职高专图书馆间需要政府牵头,建立一个紧密的图书馆联盟。与自发组织的松散型图书馆联盟相比,政府驱动这种形式具有如下优势:首先,政府驱动的合作组织便于管理。政府驱动下的图书馆合作组织一般会由教育部门(或文化部门)牵头,甚至建立相关机构进行管理,具有权威性和凝聚力,使得成员馆都能服从组织的统一调度,有利于组织的顺利运行和健康发展;其次,政府驱动可以提供稳定的经费来源。合作组织可以从政府获得专项资金支持,以维持合作组织的日常运作及各种合作活动的开展。当组织合作程度深入的时候,更可以跟有关部门申请相关项目经费,搭建专属于本组织的软硬件平台,而不用各个成员馆分别承担相关费用;最后,政府驱动的区域合作组织,会有政府建立的相关管理机构安排专人负责组织日常工作,减少成员馆工作人员的压力和负担。

2.2 建设统一的移动服务平台

随着移动设备和无线网络的越发普及,图书馆的读者在图书馆之外获取所需信息的渠道越来越多,使得读者的阅读倾向由纸质转为线上或移动阅读,造成到馆人数及图书外借册次的降低,而移动图书馆的利用率增加。面对这样的读者需求转变,我们高职高专图书馆只有紧跟时代的步伐,才能不被时代所淘汰。但是就目前情况来看,开展移动服务的高职高专图书馆还是少数。截至2014年10月,河南省75所高职高专图书馆中仅有5所开通了相关服务,仅占总数的6.6%;截至2015年,河北省57所高职院校中仅有2所开通了移动图书馆的服务仅占总数的3.5%。究其原因,还是高职高专图书馆孤立发展存在资金匮乏、专业人员不足等问题。想要解决这些问题必须要多家合作,明确分工,才能把图书馆的移动服务做大做好。

在建立区域合作组织的基础上,高职高专图书馆可以建设统一的移动服务平台,整合多种服务方式,统一运营、分散管理。当前高校图书馆移动服务建设有多种服务方式(渠道),最普遍的是通过微信公众号以及通过第三方公司APP进行服务,其次还有WAP网站、微博等方式提供服务的。对于孤立的高职高专图书馆,可能只通过其中一两个渠道提供服务即可。但是在区域合作模式下,各个图书馆可以通过合作组织整合自身资源,建立一个完善的高职高专图书馆移动服务平台，进行统一的移动信息资源建设，给读者更多的个性化选择。同时，扩大服务渠道也使读者能够更方便地获取跟自己有关的信息，更好地实现高职高专图书馆的信息服务功能。

3 构建高职高专图书馆区域合作发展模式的必要性与可行性

3.1 构建高职高专图书馆区域合作发展模式的必要性

一方面，当前孤立的图书馆发展模式效率低下。目前，我国大部分高职高专图书馆还处于孤立建设、分散管理的状态。行政区域内各个高职高专图书馆之间各自为政，缺少有效的沟通协调和业务协作。在文献资源及数字资源的采购利用、图书馆参考咨询服务等方面仍然存在严重的重复建设、资金浪费等现象，资源的共享利用程度低，读者服务覆盖面窄等问题。在"新常态"经费紧张的情况下，封闭发展的劣势将会进一步凸显，只有各个图书馆开放合作、分工明确，才可能提高资源利用效率，解决上述存在问题。

另一方面，随着现代学徒制等职业教育新模式逐渐进入高职高专院校，图书馆的服务对象和需求也随之变化。学生既有考试进来的在校生，也有来自企业的一线员工，学生的年龄层次、文化素质、兴趣爱好差距更大，组成更加多元化。此外，由于学校与企业之间实行人员互聘共用、双向挂职锻炼，各种类型的教师、教辅人员、企业指导师等将加入到学校的师资队伍中，这部分人员同样需要图书馆服务。

因此，对图书馆而言，读者不仅数量上大量增加，读者的需求也更加多元化，这也对图书馆资源提出了更高的要求。只有建立高职高专图书馆区域合作组织，统一进行资源建设和读者服务工作，才能有针对性地为复杂化的读者群体提供高质量的信息服务。

3.2 构建高职高专图书馆区域合作发展模式的可行性

一方面，国家对职业教育愈加重视，高职高专院校的整体政策环境十分有利于图书馆区域合作联盟的建立。2013年《中共中央关于全面深化改革若干重大问题的决定》对职业教育提出了明确的改革发展目标，即"通过加快现代职业教育体系建设，深化产教融合、校企合作，培养高素质劳动者和技能型人才"。2017年开始，国家将实行技术技能人才的高考和学术型人才高考两种模式。教育部将开展600多所地方本科高校向应用技术、职业教育类型转变的工作。国家对职业教育的重视、职业院校数量的增加，对于高职高专图书馆来说是难得的发展机遇。

另一方面，新媒体技术愈发成熟，移动数字终端的普及也为高职高专图书馆区域合作的优质服务提供了技术支撑。新媒体是新的技术支撑体系下出现的媒体形态，如：数字杂志、数字报纸、数字广播、手机短信、移动电视、网络、桌面视窗、数字电视、数字电影、触摸媒体、手机网络等。相对于报刊、户外、广播、电视四大传统意义上的媒体，新媒体被形象地称为"第五媒体"。新媒体主要有以下特点：第一、新媒体符合当前广大群众休闲娱乐时间碎片化的倾向；第二、新媒体满足了人们社交互动性的需要，通过评论、分享等方式，信息消费者同时也成了信息的生产者；第三、新媒体提供的内容选择更具个性化，用户可以通过标签等方式快速选择符合自己需要的信息推送。可以看出，新媒体与移动服务有着密切联系，利用好新媒体技术，将会对区域合作中重要任务——移动服务平台建设产生巨大的推动力。

4 结束语

图书馆区域合作发展模式在建立政府驱动的合作组织和统一的移动服务平台后，还可以进行资源统一采购、编目，统一的读者宣传等项目的合作。总之，只要利用好政府驱动的政策、资金、人员等优势，高职高专图书馆区域发展模式具有广阔的发展前景，必将为高职高专图书馆的发展做出重要贡献。

参考文献：

[1] 刘晓英. 新常态背景下图书馆的发展趋势探讨 [J]. 新世纪图书馆，2015（4）：26-30.
[2] 曾建勋. 图书馆的"新常态"[J]. 数字图书馆论坛，2015（1）：1-1.
[3] 吴建中. 新常态新指标新方向（2012 中国图书馆年会主旨报告）[J]. 图书馆杂志，2012（12）：2-6+67.
[4] 黄俊贵. 纵说图书馆新常态——黄俊贵先生访谈录 [J]. 图书馆，2015（5）：1-5+60.
[5] 陈妍. 河南高职高专院校移动图书馆发展现状及对策 [J]. 河南图书馆学刊，2015（4）：57-59.
[6] 刘洋，孙瑞靖，董磊，杨红. 河北省高校开展移动图书馆服务调查分析 [J]. 农业图书情报学刊，2016（6）：176-178.
[7] 新华社. 中共中央关于全面深化改革若干重大问题的决定 [OL].[2013-11-15].
http://www.sc.xinhuane.com/con-tent/2013-11/15/c_118164288.htm.
[8] 2017 年高招将启用新方案"技能型""学术型"两种模式可选
[OL].[2014-04-08].
http://news.xinhuane.com/edu/2014-03/23/c_119900268.html.
[9] 新媒体（媒体形态的一种）[OL].[2016-07-01]
http://baike.baidu.com/subview/339017/5403053.htm

作者简介：

齐国佳：（1987-），男，助理馆员，哈尔滨科学技术职业学院图书馆，研究方向为图书馆学理论。
司丙新：（1973-），女，副教授，哈尔滨科学技术职业学院，研究方向为图书馆信息管理。

新常态下高职院校图书馆服务模式创新研究
——图书馆的服务转型与未来发展思考

邵魁德

（杭州万向职业技术学院 图书馆 310023）

摘 要：新时期，图书馆服务应突破常态，走向新常态。服务主体应从文献转向读者，文献配置应从单一转向多元，服务形式应从简单转向多位。建立公共服务、读者服务、信息服务三大主体服务，提倡多元、多位服务，与时俱进转变"常态"。建立大开放服务模式和市场服务机制，提倡图书馆服务的创新。

关键词：图书馆；可持续发展；服务行为；服务创新

所谓新常态，是指由过去的常态经过非常态而走向一种新的相对稳定的状态。我国的高职院校图书馆，经过近几年的快速发展和转型，正进入以读者为中心的新常态，为此图书馆人开始研究新常态下稳定的服务秩序的建立和深入的信息服务。

1 突破常态，走向新常态

1.1 主体服务由文献向读者转化

常态化的图书馆服务以文献为主体，通常所指的文献主体服务包括"采"、"编"、"典"、"流"、"检"、"藏"、"阅"等功能的实现，围绕文献开展相关服务。读者需求的发生地在图书馆，管理的主体是图书馆文献，管理的范围是图书馆馆舍内。随着新媒体阅读技术的开展和普及，传统纸质阅读随之减少，读者的非文献需求增加，读者需求的广度增大。图书馆的服务由"文献主体"转向"读者主体"，时间由"8小时"转向"24小时"，服务空间由"图书馆内"转向"图书馆内外"。

1.2 资源配置由单一向多元转化

常态化的图书馆资源配置以纸质文献为主，主体资源为图书和期刊，资源配置的标准为馆藏图书和期刊（过刊和现刊）的总量、年进书量等。国内高职院校图书馆的配置量是按2004年教育部印发的《普通高等学校基本办学条件指标（试行）》要求运行，即综合类高职院校馆藏量达80册/生均，年进书量达3册/生均。由此而带来的常态化工作就是图书馆文献量的积累和年进书量的达标。新常态下，图书馆资源的配置是多元的，有纸质图书、期刊，也有数字资源、虚拟资源、交流资源、共享资源、人力资源、实物资源、工具资源、场地资源等。这些资源统一配置，综合一体，共同服务于新时期的读者。

1.3 服务形式由简单向复合转化

常态化服务，从广度看：服务主要内容是文献服务兼顾参考咨询、电子资源推广；从深度看：服务主要内容是基于文献资源的查找与获取服务；从方式看：服务往往还是等待式，"你不找我，我不理你"的非主人意识；从效果看：被动接受，不求最好，但求无过。

这一简单的服务态势，必向新常态的知识服务、教育服务、生活技能服务、决策分析服务的复合型服务方式转化，即向文献信息和知识挖掘、知识组合、教学科研支撑等深层次服务转化，向决策分析和智能服务转化，向"百科式"、"全民式"的信息服务转化，向读者受用、读者便利服务转化，向合作服务、联合服务、技术服务、新媒体服务转化。[5]

2 新常态下图书馆服务三大主体建立

2.1 公共服务主体建立

新常态下，图书馆文献服务成为公共服务体系内容的一部分，不再是唯一重要的服务。因为有了互联网，有了移动终端，文献服务体现出"随时"、"随地"、"随身"的特性，缩小了服务的时空。图书馆公共服务体系是围绕文献、空间、知识传播、文化传承、公民教育等内容开展的。在提倡全民阅读、公共文化服务体系建设、休闲健康、社会化服务等大环境下，高职院校图书馆也在向这些方面定位和转化。建立一个开放的、全民参与的、公共文化式、公共事务式的服务体系和时空服务系统，是新常态下高职院校图书馆所面临和必然接受的服务状态。图书馆不仅要服务于馆内读者，更要服务于馆外读者；不仅需要提供图书馆空间内的信息服务，也要提供图书馆空间外的信息服务。新常态下，还要建立地区性的集群化服务体系，以满足更多、更广、多样的信息需求。

2.2 读者服务主体建立

新常态下，图书馆的服务要以读者为中心，一切围绕读者的需求开展服务。读者的知识需求、信息需求、技能需求、兴趣需求、决策需求、健康需求、休闲娱乐需求等都将是图书馆服务的内容，文献需求只是读者更多需求的一部分。图书馆要建立一个稳定的、有效的读者服务体系，来满足读者日益扩大的生活、活动和社交需求。随着高校教学机制的变革，图书馆课余辅导和实践学习功能加强，接续教学的服务更为重要。建立无形课堂、实习基地、创新创意园地、自主学习中心等都将是读者服务主体建设的重要内容。

2.3 信息服务主体建立

图书馆的信息服务职能不仅不能变，更需要加强。新常态下，信息服务必须依托现代技术进行，应具备及时性、便利性、满足性，即依托新技术开展的实时服务，依托互联网开展的随时服务，依托大数据开展的分析服务。新常态下的信息服务是交互式、贴身式、定制式、终身制、责任制服务，既要考虑常态因素，也要考虑非常态因素；既要满足一时，又要满足长久，要建立一个有求必应、有应必解的信息服务主体。

3 建立在三大服务主体下的图书馆多元多位服务

3.1 多元多位服务定位

多元服务是指服务内容的多元性，如：文献信息服务、知识技能服务、空间环境服务、实物服务、工具服务、中介服务等。多位服务是指服务形式的多样性，如：馆内服务、馆外服务、联合服务、走访服务、现场服务、活动服务等。多元、多位服务使得图书馆物理空间功能得以拓展、网络空间信息量得以扩大、活动空间连动得以扩展，更大限度满足不同层次、不同地域、不同需求的读者请求。多元、多位服务带来的是图书馆服务功能多样化，服务范围社会化，服务性质大众化。

3.2 多元需求决定多元服务

前面所述,新常态下的读者需求是多元的,决定服务必然是多元多位的。图书馆除了传统文献服务外,知识、技术、技能、生活、实践、精神服务等都将是重要服内容务。围绕多元需求,图书馆拓展再造知识文献区、技术训练区、技能实训区、知识微课堂、生活服务区、品味讲堂、视听学堂;适合社交和独立思考的讨论区、交流区、研究区、自学区和文化展览区等。随着新媒体阅读方式的普及,读者借阅实体文献量在减少,但读者利用图书馆的概率在增加,这是因为在新常态下社会交往、交流、活动、商行、静思的人增多,图书馆新空间、新功能、新媒介、新环境、新展示、新平台齐全,正是新常态下图书馆服务的保障和给予读者的满足。图书馆公共文化服务、精神文明服务、公民素养服务、公共精神服务、文献信息服务等共存共生,将成为新常态下的图书馆服务的常态,多元多位服务是图书馆新服务行为的主体形式。

3.3 与时俱进转变"常态"

由于新媒体服务的强化,图书馆的传统服务在缩萎。工具书室不见了,被"Baidu"、"Google"、"读秀"取代了;电话咨询停止了,被"微信群"、"QQ群"咨询取代;图书馆不仅仅是借还图书之地,更是休闲、会友、交流、活动、上课的良好场所;图书馆馆藏范围的"阅读"被Wifi"视听"大餐取代;图书馆大牌专家的讲座,也被当今公共媒介,如:蜻蜓FM、优听Radio、腾讯视频、爱奇艺中的"专家"取代。图书馆报告厅变成了"社团娱乐厅"、图书馆大讲堂变成的"技能微课堂"。从这个意义上来看,图书馆的多元多位服务是与时俱进、与新媒体共生的。

3.4 新常态下图书馆大开放服务

高职院校图书馆已成为公共文化服务体系的一部分。公共文化服务离不开公共图书馆,公共图书馆有完善的公共服务设施和服务布局,高职院校图书馆联合公共图书馆,共同开展公共文化和社会服务,则事半功倍。图书馆要建立"大开放"服务格局,拓展服务空间、扩大网络空间、扩展活动空间,开展区域图书馆联合共建的读者服务体系。大开放服务包括馆舍的联动开放,网络的共享开放、文化活动的联合开放。由此联合一体,服务区域文化、地方文明、公民精神和经济社会,形成社会整体公共文化服务效果,也应是高职院校图书馆的建社目标之一。

3.5 新常态下图书馆"服务市场"模式的建立

大家知道"印象城",它既是商场,又是酒店,更是游乐城,它是由多种内容和功能组成,是人们休闲、娱乐、观光、饮食、购物的天堂和集散地,是新时期根据大众需求应运而生的多功能集散中心。根据这种思维,新常态下的图书馆,也应成为社会公共文化、文明、精神、知识和信息的交流中心,成为人们学习提高、交流发展、生活技能获取、思想碰撞、精神乐园的场所及训练地。图书馆为读者提供"制作空间"、时代数字媒体实验、音乐练习、可视化空间演示、体育模拟等新兴体验,变成时尚需求者的体验馆和时尚社会人们素养技能提高的"加油站"。改造图书馆内的专业空间,使之成为商谈室、项目室、创新创意室,成为与社会衔接和促进经济项目合作的服务支撑。随着大数据分析系统的成熟和引入,图书馆将也将成为数据分析、智能决策的信息单位,成为公民素质提升、技能提高、预测分析、社会发展与个人职业取向的咨询服务机构。

4 图书馆未来服务创新思考

4.1 图书馆服务理念的创新
新常态下,图书馆的馆藏有限,但资源无限;馆舍有限,但扩展无限;职能有限,但服务无限。图书馆要建立联合服务格局,服务方式个性化,服务手段自动化,服务内容精细化,服务过程人性化。尊重读者的习惯和需求,加强数字资源和多功能服务,建立"服务市场"格局。

4.2 图书馆服务手段的创新
依托现代技术,开展信息服务是时代性的要求。基于现代通信技术平台,如QQ、微博、微信,可以向读者推送和交流更多信息、文字、声音、图片、视频等,拉近读者与图书馆的距离,缩小时空,体现效率。通过"群"服务,如:服务群、社团群、讨论群、业务群等,来实现图书馆的各种服务;通过微信平台实现借还功能、图书预约、续借、查询,实现活动报名、场地预约、问题解答,实现阅、听、视、写、享等信息交流功能,从而提高图书馆的服务质量和水平。

4.3 图书馆服务方式的创新
我们要重新定位"图书馆根本上是有关人的服务"这一事实,我们要重塑"图书馆以追求恢复图书馆作为一个学习、文化和知识社区"的历史角色。注重信息技术环境下读者服务模式的创新,充分发挥图书馆多功能技术、空间环境的优势,提供特殊化服务。新时期,图书馆服务对象的社会背景、生活习惯、文化程度、兴趣爱好、需求特点不尽相同,由此对服务的需求和服务层次的要求就各不相同。这一满足性服务应建立在充分研究、分析基础上,为读者提供"量身定制"的服务。同时,在满足公用性服务上,为读者提供自主学习资源、活动资源、生活资源也将成为必须。

4.4 图书馆服务效率的创新
网络带给读者的是信息获取的便利、海量、及时和时空的缩小,因此给我们带来的是面对面需求的减少,虚拟面对面交谈的概率增加,这就提出一个新的要求——效率服务。从某种意义上说,虚拟的面对面更为重要,它包含更多的人群,急需的情况更是常见,及时性、准确性、可靠性、信任度等要求更高。从面上看,虚拟服务面更广、内容更多,实效性更强。因此,效率服务是考核新常态下馆员服务水平的新参数。

参考文献:
[1] 李后强,邓子强. 全面准确把握新常态的内涵和特征[OL]. (2015-02-25)[2016-06-20]. http://theory.people.com.cn/n/2015/0225/c49154-26594889.html.
[2] 教育部. 教育部关于印发《普通高等学校基本办学条件指标(试行)》的通知[OL]. (2015-09-10) [2016-07-20]. http://jxzx.njupt.edu.cn/s/35/t/1283/3d/10/info81168.html.
[3] 黄燕华. 高校图书馆资源配置的排序选择评价模型构建研究[J]. 图书情报工作,2012(21):39-43.
[4] 郭虹. 报社第三空间图书馆:有知识、艺术、品味、生活的多功能图书馆[J]. 图书馆研究,2015(3):24-26.
[5] 刘细文,熊瑞. 图书馆跨界服务内涵、模式和实践[J]. 中国图书馆学报,2008(6):32-37.
[6] 崔佳,倪代川. 论大学图书馆公共性发展态势[J]. 图书馆杂志,2015(2):30-33.

[7] 靳峥. 关于构建高校复合图书馆读者服务体系的认知 [J]. 图书馆工作与研究, 2013 (3): 93-94.
[8] 胡建阳. 论新传播环境下的高校图书馆阅读行为 [J]. 重庆科技学院学报（社会科学版）, 2012 (10): 166-167, 179.
[9] 王华玉, 李东升. 图书馆移动文化服务体系建设探析 [J]. 图书馆工作与研究, 2015 (11): 32-35.
[10] Martin Kassa. 增强图书馆在全媒体时代的竞争力 [C]//上海图书馆. 转型时代图书馆: 新空间. 新服务. 新体验. 上海: 上海科学技术文献出版社, 2014. 7: 319-324.
[11] 原丽娜, 陆铭. 微信在图书馆推广中的应用 [C]//上海图书馆. 转型时代图书馆: 新空间. 新服务. 新体验. 上海: 上海科学技术文献出版社, 2014. 7: 336-339.
[12] 邵魁德. 区域图书馆大开放服务模式建设探究 [J]. 图书馆工作与研究, 2016 (4): 37-40.
[13] 于晓凌, 宋文静. 图书馆多元服务与核心竞争力 [C]//上海图书馆. 转型时代图书馆: 新空间. 新服务. 新体验. 上海: 上海科学技术文献出版社, 2014. 7: 331-335.
[14] 唐承秀. 图书馆服务文化的多元拓展——台湾地区高校图书馆参访心得 [J]. 大学图书馆学报, 2014 (4): 11-15.
[15] 温怀琴. 以人为本的智慧图书馆创新服务研究 [J]. 农业图书情报学刊, 2016 (1): 190-192.
[16] 黄俊贵, 邓以宁著. 社会阅读与图书馆服务 [M]. 合肥: 安徽大学出版社, 2010. 07: 159-224.
[17] 郑兴碧. 大学教育中学生自主学习能力的培养与图书馆服务创新 [J]. 亚太教育, 2015 (2): 96-97.

作者简介：

邵魁德：(1963-), 男, 研究馆员, 杭州万向职业技术学院图书馆, 研究方向为图书馆建设, 信息管理, 资源共建共享。

Ⅷ 高职高专图书馆信息服务案例

"创意工坊"助推高职馆空间延伸服务

林斌霞　郑　静　蓝少华　杨　琳

（漳州职业技术学院　图书馆　363000）

1　图书馆创建创意工坊的背景

在借阅率不断下滑的情况下，图书馆应有所作为，显示自身的价值。在传统的借阅业务基础上，应拓展多功能学习区域，丰富读者馆内学习体验，提高图书馆资源利用率，增加读者的关注度。图书馆通过建设创意工坊，为读者提供一个可以将所学知识付诸实践的平台。在新的空间统筹使用模式下，高校图书馆应率先成为一个可以容纳多元文化形态，具有存储物理空间和知识再造空间双重意义的"第三空间"。因此，我校图书馆萌生了开办"创意工坊"的想法。通过为读者提供信息交流平台、实践交流场所等适宜的软硬件环境，促进读者将所学知识点经过互相切磋、比较、提炼，最终升华为具有实用价值的成果，从而拉动高职学生对创意产品，乃至创意产业的深度开发，助力大学生创业计划实施。创意工坊旨在鼓励学生主动参与，自己动手设计、制作、验证，体验一种将带有自己创意的想法转变为产品的过程，而参与者主体可以是个人，也可以是团队，读者的角色自然转换成主动承担者。

2　创意工坊项目实施内容

2.1　项目建设初期设想

创意工坊以"创意"、"设计"、"实施"为主导元素，为读者提供一个读书与实践相结合的创意空间实验室。本项目建设之初，由本校建工系学生为图书馆四间工坊提供室内设计方案，完成初步设计规划图，并预留有适当空间，供未来不同系别的学生参与建设和使用。该空间可用于小组讨论、文化沙龙、手工创作、毕业设计、布置展览等，并且通过图书馆网页、微信公众号、自建特色数据库等信息平台推广活动，展示发布创意工坊的智慧点子与实物作品，发挥一定社会服务价值。

具体来说，创意工坊以文化资源为主导，以人力资源、文献信息资源、技术资源、空间资源为基础，以项目设计、项目实施为手段，满足信息社会条件下用户多样化的知识生活和文化生活需求。创意工坊的发展可分为雏形期和成熟期，雏形期重在孵化"创意"，仅限于满足读者基于个人需求的初级使用功能，包括提供场所、文献信息资源等基本服务；成熟期的创意工坊着眼于"工坊"，在满足读者使用需求的基础上主动将读者的创意与设计付诸实施，引进合作企业，推介创意产品，促进科技成果的转化。

2.2　项目建设流程

（1）学生团队入驻设计。建设初期与建筑工程系室内装饰专业老师沟通，选派该专业优秀学生骨干5人全程参与实地测量、考察。根据现有的空间格局，最大化地使用旧空间，从使用人的角度，以最适合读者完成创意设想的要求优选设计方案布置空间。

（2）对家具、摆件进行市场调研、论证，线上线下同步调研、论证。根据预算标准拟出建设方案。比造型、比实用、比价格，提出采购技术参数，按要求纳入政府采购招投标程序。

（3）创意空间的现场布置，采用图书馆整体设计和使用者细节装饰相结合。先由图书馆对各大功能区域进行总体规划并提供相关软硬件设施，之后的使用者根据实际情况可以在细节，如展品布置、沙龙场景设计等方面加以设计装饰。

（4）创意工坊的日常管理。一是配套的管理制度：《图书馆创意工坊使用管理办法》对读者在申请免费使用创意工坊期间的要求、注意事项、安全须知等提出具体的规定；二是成立学科小组对创意工坊的文献资源、技术支持。由图书馆聘请各系相关专业学科的指导老师，联合馆内学科馆员组成学科小组，根据不同读者团队的需求定制指导方案，提供馆藏图书文献、电子资源，使读者的创意想法能够有章可循，有的放矢；三是采用志愿者参与管理的模式，每周由一位志愿者负责对创意工坊的整体维护、使用情况登记、系部联络，提高读者自我管理的主动积极性，既减轻图书馆的负担，也充分发挥了读者的主人翁意识。

3 案例实施效果

3.1 小型沙龙

读者可自由选择主题，开展小范围的讨论活动。如"遇见·新知"、"读一本好书，推荐一本书"、"安全校园"、"学习资源快乐分享"主题读者沙龙活动。沙龙现场气氛热烈，大家畅所欲言、每个人都从交流中了解到一些自己未知却有用的学习资源，真正实现了优质资源大家共享。建工系学生组织的小型沙龙，讨论创意工坊的布局方案。同学们充分利用专业特长，亲自动手测量、考察、设计，从实用功能和审美情趣方面出发，创建出让人满意的空间布局，以实现"知识与生活体验为一体"的创意对接。

3.2 作品布展

选定空间合适的工坊之后，创意工坊的成员会根据绘画作品展览题材及作品规格数量、进行装裱作品、悬挂布展、软环境艺术设计等一系列精心准备，以确保展厅效果的整体形象和作品成果的完美呈现。

手绘效果图表现是设计师的一项基本技能，也是设计师与客户进行沟通、交流的最简便、最快捷的手段。这次展览的所有学生作品是近几年上课时点滴收集起来的，这些作品有学生在校园的写生，也有漳州中山公园和九龙公园以及漳州的一些新的住宅小区的写生。同学们在写生时激情特别高，同时也很认真，我们在批改学生作业时发现了很多同学作业都比平时好，觉得应该把较好的学生作业收集起来，便于下一届学生学习时有一定的观摩、激励的作用，给同学们提供了很好的展示、交流的平台。

3.3 分专业进行专题手工作品制作交流

为了培养学生的创新能力和动手能力，图书馆会为全院学生提供展示平台，鼓励学生在基础学习中提升、完善自我。

3.4 主题展览

为了丰富校园文化生活，促进学生文艺创作的发展，创意工坊会尽可能地为全院各系部提供足够的空间布展美术、书法、摄影作品。如学生参观漳州市摄影家协会"情调漳州"旅游摄影作品展及学院书法协会作品展，对书法艺术有了更深入的了解，同时也增强了他们热爱家乡的情感。

3.5 与企业深度合作

图书馆邀请本地知名咖啡店资深讲师到创意工坊开设咖啡文化讲座，讲解咖啡的起源与原产地、冲泡咖啡器具及如何品咖啡，并现场操作示范多种咖啡冲泡方法。活动过程中，同学们积极响应参与互动，亲手冲泡咖啡、品咖啡，并纷纷表示增长了不少见识，受益匪浅。

4 预期成果

创新型人才的培养，是近几年来职业教育研究始终关注的焦点。图书馆提供创新、创意、创业的环境，为高职"工匠"型读者营造一个在学习过程中自己做主、展现动手能力的平台。"创意工坊"原本是一个商业概念，即将创意的点子、设计、发明通过筛选、组合、优化，帮助中小企业完成产品、服务、生产流程的各种创新，进而提高企业产品的竞争力。我们将"创意工坊"的模式引入到图书馆服务中来，期望通过图书馆的软硬件服务，全方面提高学生的学习能力、实践能力、创新能力等多方面综合能力，配合高职院校教学模式，培养出符合社会、企业发展需要的人才。

4.1 为区域职教创新创业起示范作用

2016年6月，漳州市职业院校联盟成立。联盟以漳州职业技术学院为龙头院校，包括漳州市农业学校、漳州第一职业中专学校、漳州第二职业中专学校、南靖第一职业技术学校、龙海职业技术学校、漳浦职业技术学校和平和职业技术学校等7个成员单位。联盟内高职院校将与每所中职学校共建紧密对接地方主导产业的专业，并在教师交流、教师培训、教研科研等方面开展合作互助。今后，漳州市将在人员、经费和业务指导等方面，支持职业院校联盟开展工作，并力争在2020年前成立两个联盟，促进职业教育整体水平提升。"创意工坊"实际上承担的任务不仅是一个校内实训基地，更准确地说是集教学、科研、服务为一体的校企联合体或"校中厂"。"创意工坊"的建设依靠校企共同投入设备、人员和技术，遵循教学规律进行教学组织和人才培养，按照市场规则开展技术研发和服务。

4.2 推进校企深度合作

校企合作双方充分发挥各自在人力资源、行业资源和技术资源等方面的不同优势，打造出一个新颖的图书馆创意性服务产品，实现跨界积极合作成果。一方面，在跨界思维下，图书馆将积极尝试和推进科技与文化的融合，打造城市新媒体中心，为读者提供更为多元的知识学习、思想交流、学术研讨、文化活动、社交休闲服务，体现图书馆服务的智慧性；另一方面，"创意工坊"教学模式有助于提高专业人才培养质量。不仅培养了一批企业适用、急需的具有专门化特质的设计人才，还培育了稳定的高水平校企联合教学团队，形成了紧密稳定的校企合作关系。通过"创意工坊"的建设和运行，教学团队科研和技术服务能力显著提高，实训装备水平和技术标准与行业同步，教学内容和人才培养标准与行业职业标准一致，长期困扰职业教育的师资、实训教学、条件和就业问题都得到了有效解决。

4.3 助力职业技能竞赛

学生不仅仅在教室、实训室内才能进行职业技能锻炼，在图书馆内也同样能够实现。区别于系统性的学习实训，学生在图书馆"创意工坊"内的学习实践更加自由灵活，在平时的学习过程中便可以随时开展实训。所谓"不积跬步无以至千里"，学生在"创意工坊"中的学习便是一种积累"跬步"的过程，通过平时多动手、多交流，到了大赛时再进行强化锻炼，必然能够取得更好的效果。

此外，通过"创意工坊"平台，师生关系已转换为师徒关系甚至团队合作关系，师生之间面对面零距离接触，营造师生间良性互动关系。教师根据学生自身特点，制定教学目标、教学内容和教学方法，引导学生学习，培养学生个性发展和创造、创新能力。以项目或者竞赛吸引学生参与，由教师协助其完成由创意到产品的转化。

4.4 促进学生创新创业

图书馆通过提供国家政策、地方政策有关文化创意产业的解读，以鼓励为主，让学生的创造潜力被大大激发，开发出了许多产品，如创意饰品、食品包装盒、茶具、酒具、杯具、碗筷、插花等。能极大激发学生学习的主动性，能够让学生在动手实践中体验创造的乐趣，十分有利于学生专业兴趣的培养。

图书馆"创意工坊"鼓励团队创业，其中的创客来自各个专业，拥有不同的专业背景和技能。一件创意产品的产生，需要各个专业学生的配合，例如产品的外观设计由艺术专业的同学负责，产品的生产加工由制造专业的同学负责，产品的销售和网络推广，则可以由经管专业和计算机专业的同学负责。以此类推，各专业人才汇集在一起，共同出谋划策，将使产品的定位更加准确，各专业的人才也都能够通过此过程得到锻炼，学习技能，积累经验，提高综合能力，并为将来创业奠定基础。

5 结束语

通过漳州职业技术学院图书馆从创建创意工坊实施方案的形成，到实施过程中读者所承担的角色，到创意工坊为图书馆物理空间延伸服务的案例实施效果，可以肯定创意工坊已经实质性地助推了高职图书馆空间延伸服务，再一次刷新了图书馆的服务模式，为智慧型图书馆注入新的内涵。

搭建章丘市图书馆联盟 构建公共文化服务体系平台

孔 燕 陈 超 李 林 姜 红 冯 磊
(山东旅游职业学院 图书馆 250200)

1 驻章丘高校图书馆的发展现状和面临的问题

高校图书馆面向社会服务是未来图书馆的发展方向和趋势,也是我国高校图书馆界一直积极探讨的重要课题。高校图书馆经过实践的探索,面向社会的服务取得了很好的社会效益和经济效益。

而我国高职院校图书馆为社会服务还处于"犹抱琵琶半遮面"的状态,尚未做到"无障碍开放"。目前,大部分高职院校图书馆仍旧没有将社会服务计划提上日程。不仅如此,面对主动上门提出开放服务要求的,部分馆也以种种理由加以推脱。确实有一些无法回避的因素,如人力、制度等制约着高职院校图书馆为社会服务,但是这并不能成为各图书馆故步自封的理由。

目前,大学校区分布多呈区域集中分布状态,其中有综合性院校,也有高职高专院校以及民办院校等等。章丘大学城位于山东省济南市境内,是济南市东部地区的一处大学城,主要包含了章丘市和济南历城区的 13 所高校,分别是 5 所本科院校,8 所高职院校。

近年来,章丘市公共文化事业得到长足发展。章丘市政府投资约 5.5 亿元的章丘市城市文博中心于 2012 年 7 月 7 日正式开工。该项目位于章丘市政务区,南接章丘大学城,西邻章丘广播电视台,东侧与规划的市民活动广场相望,占地面积约 210 亩。章丘市文博中心建成后,将成为山东省内区县以及城市规模最大、功能最完善的文化综合体,也将成为展现章丘悠久历史底蕴、丰富市民文化生活的重要地标性建筑。

章丘市文博中心,总规划建筑面积约 14 万平方米,其中图书馆总建筑面积约 20884m^2,馆藏图书馆 20 余万册,为章丘市民休闲、学习、培养兴趣爱好提供了场所,同时也为驻章丘大学城的 13 所高校的师生员工学习及文化休闲提供了便利。而驻章丘大学城的 13 所高校图书馆平均面积均为 1 万平方米以上,馆藏总数约为 400 多万册,数字资源各馆均为 3-4 个数据库,且文献资源分类广、专业全。

高校图书馆与公共图书馆相比,在许多方面都有着较大的优势,如专业文献信息资源、基础设施、专业人才及现代技术设备等。高校图书馆馆藏文献信息资源十分丰富,但利用率整体上却不足 40%,有的甚至低于 20%。尤其对于高职院校来说,馆藏特色明显,实用性较强,但是普遍经费紧张,服务功能单一。为此,我院图书馆一直在探索如何打开围墙,兼顾社会需求,提高文献信息资源利用率,减少重复投入和浪费。

2016 年 5 月,由山东旅游职业学院图书馆牵头,章丘市文化管理部门组织实施,共同建立了章丘市图书馆联盟,以整合章丘市社会文化资源和高校图书馆各类文献资源,在全市范围内构建公共文化服务体系平台,共建、共享、共谋发展,以全面提升章丘文博中心及各驻章丘高校图书馆的服务水平。

2 章丘市图书馆联盟服务功能与方式

搭建章丘市图书馆联盟应以"政府主导、统筹规划、先易后难、以小促大、循序渐进"为原则,以建立章丘市文献保障系统为目标,为章丘市政治、经济、文化、教育与科技建设提供文献保障,成为全省乃至全国文献保障体系中的重要一环,为章丘腾飞提供文献资源和信息保障。

2.1 搭建"虚拟联合目录系统",实现章丘市图书馆联盟的"一站式"书目查询

虚拟联合目录系统提供统一的检索和结果界面,一次检索联盟内所有图书馆的 OPAC 目录系统,并获得该图书的所在馆,以及当前馆藏状态(是否允许借出、当前馆藏状态、借出时限等)。读者可根据需求选择一所或者多所图书馆进行检索,进而按照借阅流程获取所需文献信息资源,从而实现章丘市图书馆联盟成员馆的资源共享。

2.2 提供通阅服务

图书馆联盟的通阅服务采用通用阅览的方式,首先要在各成员馆的图书管理系统内录入通阅证的基本信息,持证读者可凭通阅证,阅遍各成员馆的馆藏资源。联盟面向党政机关领导、大中型企业高层、高精尖技术人员等发放通阅证。

2.3 搭建章丘市图书馆联盟馆际互借平台

在条件不成熟时(初建阶段)可采用集体证的方式实现馆际互借。各成员馆在本馆的图书管理系统内录入集体信息,并根据实际情况联合制定集体证流通借阅规则,从而实现不同的图书在成员馆间的互借互通。集体证所有者负责处理馆际互借图书的物流、催还、丢失赔偿等相关事宜。

2.4 建立章丘市图书馆联盟网上参考咨询服务平台

联合参考咨询系统是一个面向广大人民群众,对有关学习、研究的诸多问题提供专家专业化咨询的公益性服务项目。它是以各单位丰富的文献资源和数据库资源为基础(包括各图书馆的地域文献数据库和特色数据库),以网络上丰富的信息资源和各种信息搜寻技术为依托,充分发挥各单位经验丰富的学科专家优势,利用网络平台,为社会提供免费的网上参考咨询和文献远程传递服务。建立以章丘政府相关部门为主导,高校图书馆、公共图书馆以及专业图书馆构成的,跨地区、跨行业、跨部门的分级式章丘图书馆联盟网上参考咨询服务平台。

3 将图书馆联盟的共建共享模式纳入章丘公共文化服务体系构建

共建共享作为图书馆事业发展进程中的一种创新模式,符合章丘市公共文化服务体系建设的基本理念,其宗旨是保障公民的文化权益和文化权利。然而,要想实现公共文化服务的良性可持续发展,必须从服务理念、制度建设、技术支持以及文化体制改革等多方面着手。因此,我们要在实践中不断总结经验,将其上升的理论层面去剖析,推进共建共享模式在章丘市的健康发展,最终将其建成章丘市公共文化服务体系的一个重要组成部分。

大数据时代图书采购模式变革
——以杭州职业技术学院图书馆为例

潘秀琴 谢川

(杭州职业技术学院 图书信息中心 310000)

1 案例背景

图书采购是我们图书馆的生命之泉,采编老师辛辛苦苦采集的图书却不受欢迎。每年组织1-2次院系老师参加现采,效果却不尽人意。目前我们正处于网络大数据的时代,互联网、移动手机、微信、QQ、电视、广播电台、数据库、报纸、期刊、图书、博物馆、档案馆、图书馆等,我们的信息来源非常丰富。无论是公共图书馆,还是学校图书馆跟其他行业一样都受到了前所未有的挑战,投入上千万乃几个亿的经费造就的图书馆馆舍空荡荡,来看书的学生寥寥无几,笔者认为原因是多方面的:一是传统的图书馆和传统的服务方式、服务理念、传统的功能布局等随着时代的变化已不能适应读者的需求;二是图书馆提供的资源不合读者的胃口。

如何适应大数据时代的变化,将读者重新吸引回来?2015年,我校图信中心主任谢川提出了图书采购主体转换的建议,改善图书馆供给侧结构,从服务端入手,图书采购由采编人员操作,转向全员师生参与。

2 案例实施过程

2.1 图书采购主体转换

为了规范采购行为,我们制作《杭州职业技术学院馆藏纸质图书采购本(教师用)》,详细说明了现采注意事项、联系方式,公布图书信息中心纸质图书采购QQ群号。图信中心开放图书采购权,让读者参与到图书采访中来。读者需要什么,我们采购什么。为此,全校动员图书信息中心主任亲自上阵到各个院系和行政科室进行演讲动员,对图书主体转换进行深入浅出的阐述,图书直接让利于老师、让利于学生、让利于科研,让老师、学生直接从后台走向前台,直接对接需要的图书。同时,图书经费怎么分配,如何落实,老师、学生采购图书需要注意哪些事项等等细节进行了充分的面对面的沟通。

为了和读者建立常规沟通渠道,我们建立QQ采购群,以满足老师、学生们的业务学习、生活需求为根本,提高馆藏质量、提高资源利用率。我们推出一条龙服务,推出"同筑中国梦,共度书香年,提高图书馆服务质量永远在路上"的口号,体现"为书找人,为人找书"图书馆核心价值。倡导读好书、会读书的价值理念,以人为本,坚持以高职院校为特色,发扬高职院校"工匠精神",面向学生、面向老师、融入专业,建立形成新型图书馆形象,形成专业化建设管理机制。

全院师生通过QQ群、电子邮件等荐购图书,图书馆利用采购本去中标单位现采,采购的图书经过查重审核后,根据学校教学科研的需要增加复本量进行预订。采编加工完成的新书书目由参考咨询部在 QQ 群上发布新书到馆通知,老师填写借阅单,参考咨询部将老师填写的借阅单发送给流通部,由流通部老师亲自上门送书给老师。

为了提高馆藏数量和质量,图书采购从数量上给予控制,复本数从原来的 3 本改为 2 本,设立激励机制适当的允许采购一些幼儿宝典。我们出台了图书采购及经费使用图书馆内的文件,指导老师、学生在图书采购上不偏离不跑题,超过规定金额图书由主任审批。我们将图书经费利用到极致,最大限度地使用图书采购经费,扩大馆藏图书数量。

通过图书采购主体转换,学院师生开始关注图书馆,参与新书的购买活动,出现了人等书的现象。借此机会,图书馆陆续建立了友嘉机电学院专业资料室,彩虹鱼康复学院专业资料室,达利女装学院资料室,不仅满足了教学科研的需求也扩大了馆舍,提高了借阅率,新书借阅率同比提高了 80% 以上。

2.2 多渠道完善图书采购机制

1)完善读者阅读行为分析系统

通过流通数据和 OPAC 检索日志数据的大数据分析,实时动态地了解馆藏利用情况、读者文献需求与馆藏资源之间的匹配程度等情况,对读者阅读行为进行分析。通过读者的借阅数据、书目检索数据、馆藏利用数据,分析出读者的普遍需求和个性需求,为采购图书提供科学的数据支撑。

2)与中标商合作

开展多种多样灵活方便的现场活动,与新华书店合作建立"悦读"平台,这是目前杭州市图书馆和新华书店联手推出的手机购书平台,它的优点是直接在新华书店完成购书与借阅,与读者的需求更为吻合。

3)进一步完善分馆模式

进一步发挥各分院资料室的作用,坚持以人为本,精准对接,做好、做强各重点学科的资源建设。以高职学科专业为抓手,面向教师、面向学生、融入专业、融入"工匠精神"引导学生。

3 结束语

在"互联网+"时代,图书馆采访工作要想获得"凤凰涅槃、浴火重生",唯有变革与创新。由单一服务的观念转化为积极创造的观念,由单纯的汇集和借阅书刊资料延展到全方位地汇集、处理和传播科技文化信息。我校在去年图书采购主体转换的基础上,今年将推出打造 2.0 版的主体转换。通过高职院校与本科高校的合作,高职院校与省市图书馆的合作,高职院校与企业的合作,找到让学校图书馆、公众及社会三赢的服务路径和办法,为学院图书馆自身发展扩展空间,为社会创造价值。

大学生阅读融入社会
——高职院校图书馆读者服务模式创新

林 梅

(南通开放大学 图书馆 226019)

1 案例背景

本馆经过历时半个月的大学生阅读问卷调查,共发放问卷500份,回收500份,调查对象分布于学校的机械、建筑、艺媒、经管四大院系,具有广泛的代表性。通过对问卷进行统计分析发现:当前本校学生的阅读心理主要具有以下特点:1)娱乐消遣阅读;2)盲目随性阅读;3)应试阅读,其中以1)、2)两种心理进行阅读的学生占据了60%以上,经常出入图书馆的学生也只有大约30%。因此,我们认为目前本校大部分学生尚未真正意识到阅读书籍的价值和意义。我校隶属于高职院校的范畴,在对学生的教育指导方面,更多偏向于社会实践的教导。针对这一特点,本馆决定将我校大学生阅读与日常生活相结合来开展阅读推广活动,以此让大学生在实际的生活当中切身体会到阅读的价值,引导他们认识到阅读的重要性,激发他们的阅读热情。

2 案例概况

我校图书馆于2011年建立首家社区书屋——五里树村开大书屋,并且多年来一直置身于这方面的建设。到了2014年,"全民阅读"首次作为国家战略被写入《政府工作报告》,2015年、2016年也都相继被写入,"全民阅读"活动如雨后春笋般在全国各地、各级单位蓬勃开展。南通开放大学作为以"终身学习"和"服务社区"为目标的院校,图书馆更应该义不容辞响应党和国家的号召,结合学校自身办学特色,以大学生志愿者为主体,将全民阅读活动与我校师生、社区居民有机地结合在一起。截至2016年,我校图书馆共建陈桥、闸东、狼山、小石桥、山港桥、骑岸、嘉陵江、港闸、龙潭福里、虹东10家社区书屋,并且多年来围绕社区书屋开展了一系列阅读推广活动,成功打造了书香社区品牌。

3 典型活动

自建立首家社区书屋以来,我校图书馆不断加强对社区阅读推广活动的力度,其中书屋建设、书刊捐赠活动每年至少举办1次。2012年10月建立闸东社区书屋;2013年5月建立狼山社区书屋;2014年5月建立通州骑岸镇社区书屋,并为社区居民送上了精心挑选的图书。同年6月,我馆在办公楼一楼设置捐赠台,面向全校师生为社区书屋募集图书;2014年7月,建立小石桥社区书屋;10月我馆向山港桥社区书屋捐赠图书和期刊;2015年4月建立嘉陵江社区书屋;2016年4月建立港闸社区书屋和虹东社区书屋。

为了将阅读推广活动深入扎根到每个社区当中,甚至每个家庭当中,近三年来我校图书馆围绕社区书屋,以大学生志愿者为主体,以"世界读书日"为契机开展了一系列阅读推广活动,努力在南通地区打造书香社区的品牌。

2014年第19届世界读书日,我校图书馆和大学生志愿者联合陈桥街道五里树村,开展"阅读融入生活、文化涵养社区"首届社区读书节阅读推广活动。此次活动向五里树村社区书屋捐赠图书和杂志1065册,甚至亲自登门将图书送到退休老教师的手中。此外,还特邀专家在社区开展了"阅读融入生活,文化涵养社区"专题讲座。我校大学生志愿者为居民朋友们介绍图书、分享阅读心得,教授社区小孩子绘画、折纸等手工艺术,深受社区居民的欢迎。我馆对书屋的管理服务扎实,社区阅读活动的组织有力,因此连续多年获得江苏开放大学授予的"先进集体"和"优秀农村开大书屋"荣誉称号。

2015年在第20届世界读书日,我校图书馆和大学生志愿者联合海门高新区开展"书香溢校园、书屋伴社区"第二届社区读书节阅读推广活动。我校图书馆向嘉陵江社区书屋捐赠了图书和期刊800余册,电脑40余台。此次活动也招募了一批大学生志愿者,他们在现场为社区居民送上了声情并茂的《平凡的世界》经典片段朗诵。海门民间艺术家们也带来了精心准备的腰鼓、海门山歌表演等。活动最后,也是此次活动的高潮,我校图书馆精心组织了"让书走起来——以旧换新"活动,社区居民和孩子们热情高涨,纷纷拿着旧书去挑选自己喜欢的新书。

2016年第21届世界读书日,我校图书馆和大学生志愿者在港闸区万达广场举办"阅读,让青春更精彩"主题阅读活动。启动仪式上,副校长陶建致辞,并在活动当天发出倡议——"放下手机,捧起书本,营造阅读经典之风",广受市民朋友和大学生的积极响应。我校图书馆精心组织了"放下手机,捧起书本,共享阅读快乐"主题情景剧、读书知识问答和图书馈赠市民活动,深受大家的热烈欢迎。最后,我校大学生为市民朋友们送上了精彩的汉服礼仪展示、茶艺欣赏、非遗文化展示等,迎来了一阵阵喝彩声。

4 案例创新亮点

4.1 学生积极参与阅读推广活动

在活动结束后的调查中发现,许多学生表示希望有机会能够参与到以后的阅读推广活动当中,并且针对在阅读推广活动中和自身阅读中存在的问题,他们也提出了自己的看法和观点,积极主动推荐希望采购的书目。图书馆也认真听取了他们的意见,尽最大努力去满足读者的需求,促使更多的大学生将阅读作为他们生活中不可或缺的一部分。

4.2 学生阅读热情空前高涨

此次阅读推广活动的开展,使得本校大学生阅读活动空前活跃。大学生纷纷从宿舍走进阅览室和流通部进行阅读,活动志愿者也带动了越来越多的同学参与到了阅读推广的活动当中,而且学校各个院系也逐渐提高了举办阅读推广活动的意识,一时间在全校范围内掀起了一股读书热,每天图书馆阅览室的流动人数和流通部借阅图书的人数均有所增长,学生借阅图书的种类也较以前更为广泛,阅读时间也增多了。

4.3 充分利用高职图书馆的优势

作为高职院校,我校图书馆拥有丰富的馆藏资源和专业化技术人员,同时我校图书馆长期和推广"全民阅读"的市文广新局合作,因此拥有坚强的后盾和一支专业化队伍。另外我们还拥有许多大学生志愿者,他们积极参与到社区阅读推广活动当中,将所学理论知识在实践当中展现,不仅让他们深切体会到阅读的力量,而且帮助社区居民更快、更直接了解社会的前沿发展,丰富他们的业余文化生活,吸引他们参与到阅读推广活动当中,为推动"全民阅读"贡献一份力量。

4.4 南通地区唯一一所持续开展社区阅读推广活动的高职院校图书馆

经过多年的积累,我校图书馆在南通地区已经建立了"书香社区"品牌。我们每年以"4.23"世界读书日为契机开展社区阅读推广活动,并建立社区书屋。目前我校图书馆已在全市范围内建立10家社区书屋,并且定期捐赠书刊杂志、开展阅读活动等,受到了社区居民的热烈欢迎。在整个南通地区,我校图书馆是唯一一所深入持续开展社区阅读推广活动的单位。

4.5 荣誉和媒体报道

我校图书馆开展了一系列社区阅读推广活动,在社会上引起较大反响。我馆连续多年获得江苏开放大学授予的"先进集体"和"优秀农村开大书屋"荣誉称号。获得中国图书学会"2014年先进单位组织奖",江苏省2015年服务创新案例大赛一等奖。多次受到南通地区最具规格的报纸媒体《南通日报》和《江海晚报》的报道,南通电视台社教频道《总而言之》栏目也播出相关报道。新华网、中国文明网、江苏文明网、南通网等各大网站也相继报道多次,扩大了在市民当中的影响力,提升了我校图书馆在社会上的知名度,吸引更多人爱上阅读。

5 结束语

本案例在总结了南通地区高校图书馆所开展的社区阅读推广活动优缺点的基础上,推陈出新,将我校大学生和社区居民有机地联系在一起,打造了南通地区独一无二的书香社区品牌。本案例活动的成功举办,不仅响应了政府"全民阅读"的号召,而且促进了大学生理论学习与实践工作的完美结合,同时也丰富了社区居民的文化生活,提升了我校图书馆在社会上的知名度,可谓实现了"多赢"的局面。

当图书馆遇上"微"商

唐小洁　黄秋宁
(广西电力职业技术学院　图书馆　530007)

1　案例背景

2015年4月，我院图书馆微信公众平台开通，期间主要发布一些活动、新书推荐、书评、读者感言等传统内容，微信关注度和图书借阅率并没有大幅度提高。考虑到读者的阅读习惯，我们认为不能放弃微信这一有效"营销"利器。于是我们改变传统的只是由图书馆发布信息的做法，开始在学院师生范围内征集"微"商，由"微"商利用朋友圈的形式发布新书或书评信息，引导"微"商朋友圈内的读者借阅需求。目前该项目还是起始阶段，但由于其新颖性，同时能为学生提供实习机会，得到了学院领导和院系领导的认可和大力支持。

2　实施内容

图书馆不定期将各种文献信息资源，特别是新书资源信息发布给各代理"微"商，代理"微"商通过自己的朋友圈发布信息。读者对感兴趣的新书进行下单，"微"商告知图书馆，图书馆派勤工助学学生（物流专业实习学生）按需求派送新书，即时将读者感兴趣的图书送到他们的手里。

学期结束时，图书馆对各"微"商成绩进行评比并进行表彰，大大提高了图书馆的图书借阅率。

3　案例创新点

图书馆"微"商运营模式紧跟时代潮流，受到了广大师生的认可。一学期结束后，图书馆对各"微"商成绩进行评比并进行表彰，但这并不是实际意义上成本支付，只是一种模拟经济，使得图书馆的服务成本可以有效控制。勤工助学同学和物流专业同学加入到营销队伍中，使得学生专业知识在实践中得到了应用和检验，深受老师和同学们的欢迎。

4　"微"商与图书馆资源及服务的相关度

图书馆通过借鉴"微"商的运营模式，可以有效地拉近图书和读者的距离，更好地为读者提供快捷、及时、个性化的服务，同时将图书馆服务的成本控制在较低水平。

图书馆的"微"商代理主要是学校的师生，接收服务的对象也是本校的师生，使得朋友圈经济能起到很好的效果。"微"商的经营者来源于读者，同时又为其他读者服务，极大地提高图书馆的资源推荐力度，提升图书馆服务水平。所以，可以认为"微"商与图书馆的读者、资源和服务有较高的相关度。

5　活动启示

图书馆服务的营销光是单打独斗是不行的,我们的读者也是我们的资源,如何把读者变成我们的营销团队,让他们为图书馆做宣传是极为必要的,也是有效的。图书馆"微"商运营模式并不是一个单一的环节,需要很多配套的措施:(1)招募并培训合格的"微"商;(2)制作新书推荐的内容;(3)通过规章制度来提升读者的阅读动力;(4)帮助读者容易获取;(5)有效控制成本;(6)有效激励"微"商;(7)持续运营等,每一个环节都需要统筹规划,需要相应的活动或人员支持。

该活动虽然处于起始阶段,但是由于其新颖性,同时能为学生提供实习机会,得到了学院领导和院系部门的认可和大力支持。

发挥"新媒体"宣传作用　助力"深阅读"全面推广
——浙江金融职业学院图书馆新媒体工作室纪实

吴　冰　章　洪　王金森　陈　君

（浙江金融职业学院　图书馆　310018）

图书馆一贯重视读者服务工作，主要分为"馆内服务"、"校内服务"和"社会服务"三大块。前两者是基础，也是重点，而后者则是提高与创新。新媒体工作室利用微信、微博等新媒体，为行业提供文献参考咨询服务；向杭州资信评估公司、宁波市银监局、中国人民银行金华支行等多家行业机构开展"读书节进行业"活动，进一步提高行业服务能力。

1　新媒体工作室建设背景

随着新媒体技术迅猛发展，通过电脑、手机等电子产品的快餐式阅读倍受青睐。虽然近年来很多高校图书馆进行了一系列数字化建设，但将如此庞大的馆藏文献资源全部转换成新媒体信息模式是很困难的，因此，读者对图书馆的依赖程度不断降低。要解决这一矛盾，我们需要取长补短，利用新媒体的优势发挥宣传作用，积极倡导"深阅读"。

几年来，浙江金融职业学院图书馆在阅读推广上做了大量的工作，并取得不错的成绩。比如成功举办了7届读书节、2次读书节进行业活动、4届数字阅读推广活动以及多年的馆内服务、学科服务和行业服务，培养了一批具有创新意识和组织能力的教师、学生团队，这为浙江金融职业学院图书馆新媒体工作室的创建奠定了基础。

2　新媒体工作室建设过程

2015年9月，浙江金融职业学院图书馆新媒体工作室（以下简称新媒体工作室）成立。新媒体工作室是隶属于浙江金融职业学院图书馆，由数字信息部全面负责的学生团体，有多名图书馆馆员、系部教师参与指导和培训工作。工作内容主要是制作和管理"四微一讯一屏"，即"微信公众号"、"微博"、"微视频"、"微视厅"、"馆讯"和"入馆和借阅实时显示屏"。

2.1　完善制度，创建团队文化

新媒体工作室成立之初，制定了组织结构和工作制度。经过不断完善，目前采用"矩阵制"的组织结构。纵向有"办公室"、"美工部"、"文案部"、"影像部"、"技术部"五个部门，横向有"微信"、"微博"、"微视频"、"微视厅""馆讯"五个项目组。

新媒体工作室以"快乐、大气、专业、创新"为宗旨，平时工作注重培养团队竞争、合作精神，打造快乐、和谐的工作环境，创建团队文化。

2.2　壮大队伍，培养优秀人才

新媒体工作室有一套公平、公开的选拔制度，面向全校学生，先自愿报名，再通过公开比赛、面试的层层选拔，录用有一定专业基础的优秀学生。录用的学生会有一套成才成长方案，定期参加培训学习。

2016年4月，新媒体工作室共录用12名优秀学生，总人数从原先的6名增加至18名，其中6名骨干力量。队伍的壮大和人才的培养，使工作室的工作业绩得到显著提高。计划在今年9月进行第二次纳新工作。

2.3 扎实基础，抓亮点求创新

新媒体工作室工作内容主要是管理微信公众号、微博、微微视厅、入馆和借阅实时显示屏和制作微视频、馆讯等。我们不仅要完成这些日常管理工作，更需要从中寻求亮点，增加特色。首先，我们不拘形式，保证制作内容积极，语言新潮，青春活力；其次，我们将影视与书籍相结合开展活动，迎合学生喜好，然后，加大投入，制作宣传片，扩大影响力；最后，扩大范围，面向行业，提高社会服务能力。

2.4 立足校内，拓展行业服务

新媒体工作室在校内开展了形式多样的阅读推广活动，主要通过微信公众号、微博、微视频、馆讯、入馆借阅显示屏和微视厅等渠道，组织开展线上、线下活动。特别是结合每年一次的读书节，开展阅读推广月活动，很受我校学生的欢迎。同时，我们主动将微信、微博推向学校专业教师，提供便捷的咨询、查询等途径，为教师提供学科和科研服务。在此基础上，我们通过各种网络平台以及联络校友、社会培训人员等方式，扩大图书馆社会服务规模，提高读者服务能力。

3 新媒体工作室工作内容

3.1 微信公众号

"浙江金融职业学院图书馆"微信公众号的运营和管理是新媒体工作室的一项重要工作。自2015年9月至今，微信公众号累计粉丝3265人，共推送33期84条原创微信，阅读量17031人次，点赞数699次，文末互动留言126条。

3.2 微博

微博以"早安金小图"、"小图下午茶"、"晚安金小图"三个主题发送博文，分享好书及与阅读有关的轶事，同时关注校园内外的新鲜事，发挥微博的舆论场的作用。据统计，现已发博390条，80%以上博文为工作室同学原创阅读分享内容。同时与同济大学图书馆、浙江旅游职业学院图书馆、浙江机电职业技术学院图书馆、清阅朴读（青浦区图书馆）、陆家嘴图书馆等业界有影响的图书馆加V微博互动活跃。

3.3 微视频

2016年5月，新媒体工作室为读书节的"阅读之星"活动拍摄并制作了"遇见几个我"的宣传微视频，起到了很好的宣传作用。阅读之星的前百强是根据学生入馆和借阅率评选的，加上微视频的有力宣传，对学生进馆看书、借书起到了一定的促进作用。根据图书馆入馆和借阅人次实时显示屏的记录，阅读之星活动时间段里，学生的入馆人次较前几个月有大幅度提高，较往年比较也有一定的增长，进一步证明了阅读之星活动和微视频发挥的促进作用。

3.4 微视厅

微视厅配置了全套先进的视频播放设备、演讲台、评委席和39个观众席，可供开展各类视频学习课程、会议比赛等活动。根据统计，自2016年4月建成以来，共计开展小图书影汇活动 12 场，备战英语等级考试视频学习活动 24 场，"两学一做"党课学习 5 次。

小图书影汇就是把电影与书籍相结合，选择热门的主题，邀请优秀的分享者，推荐电影和与之相关的书籍，而且主讲视频会在腾讯视频上同步更新。每次活动结束，放在微视厅的分享书籍都会被参加活动的同学借走，说明以影视文化为切入点来推广阅读也是一种行之有效的方法。

3.5 馆讯

浙江金融职业学院图书馆馆讯是真实反映图书馆工作内容和成绩的内部刊物，保持了一贯以来的客观真实、严肃大气的特点。自 2015 年 9 月以来，共计完成两期馆讯，并将其发布到了微信平台。

3.6 阅读报告

每个学期初，新媒体工作室都会制作一份上一学期的阅读报告。该报告主要通过对读者分布情况、本学期入馆情况、本学期借阅情况以及入馆和借阅排名进行大量的数据分析，给学院的各个系部提供了基于大数据的阅读分析报告。同时也通过阅读报告对各个系部阅读情况的排名，激励各个系部督促学生多读书、多来图书馆。阅读报告目前已经制作了 6 期，阅读报告的部分图表如下：

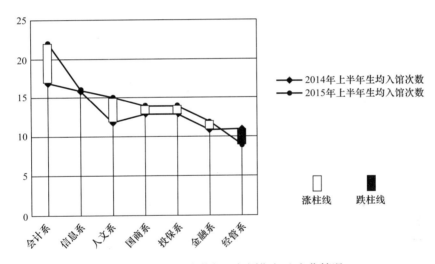

各系部生均入馆次数与上年同期相比变化情况

3.7 入馆和借阅实时显示屏

入馆和借阅实时显示屏实时显示以下三块内容：
1) 本学期入馆总人次、今日入馆总人次和各系部生均入馆人次；
2) 本学期借阅总人册数、今日借阅总册数和各系部生均借阅册数；
3) 本学期入馆前 15 名学生姓名和本学期借阅前 15 名学生姓名。

入馆和借阅实时显示屏的推出，既提高了学生入馆学习的热情，也为各个系部提供了学习数据的分析。

3.8 新媒体行业服务

新媒体行业服务给图书馆的阅读推广带来了极大的创新与提高。到目前为止，共有近千名校友和上百名行业人员关注我们的微信公众号。与 3 家行业机构合作举办了"读书节进行业"活动，与多个社会论坛、贴吧有微博互动。

4　未来及展望

　　创新就是新活力，就是新动力。新媒体工作室要长足发展，就要不断创新。首先，把新媒体技术运用到更多工作中去，寻求新的结合点，比如将新生入馆教育搬上微信平台，开通线上教学、答疑、考试功能，为新生提供更多的便捷；其次，新媒体行业服务本身就是一个创新，接下去我们必须加大这方面工作的投入，提高服务质量，比如增加与行业粉丝的互动，尝试组织线下活动，以阅读、交流、休闲等多种形式，让他们走进图书馆；最后，我们要时刻保持创新意识，重视细节，无论是工作对象还是工作内容和方式上，再小的事情，都要有打破传统，寻求创新的服务理念。面对未来，我们任重而道远。在图书馆和新媒体工作室全体人员的共同努力下，我们有信心取得更好的成绩。

服务应满足移动阅读的变化需求
——高职院校图书馆读者服务模式创新

濮 伟　朱继朋

(南京科技职业学院　图书馆　210000)

1 案例特色点

1.1 创新性

超星移动图书馆使用量一年翻几番。在超星移动图书馆刚出品时,我馆率先采购,成为江苏省最早采购移动图书馆的高职馆之一,经过三年的使用,已有较为全面与完整的数据。

1.2 实施效果

2013 年 7 月份采购,至 2015 年底,超星移动图书馆的读者点击量达到 7404930 次。这个数据是在采购前所未想到的,但却反映了采购本身的正确性。

1.3 推广性

大学生群体阅读习惯由纸质向电子读物转变是大趋势。图书馆的移动化已是不再争议的话题,只有将图书馆移动化成为移动图书馆,才能符合多数读者的需求。

2 采购移动图书馆的起因

广义的移动阅读,是指使用移动终端进行的所有阅读行为,包含通过浏览器浏览手机网站,以及阅读新闻客户端、报纸客户端、杂志客户端、微博及微信的文章等,边走边读的现象将更为常见。特别是当越来越多的人喜欢掏出 PSP,抓住时间、地点的每一个隙缝"移动阅读",网络小说的读者之众已出乎想象。考虑这样一种实际情况,我馆决定购买移动图书馆,向读者提供一个不因地点、时间和场合,可以随意阅读的方式。在学院各方的支持下,2013 年 7 月成功招标采购了较为成熟的超星公司移动图书馆。

3 移动图书馆推广方式

3.1 利用读书节进行表彰,促进读者使用移动图书馆

在 2013 年的阅读推广活动宣传中,我馆提出 2014 年世界读书日将增加 2013 年度"移动图书馆使用达人"(移动图书馆点击量最多的 20 位读者)的表彰内容,以鼓励读者使用移动图书馆。在 2014 年的表彰中,达人们的平均点击量为 411.2 次。表彰会发布了题为《"倡导全民阅读,构建书香校园"——记 2013 年度读书活动表彰会》的新闻,网址为 (http://210.28.15.3/index.aspx? lanmuid=104&sublanmuid=794&id=820)。

2014 年继续宣传移动图书馆等资源,在 2015 年的世界读书日表彰会上将"移动图书馆使用达人"增加至 40 人,达人们的平均点击量为 30031 次,表彰会发布了题为《愿书香溢满校园,让阅读点亮人生》的图书馆第五届读书活动表彰大会,网址为(http://

www.njcc.edu.cn/xww/25/4c/c65a9548/page.htm)。

2016年的第二十一个世界读书日，我馆对2015年度的优秀读者进行表彰，发布了题为《阅读是思想的旅行旅行是行动的阅读今天你阅读了?》的新闻稿，继续表彰了"移动图书馆使用达人"40人，达人们的平均点击量为46869次，受到读者欢迎。

网址为：http://www.njcc.edu.cn/xww/31/b3/c65a12723/page.htm

3.2 利用入馆教育让读者了解、学会和愿意使用移动图书馆

2013年9月下旬开始的新生入馆教育，即将移动图书馆项目纳入了新生入馆教育的内容中。并在学院网站发布了题为《改进工作作风，提升服务效能——图书馆顺利完成新生入馆教育》的新闻，网址为（http://210.28.15.3/index.aspx?lanmuid=104&sublanmuid=794&id=806）。

2013年底，我馆采购移动图书馆仅5个月，总点击量为617797次，反映了采购移动图书馆的及时性、有效性。

在2014年9月份的新生入馆教育中，继续融入了移动图书馆的教育内容，并在图书馆网站发布了题为《图书馆顺利完成2014级新生入馆教育》的新闻稿，网址为（http://210.28.15.3/index.aspx?lanmuid=104&sublanmuid=794&id=881）。

2014全年点击量为3002529次。

同样，2015年的新生入馆教育也纳入了移动图书馆的教育内容，发布了题为《2015级新生入馆教育顺利完成》的新闻稿，网址为（http://210.28.15.3/index.aspx?lanmuid=104&sublanmuid=794&id=936）。2015全年点击量达7404930次。

3.3 利用图书馆网站和图书馆阅读推广宣传折页广泛宣传

2015年初在图书馆网站增加了使用移动图书馆的二维码宣传图标，又因学院更名的原因，重新制作了新的图书馆宣传单，也增加了使用移动图书馆的二维码宣传图标，并在图书馆各个服务窗口摆放图书馆宣传单插槽，让读者可通过各种方式，了解图书馆采购的移动图书馆资源。

4 采购移动阅读顺应了读者们的需求

通过上述的数据，可以看出：移动图书馆三年的读者总点击量从2013年的617797次，快速增长到2015年的7404930次。作为图书馆人，我们发现了读者阅读的新增长点，图书馆绝不能因为纸质图书借阅率的下降，而对人们阅读需求产生怀疑。只是在互联网+时代的新生活中，读者阅读习惯发生了改变。同时，也反映了及时采购移动图书馆的高校图书馆，在当前的阅读环境下，做出了正确的选择。

中国数字出版产业年度报告（2015）在其数字出版产业规模分析中指出：2015年国内数字出版产业整体收入规模为4403.85亿元，比2014年增长30%，其中电子书达49亿元、数字报纸9.6亿元、移动出版1055.9亿元。在其数字出版产业趋势分析中指出：出版企业将加快包括有声书在内的电子书产品形态的多元创新开发，以满足日趋多元化的阅读需求。

因此，我们的移动图书馆资源在现有的电子图书、有声读物基础上，还会有更多的发展空间，将出现新的服务项目，如：各类视频资源等，都将使采购的移动图书馆大有作为。

高职高专图书馆开展服务功能的拓展设计

韦 宁

（重庆科创职业学院 图书馆 400039）

1 开展服务功能拓展设计的内容

开展服务功能拓展设计与实施工作，既是一种管理理念的变革，又是一种服务模式的创新，是以服务功能的拓展为特定设计对象，其目的就是使高职图书馆现有的服务功能得到充分的拓展；其思路是以读者为主体，服务为内容，拓展为载体，管理为手段、机制为保障；其内容包括文献资源建设、服务方式拓展、服务功能布局等设计。

1.1 文献资源建设的设计

1）专业文献建设设计：针对我校是理工类学校的特点，我们在藏书建设中就非常注重自然科学类专业用书的收藏，并处理好版本、版次、复本的关系。我馆现有纸质图书60万册，其中专业藏书达到48万册，占馆藏总量的80%以上。在书库布局上，我们根据学校专业设置、素质培养、实训要求等，将藏书分为三个书库进行布局，既有利于突出专业用书，也可以彰显藏书特色，同时还可以将读者进行有效分流，方便读者查找图书。

2）文献类型建设设计：要拓展服务功能，不仅要提高馆藏文献总量，还需要丰富馆藏文献类型。近5年来我馆彻底改变了过去单一的图书文献类型现状，拥有纸质图书、期刊（现刊、过刊）、报纸、工具书、外文书、毕业生论文等多种类型文献，对满足读者多样化的需求具有重要的作用。在电子文献资源方面我馆根据需求收藏有7种，包括电子图书、维普考试系统、电子期刊、光盘数据库、人力资源数据库、博看期刊数据库、精品课程数据库。

1.2 服务功能布局设计

1）服务功能布局设计理念：以读者为本，拓展服务功能，构建弹性、开放、舒适、的学习环境，让读者享受良好的服务，激发读者的阅读与学习热情。

2）服务功能布局的设计：（1）借阅服务功能布局：设置自然科学类图书书库、社会科学类图书书库、报刊阅览室、期刊合订本阅览室、工具书书库阅览室、论文汇编阅览室；（2）查询检索功能布局，满足方便、快捷的需求；（3）学习资源功能布局：设置阅览室与自习室、讨论室专题服务；（4）讲座服务功能布局以方便开展学术讲座为前提；（5）系统服务功能布局涵盖中文编目功能、典藏功能、图书流通功能、读者管理功能、现刊流通功能。

1.3 服务形式的拓展设计

1）主题式服务：为大学生就业和创业开展主题服务，邀请读书协会第八届会长李佳回校做就业培训，开展创新创业大赛，开展微企业申办流程培训服务，开展大众创业培训服务。

2）专题式服务：会计手工实训服务、计算机办公室自动化培训服务等。
3）学习式服务：为大学生提供阅读与借阅服务。
4）典藏式服务：为师生读者提供学报及学报合订本、教材服务。
5）网络式服务：为师生读者提供电子期刊、电子阅览室、自助查询服务。

2 开展服务功能拓展设计的效果

2.1 专业技术（T类）用书量增加

专业技术（T类）用书2013—2015年增长量统计表

序号	年份	册数	种数	馆藏总量	比例
1	2013	144687	34530	392877	36.83%
2	2014	167471	40062	450311	37.19%
3	2015	187644	45503	485977	38.61%

从统计表中可看出：近三年，图书馆专业技术用书从册数、种数、总量都是以递增的趋势在发展，说明服务功能的拓展在藏书建设中发挥了积极的作用：首先是专业藏书在量与质方面得到提高；其次是藏书种类得到提升，增加了馆藏文献的信息量；第三是有效地反映了学校的专业建设特点，突出了馆藏特色，在一定程度上满足了读者的学科专业需求。

2.2 到馆的人数增加

我们就2013年12月30日—2015年12月30日3个自然年份的到馆人数、借阅量、平均借阅量进行统计分析，如表：

2013—2015年读者到馆人数与借阅量统计表

序号	年份	到馆人次	借阅量	到馆人次平均借阅量
1	2013	24847	65134	2.6册/人
2	2014	27357	83218	3册/人
3	2015	32456	129890	4册/人

从统计表中可看出近三年来读者到馆人次与读者借阅量和到馆读者平均借阅量都呈递增趋势，说明我馆的服务功能拓展设计正在逐步地发挥积极的有效作用。

2.3 藏书净增量加大

2013—2015年三年纸质图书净增量统计表

序号	年份	净增种数	净增册数	馆藏总量	比例
1	2013	26087	94529	392877	24%
2	2014	11754	47434	450311	10.5%
3	2015	16422	65666	485977	13.5%

从统计表中可看出：近三年来图书馆纸质图书净增量每年都有所增加，说明我馆在服务功能拓展中积极围绕学校专业建设开展专业藏书调整，力求扩大专业用书面与量的效果是显著的。

2.4 文献类型增多

2013—2015 年文献类型增加量统计表

序号	年份	文献类型	种类	新增类型	总增长量（册）
1	2012	纸质图书、纸质期刊、纸质报纸、期刊合订本、报纸合订本	5	—	415187
2	2013	纸质图书、纸质期刊、纸质报纸、期刊合订本、报纸合订本、电子图书	6	电子图书	652187
3	2014	纸质图书、纸质期刊、纸质报纸、期刊合订本、报纸合订本、电子图书、电子期刊、工具书	8	电子期刊、工具书	868621
4	2015	纸质图书、纸质期刊、纸质报纸、期刊合订本、报纸合订本、电子图书、电子期刊、维普考试系统数据库、工具书、外文图书、论文汇编	11	维普考试系统数据库、外文图书、论文汇编	1040857

该表说明我馆的馆藏文献类型在不断增加，为服务功能的拓展奠定了文献信息资源基础，提供了丰富的资源保障。

3 结束语

我馆开展服务功能拓展设计意在创新服务方式，拓展服务内容，创新阅读环境，激发读者的学习活力，最大限度地促进知识的流通。所以，我们认为高职院校图书馆服务功能的拓展设计，不仅仅是体现馆藏量与读者人数的增加，更重要的是通过服务功能的拓展设计与实施，打破传统、落后、被动、封闭的服务工作模式与机制，实现服务工作的创新、变革与发展。

"红色书库"为"知史爱党"教育添助力

王静颖　苗蕴玉　陈志晓　段艳英　邱丽敏

(聊城职业技术学院　图书馆　252000)

1　案例背景

习近平总书记强调指出:"历史是最好的教科书,学习党史、国史是坚持和发展中国特色社会主义,把党和国家各项事业继续推向前进的必修课"。

聊城职业技术学院为了贯彻习近平总书记关于加强党史、国史教育的讲话精神,进一步提高大学生的综合素质,深入开展了"知史爱党"教育,帮助学生找准人生航标。为此,图书馆开拓创新设立"红色书库",为"知史爱党"教育添助力,为党史、国史教育提供充足的资源保障和优质的信息服务,随时面向师生开放。

2　实施内容

"红色书库"结合学院"知史爱党"教育的实际,收集整理了教育系列丛书1千余种,3千余册。其中,突出聊城地方特色文献设立了两个专架,即"徐运北专架"和"冀鲁豫革命史专架"。在突出学院特色资源建设方面,汇总了近年来学院党史教育成果的部分资料。

2.1　"徐运北专架"

徐运北,山东聊城人,革命战争年代历任中共鲁西特委书记、冀鲁豫区党委副书记等职,在聊城等地开展抗日救亡活动,发展党员,建立党组织。新中国成立后历任卫生部副部长、贵州省委副书记等职。徐运北老人心系家乡教育事业,当得知学院为加强大学生党史、国史教育征集资料时,欣然捐出了自己珍藏的330册党史图书。

2.2　"冀鲁豫革命史专架"

冀鲁豫革命老区是党领导建立的敌后抗日根据地,聊城是当年冀鲁豫的中心区,是著名的革命老区,为中国革命做出了不可磨灭的贡献。通过600余册图书的展示,让师生了解冀鲁豫革命史,特别是鲁西革命史,从身边的"红色经典"中汲取精神力量。

2.3　学院党史教育成果资料展

这部分展览包括:《中国教育报》等媒体对学院"知史爱党"教育的报道;由北京大学出版社出版的学院"知史爱党"教学的自编教材;学院请五老报告团做报告,和请党史、国史教育专家办讲座的视频资料;学院围绕"知史爱党"开设的系列课程电影欣赏、音乐欣赏和阅读课等等的课程纪实、教案汇编和学生作业集;学院阅读教学团队创办的《读书》报、《视界》报等开设"知史爱党"栏目的教育专刊,连载师生作品;时任中宣部常务副部长雒树刚等领导对学院"知史爱党"教育给予高度肯定并做出的重要批示等等。

3 实施效果

经过图书馆的精心设计和管理,把"红色书库"打造成为学院"知史爱党"教学的延伸课堂、筑牢师生理想信念的重要阵地,成了党支部及党员学习、研究活动的场所;"红色书库"已经成了"山东省关心下一代教育基地"、"聊城市关心下一代教育基地";成了各级领导、来宾参观考察的亮点之一;成了学院对外宣传和交流的窗口。中国关心下一代工作委员会主任顾秀莲等国家级、省级、市级领导及兄弟院校纷纷前来参观考察,给予了充分的肯定和高度评价。

图书馆展出的这些珍贵资料,让师生了解冀鲁豫革命史特别是鲁西革命史,从聊城身边的"红色经典"中汲取精神力量,提高了学生学习党史、国史的兴趣,激发了学生爱国、爱党、爱家乡的情怀。

基于移动图书馆的高职师生服务创新研究

李德家　张伟华　田　向　崔慧玉
（山东工业职业学院　图书馆　256414）

1　案例实施背景

当前，数字技术、移动通信技术的发展突飞猛进，给人们的生活学习方式带来了深刻变化。传统图书馆向社会开放，实现资源开放共享与存取，业已成为图书馆发展的大趋势。随着智能手机的应用，又拓宽了师生获取信息资源和阅读的渠道，使得阅读呈现移动化、随时化、碎片化、快餐化等许多新特点。随着国家推进教育信息化的步伐加大，高职学院的教学手段也越来越丰富，教师们授课以互联网和计算机技术、笔记本电脑等工具为主。

特别近几年来，随着移动图书馆技术的开发和应用，为传统的职业学院图书馆提供了新的发展空间，提升了图书馆为师生提供信息资源的服务能力，拓宽了师生学习的时空范围，为服务教师的教学手段，促进教师改进授课方式做出了新的贡献，由此也深刻地改变了教师教学习惯和学生的学习习惯。图书馆新媒体的发展与应用给图书馆带来的绝不仅仅是技术上的革命，还有对职业院校图书馆更加深层次的生存发展的变革。我们图书馆必须顺应时代的发展，否则图书馆事业就会被边缘化。所以，我们必须应对新媒体、新技术发展带来的机遇和挑战，充分利用现代新媒体、新技术，加大对其研究的力度，拓宽应用，总结经验，提升水平。

本案例主要解决职业院校信息化教学过程中师生之间相互交换信息的手段及信息资源的存放问题，解决师生如何利用电子手段开展学术交流问题，解决如何将超星云舟学习空间引入到课堂教学中的问题，旨在加快开发数字移动图书馆应用范围，构建惠及全体师生的、全时空的数字移动图书馆应用服务体系，从而使图书馆在学院教学中发挥更大的作用。

2　案例实施内容

本案例主要依托形式多样的信息传播媒介，遵循移动图书馆信息活动的新规律，使得任何人在任何时间、任何地点，使用任何数字化设备就可以获得所需要的任何知识信息，构建师生深度参与互融的、交互式的开放信息交流环境，在获得图书馆的各种信息资源和服务的同时，还想把自己的阅读感悟、学习记录、创作创新以及收藏整理需要的资源分享给大家。除了将数字图书馆的功能延伸到手机终端上服务于读者外，更重要的是应用在教师授课与学生学习上。

移动图书馆手机服务是移动通信网络技术和数字图书馆服务系统相结合的产物，通过互联网、手机、数字电视、智能移动终端等各种媒体渠道，师生按域建立不同学术小组，形成学习者与他人协作和交流的互动关系，更可以与一流学者、专题作者、不同读者可以直接交流的机会，将数字图书馆服务推送到教师授课课堂上，推送到学生身边，使师生得以突破时间和空间的限制，在任何时间、任何地点都能够传输与获取信息与知识。师生不光可以对感兴趣的专题进行评论，还有与其他读者交流互动的机会，更为师生搭建了与专题作者直接对话的平台，全终端的学术交流与互动，为读者提供学习、研究、讨论的公众交流空间，随时随地交流学习心得，发表个人感想，实现从"听他说"到"我要说"的角色转换。

师生们利用超星云舟系统，教师与所授课的班级的全体同学组成一个学习空间（群），在该空间里教师可以将所授课程的课件、视频、PPT 等授课资料放到空间上，老师可以非常方便地播放视频、课件。而该课程的学习参考书可以随时利用超星图书馆提供的数字资源随时随地的阅读。授课时师生可以利用手机客户端进行交流，布置作业、学生考勤、教师答疑，都可以利用手机客户端在学习空间进行，突破了时空限制。

3　案例实用效果

通过对移动图书馆的拓展应用，我院师生获取知识途径日趋多样。数字移动阅读作为一种重要的阅读方式，日益普及。人们从在线阅读、电子阅读器阅读，发展到以手机、平板电脑等移动终端为载体的无线阅读，阅读手段发生了巨大变化。

截至 2015 年底，我国国民数字化阅读方式的接触率达 52.8%，其中 53% 的国民进行过手机阅读。为了更好利用移动图书馆，特别是要将超星云舟知识服务系统作为教师教学的一种辅助手段，山东工业职业学院的部分教师将课件、视频、课程资料发到超星云舟系统上，师生可以在云舟系统构建课程班级学习空间（群），在云舟系统学习空间上进行交互交流，教师授课与学生学习效果大大提高，能够将信息化教学效能得以充分发挥，学生学习的兴趣和理解能力得以极大提高，课程考试的及格率逐步提高。我院教师参加山东省信息化教学比赛，一名教师获得一等奖，我院学生参加全国机器人大赛获得二等奖。

本案例呈现典型应用流程，具有非常好的推广性，现在学院越来越多的教师开始应用云舟系统辅助授课。各专业创立了专题研究小组，教师之间互相推荐好书、好的资料。教师与学生之间可以随时随地沟通。利用手机客户端，每一个人都可以将一个大的图书馆随身带上，随时学习查阅科学文化知识。所以，数字移动图书馆的建设应用的前景是非常光明的，是现阶段提升师生阅读量的积极补充手段，必将对提高师生的文化素养起到积极的作用。

基于数字图书技术培训O2O服务平台的项目创新

李建明

(辽宁建筑职业学院 图书馆 111000)

根据图书馆服务读者多样化、个性化、社会化、深层次化需求的工作目标，结合部门自身工作特点、相对技术优势，图书馆在广泛调研的基础上，通过与图书馆领导及广大馆员的沟通分析，形成了具有创新特点的、符合"O2O"模式的服务创新项目。通过互联网线上、线下结合，为辽宁建筑职业学院教师及广大学生提供了方便快捷、易于操作，体现多样化和个性化，更加实用的数字资源阅读推广的技术，充分体现了图书馆的核心价值。

1 项目背景

2013年，辽宁信息职业技术学院与辽宁建筑职业技术学院正式合并，分南北两个校区。图书馆设在南校区办公，全校师生的图书借阅、参考咨询等图书馆服务工作统一在南校区办理。由于两校区地理的原因，导致北校区师生对于图书馆纸质资源的利用率明显下降。同时，合并后的南北校区教职员工之间熟悉程度不够，在参考咨询服务等方面产生障碍。

为此，我们借鉴"O2O"模式，将图书馆购置的大量数字资源以及数字资源服务，通过线上与线下相结合的技术培训项目，为读者提供了足不出户即可获得各类信息资源的便利条件。实施图书馆数字资源推广服务，对于加强我校数字化图书馆的建设与发展具有很大的现实意义。

2 项目目的和意义

1) 打破南北校区交通不便等环境因素的影响，消除"不知道找谁"现象，变图书馆被动服务为主动服务，实现沟通无障碍，使读者更加方便、快捷获得阅读快感；

2) 推送图书馆现有的数字资源，能够满足不同阅读爱好者的个性化需求，提高数字资源的利用率；

3) 对试用数据库资源进行推广，并及时征求反馈信息，有利于数字资源购买的有的放矢；

4) 有利于提升图书馆形象。高职院校普遍重视教学与实训，高职图书馆在高职院校中的地位普遍较低，受重视程度不够，读者的关注度也偏低。通过阅读推广活动，能够有效地提升图书馆的形象，使更多的师生关注图书馆的动态，了解图书馆的职能和资源，使图书馆真正成为学校教学、科研、文化的重要阵地；

5) 能够优化图书馆的资源配置，提升服务水平，提高馆员自身的素质。

3 项目可行性和可操作性

3.1 技术可行性

随着"互联网＋"的升温，网络技术应用已逐渐成熟，能够提供完善的技术支持和操作界面，使人机交互更简单、更易懂。现阶段的数据库供应商所提供的网络全文数据库、信息资源库可以满足方便读者取用的条件。我校图书馆很重视对于数据库资源的购进，已经购置了中国知网、CNKI职业技能在线、超星汇雅电子书、歌德电子借阅机等多种数据库资源。这些全文数据库、视频点播资源库等把专业性很强的各类信息资源整合到一起，正是教师和学生读者所迫切需要的，且这类数据库资源具有较为成熟的技术和可操作性的特点。因此，图书馆的数字资源阅读推广创新服务具备了应用技术角度的可行性。

3.2 人员可行性

此创新项目参与人员包括我校图书馆的专业技术人员，他们进行线上指导；来自北京世纪超星公司等数据库商的外部专业培训讲师，开展线下培训工作。所有工作人员都具有从事图书馆工作多年的知识素养、工作经验，具有数据库管理和维护的专业能力。我馆在辽宁省高校图书馆营造"书香校园"阅读推广读者服务案例大赛中，荣获高职高专组三等奖。因此，从人员素质及能力角度，图书馆的数字资源阅读推广创新服务具备了可行性条件。

3.3 经济可行性

近年来，由于纸质信息资源的价格逐年升高，读者对于网络信息资源利用率大幅上升，很多高校图书馆已经将信息资源采购的计划从纸质资源采购逐步向电子资源采购倾斜。特别是电子资源可以做到一次采购反复应用，实现效率及效益最大化。我校图书馆通过科学分类与成本核算，实现了数据库资源的高绩效购进，图书馆的数字资源阅读推广创新服务具备了可行性条件。

3.4 接受者角度可行性

高职院校图书馆的读者群主要是教师和学生读者，他们在教学、科研、教学实践和专业学习等方面有着大量的信息需求。这类读者受信息社会发展的影响，学习能力强，能够更容易、更快速地接受新生事物，并且更愿意通过网络寻找所需的各类信息资源。图书馆只需进行一定程度的宣传和培训，即可以让他们了解其内容和使用方法，以得到所需的各类信息资源。因此，从接受者角度，此类创新服务方式是可行的。

4 项目具体实施方案

4.1 建立图书馆资源共享群及微信公众平台

充分利用网络优势，建立资源共享QQ群，邀请全校教职员工加入该群，及时发布图书馆资讯信息（如：开馆时间的调整、催还通知等），上传各类数字资源信息到群内，方便群成员下载。

建立微信公众平台，邀请全校师生关注，通过微信平台开展图书馆活动及数字资源的推广活动，定期将信息推送到读者手机，使全校师生更方便、快捷地了解图书馆的资讯信息。

4.2 开展数字资源推广宣传活动

为了拓展图书馆的服务模式，加大馆藏数字资源的推广宣传力度，提高图书馆数字资源在师生中的知晓面和使用率，图书馆分别在南北校区开展了"数字资源推广宣传暨有奖竞答"活动，活动时间为 2015 年 5 月 11 日——2015 年 6 月 3 日。在活动中，图书馆工作人员耐心细致地为前来咨询的读者介绍中国知网、CNKI 职业技能在线、超星汇雅电子书等 3 种学校购置的数字资源，以及超星读秀中文学术搜索系统、歌德电子书等 10 种试用数字资源的资源信息和使用方法。

4.3 开展阅读推广系列活动

1）学生"优秀读者"评选活动。根据上学期累积到馆次数和累计借阅册次分别评选出学生优秀读者各 100 名，给予借阅限额由 3 册增加为 6 册，借阅期限由 30 天增加为 60 天，有效期为一学期的奖励。

2）开展读者问卷调查活动，向到馆读者发放调查问卷 213 份。通过问卷调查活动及时了解到读者需求和意见，适时调整了图书馆的服务形式和服务方向。

3）为了让读者深入了解图书馆购买和试用的数字资源的具体内容以及使用方法，提高其利用率，图书馆邀请北京世纪超星公司讲师开展数字资源讲座，着重介绍了超星移动图书馆、读秀学术搜索、歌德电子书借阅机等资源的使用方法，以及利用有关资源开展课题研究、撰写学术著作与学术论文写作的方法，讲座得到了广大师生积极参与和一致好评。

4）举办图书馆第一届辩论赛，围绕图书馆管理、服务、技术等方面内容设置相关辩题。全校共有 8 只队伍参加了本届辩论赛，最后以"电子图书能否替代纸质图书"为辩题进行了冠亚军决赛。

5）为宣传推广图书馆的馆藏电子资源，全面提高我校师生掌握网络检索和信息查询的基本方法，提升信息获取的能力，图书馆与北京世纪超星公司联合举办了"超星杯"数字资源检索知识大赛。竞赛采用线上、线下共同答题的模式，共回收有效答卷 334 份，根据答卷得分评选出一等奖 2 名，二等奖 5 名，三等奖 10 名，纪念奖 50 名。

综上所述，图书馆开展的基于借鉴"O2O"数字图书技术培训创新项目，经过前期的运行，已经取得了非常明显的效果。促进了全校师生对图书馆馆藏信息资源，特别是数字资源的了解，实现了满足读者多样性、个性化、快捷性阅读要求的服务目标，提高了图书馆的知名度及师生的关注度，图书馆数字资源的访问量大幅提升，为图书馆数字化信息服务的改革和创新发展奠定了良好的基础。

金职院"活力图书馆"的打造

胡朝德　郑丽仙

（金华职业技术学院　图书馆　321007）

1　案例背景

金华职业技术学院图书馆新馆于2014年正式交付使用。《金华职业技术学院文化校园建设三年行动方案》（2015-2017年）提出"活力金职再提升工程"。国家倡导全民阅读活动正在引起全社会的高度重视。

2　"活力图书馆"建设的整体思路

营造富有亲和力的图书馆借阅环境，创设师生喜爱的阅读活动载体，形成全校共建图书馆文化的氛围。

3　"活力图书馆"的实践活动

3.1　重彩荟萃中外文化，精心打造第三空间

金职院图书馆空间布置和文化氛围的营造目标是：成为展现中外文化、凸显中华文明、具有本地文化色彩的育人场所。既能吸引读者欣然前来，又能让读者安心驻留。因此，我馆营造文化氛围的重点是：空间构造、墙面布置、楼道装饰、桌牌提示。

3.1.1　空间构造

精心构造三个学习共享空间和三个休闲角，以不同的构建、不同的家具、不同的主题图书、不同的墙面装饰，使得三个学习共享空间分别体现现代简约风格、中国古代书房风格、古典西洋风格。与风格相适应，三个休闲角分别设计了科技迸发、中式古建筑、欧洲城市等主题墙绘。墙绘采用了黑白两色，使画面氛围更符合图书馆安静整洁的整体环境。墙面采用两种材质——大理石墙挂、书画镜框画板。巨幅大理石墙挂布置在图书馆借阅大厅西面墙体上。以活字印刷形态衬托，选用"开卷有益"、"古今中外"、"温故知新"、"春风化雨"、"厚积薄发"五个成语，分别以不同字体呈现华夏文明。

走廊墙面装饰，分楼层、分区块来分别布局。一共采用了近100幅画面，展现古今中外科技文化，主要体现四大元素：金华元素、金职院专业特点、中国文化、西洋文化。地方元素的有金华历史文化名人10人和本地书画作者送给图书馆的作品，如：初唐四杰骆宾王、南宋婺学之宗吕祖谦、南宋永康学派创始人陈亮、明初诗文三大家之宋濂、明末清初文学家戏剧家李渔、科学泰斗严济慈、诗坛泰斗艾青；揭示金职院专业特点的文化布置展现了与本校专业相关的8位中外科技文化名人生平事迹，他们是："人民教育家"陶行知、"现代管理学之父"彼得·德鲁克、立体画派创始人毕加索、近代护理创始人南丁格尔、"现代建筑的最后大师"贝聿铭、物理学家爱因斯坦、发明家爱迪生、化学家诺贝尔；

展现中国古代文化的有唐宋诗词系列、诸子百家系列、二十四节气系列、花中四君子梅兰竹菊。唐宋诗词系列共12位作者的12首作品，作品分别描述春夏秋冬景色，作者为：苏轼、韩愈、王昌龄、杨万里、杜牧、元稹、柳宗元等。诸子百家系列用了8幅作品介绍了孔子、老子、孟子、庄子、墨子、荀子、列子、鬼谷子等8人。二十四节气系列制作了24块扇形版面，表明中国是世界上最早使用历法的国家之一，农历二十四节气是中华民族经验和智慧的结晶。花中四君子梅兰竹菊共同特点是自强不息，清华其外，澹泊其中，不作媚世之态。"四君子"是中国人感物喻志的象征。图书馆在四个楼层墙体上分别介绍了梅、兰、竹、菊。

3.1.2 楼道装饰

两条楼道分别以图文和中国画两个系列来装饰。书库楼道布置着"名人与图书馆"系列，向所有来馆学习的人介绍了15位中外名人的生平和他们与图书馆之间的故事：毛泽东、李大钊、蔡元培、鲁迅、华罗庚、歌德、博尔赫斯等；阅览室的楼道装饰用了4幅牡丹图。牡丹花被拥戴为花中之王，牡丹是中国特有的木本名贵花卉。在中国栽培甚广，并早已引种世界各地。在清代末年，曾被当作中国的国花。

3.1.3 桌牌提示

全馆的阅览桌和自修桌上，制作分布了300块双面的图文并茂的励志宣传牌，倡导文明、鼓励阅读。譬如："人的全部本领无非是耐心和时间的混合物——巴尔扎克"、"一寸光阴一寸金、寸金难买寸光阴"、"业精于勤荒于嬉、行成于思毁于随"、"信心来自于实力、实力来自于勤者"、"书籍是医治心灵创伤的良药"……

3.2 注重师生共同参与，形成文化共建氛围

众人拾柴火焰高。通过各种宣传活动，在全校师生中树立"我的图书馆"意识，开展"我的图书馆"共建。

3.2.1 共同参与文化氛围建设

金职院图书馆文化氛围的营造设计，采用全馆参与的办法。征求意见、组织讨论、确定方案、组织实施，都走的是群众路线。每个区块的文化呈现的布局，我们都组织大家讨论。100块画面的文字提炼、图案选用，我们组成不同的工作小组分头落实。300块桌牌的语句提供、选择、配图，全馆群策群力。全馆每位同事都分别向馆领导提供了五句以上的励志语言，多者提供了几十句。

三个休闲角的墙绘设计和墙绘，是艺术设计学院十几位学生的集体智慧的结晶。

3.2.2 共同参与文献资源建设

文献添置吸引师生参与，主要方式有二：一是常年开通师生荐购图书渠道；二是每年组建专业教师选书团，开展现采活动，2016年组织了18人的专业教师选书团，目前已经连续八年组织各学院专业教师去全国大型书市现场选书。

3.3 共同参与阅读推广活动

首先要争取校领导重视。图书馆读书活动早做计划、早向领导汇报，获得校领导重视；

其次要在馆内形成合力。2015年图书馆推出了阅读推广认领行动，13位同事主动报名认领了12个二级学院的移动阅读推广任务。2016年，馆里组建业余阅读推广小组，来自各业务部门的11位同事主动报名参加。2016年读书节主题的确定，广泛征求同事的意见后确定为：阅读传经典、书香盈校园；

第三是与学校职能部门联合，保持与宣传部、团委、学生处的密切合作。譬如与宣传部合作开展校史校情教育活动，与学生处联合开展创建"书香寝室"活动，与团委联合开展"国学在心中、书香伴我行"经典阅读知识大赛；

第四是与各二级学院联合，如与师范学院联合开展以读书为主题的毛笔书法现场赛，与艺术设计学院联合开展与主题与图书馆和读书相关的书签设计征集评选活动，与旅游与酒店管理学院联合开展"我爱阅读、快乐毅行"阅读促进活动；

第五是与有关学生社团、组织、骨干队伍和部分热心学生联合，比如设立校青年志愿者大队图书馆志愿者基地活动，以前每年的志愿者1000余人次，2015年达到了3500人次。组建学生读书协会，开展读书节推广活动。培训各学院的班主任助理，作为阅读推广的学生骨干队伍。聘任热心学生代表，作为图书馆阅读推广的助手。

4 "活力图书馆"的效果体现

领导支持力度加大：2016年在全校经费预算紧缩的环境下，图书馆的资源建设费不减反增，由2015年的391万增加到430万。读书节开幕式由分管校长主持，学校党委副书记致辞，各相关部门领导、二级学院分党委书记、团委书记和师生代表630人参加。

学校有关组织主动推介：学校官微、校学生会官微、各二级学院的团委、学生会官微等纷纷推出介绍图书馆、宣传图书馆活动、促进阅读推广的微信。"金职图文"微粉队伍壮大：目前已近9000人。创建"书香寝室"活动踊跃：已经有100多个宿舍提出申请。

正在进行中的校史校情教育线上答题活动，全校近6000人参加；2016年读书节之书签设计征集评选活动，整个活动关注人次为9.3万；参与2016年校读书节之百人团上街推广阅读活动，旅游与酒店管理学院的师生有110人参加；读书协会派出10名会员参加金华全民"寻找读书达人"活动。10位阅读达人，我校读书协会会员占了四席，其中1人获得总冠军。

"书海徜徉 数字添香"
——大连职业技术学院图书馆阅读推广案例

梁 盟 马庆忠 李英女 邹 晶 马爱民
(大连职业技术学院 图书馆 116031)

1 案例实施的背景

在2016年的政府工作报告中,李克强总理再次强调"倡导全民阅读"。这已经是"倡导全民阅读"连续第三年被写入政府工作报告,可见国家对全民阅读的重视程度。图书馆是收集、加工、整理、保存资料,并向公众提供借阅和参考咨询服务的机构。大学生是全民阅读的主要群体,高校图书馆通过引导大学生群体热爱阅读,使大学生养成良好的阅读习惯和学习能力,对推进全民阅读、建设书香社会具有重要意义。

教育部于2015年修订的《普通高等学校图书馆规程》第三十二条明确规定:"高校图书馆应积极参与校园文化建设,积极采用新媒体,开展阅读推广等文化活动。"目前,阅读推广活动已然成为高校图书馆的一项重要工作内容与服务创新。

我校图书馆在对在校读者进行充分调研的基础上,推出"书海徜徉·数字添香"图书馆馆藏资源推广系列活动,将传统纸质书刊与新兴电子资源完美结合,一并展示与推广给校内读者。

2 案例概况及活动效果

2.1 广泛宣传,重点调研

为达到最好的宣传活动效果,在活动正式启动之前,图书馆一方面与学生社团携手在全校范围内进行全方位的宣传,通过图书馆网站、微信公众平台、海之声校园广播、QQ群、海报、LED电子屏等各种媒介对活动内容、形式等进行大力宣传;另一方面与一线教师群体积极沟通,通过调查问卷等形式获得教师群体的客观需求与反馈意见。

2.2 推广形式丰富多样

本次活动区别于以往单一的推广形式,而是由三部分内容构成完整的活动体系:

一是"您读书,我买单",由合作书商新华书店以教师提供的书目为基础,精选5000册种类多样的图书供读者现场选择。读者选定图书后,由图书馆工作人员进行登记审核后即可将图书带走阅读,无须个人付款,仅需在指定的期限内归还即可。

二是"数据库FTF(面对面)",图书馆的数字资源对于高职学生来说常常是陌生的,为了让学生了解图书馆的各类数字资源,提高数据库的利用率,图书馆特别邀请了CNKI等13家知名数据库公司在统一的时间一同来到学校与学生进行面对面的交流。参加活动的各家公司准备充分,宣传资料以及各种带数据库LOGO的小礼品都深深地吸引了读者的目光,现场展示的博看报刊阅读机和歌德电子书借阅机更是人气爆棚。

三是"定制讲座",由图书馆专业服务馆员与各自所负责部门(学院)联系沟通,为其介绍图书馆现有各数据库概况,并根据部门需要,为其推荐最适合的数据库,再由信息咨询部统一协调,确定讲座的时间,由专业讲师为某一部门教师做具有针对性的数据库培训讲座。

通过三部分活动内容的结合,使读者在一个集中的时间段既可以选择纸质书刊的阅读,又对图书馆的数字资源有了新的了解与认识。活动结束后,信息咨询部反映,读者在馆藏数据库使用等方面问题的咨询量较以往增加了数倍,各数据库的点击量急剧增长,个别数据库一周内的点击量就已超过原来的点击量总和,图书借阅率也大幅提高。

3 案例实施的启示

通过这次活动,我们得到了以下几点启示:一是制定阅读推广活动方案之前,我们针对读者进行了问卷调查,使参照分析结果制定的活动方案具有较强的针对性,达到了预期的目的,增强了活动的效果;二是活动开展之初,我们充分利用各种宣传手段,扩大活动的影响力,提高活动的知名度;三是充分利用"校团属新闻传媒中心"、"校青年志愿者协会"、"校星河文学社"及"校电影协会"等学生社团在学生群体中的影响力对活动进行大力宣传,并根据各社团的特点布置相应的工作,调动其参与组织活动的积极性,很好地弥补了图书馆阅读推广活动人员的不足。

中国新闻出版研究院发布的"第十三次全国国民阅读调查"报告数据显示:2015年我国成年国民图书阅读率为58.4%,同比上升0.4个百分点;数字化阅读方式的接触率为64.0%,同比上升了5.9个百分点。因此,在阅读推广活动中,若想取得更好的效果,应该将传统阅读形式与新兴阅读形式并重进行,因为纸质书刊的阅读推广与电子资源的阅读推广对建设全民阅读的书香社会都是必要的。

"书香致远 悦享职院"
——大连职业技术学院图书馆阅读推广案例

李英女 刘 颖 梁 盟 赵晓辉 李树忠

（大连职业技术学院 图书馆 116031）

1 案例背景

大连职业技术学院是国家示范性高职院校，在各方面的建设中也一直以"建设全国一流的高职院校强校"为目标。校图书馆紧紧围绕这个目标，致力于书香校园建设。为吸引校内读者走进图书馆，营造浓郁的阅读氛围，自 2013 年起，我校图书馆联合学校团委、宣传部共同举办了 4 届内容丰富、形式多样的读书月系列活动，受到读者的广泛好评。

2 案例简介

本案例为 2015 年大连职业技术学院图书馆读书月系列活动案例。

2.1 爱心交换空间"捐书换书活动"

活动内容：图书馆专门设立了一个"爱心交换空间"，号召学生将自己用过的教学资料、有益书刊捐献出来。任何读者都可以在"爱心交换空间"自由寻找、阅读图书，共同构筑一个可以共享知识资源的空间。

实施要点：图书馆由专门的工作人员对读者捐赠的图书进行审核、分类。

实施成效：读者参与活动热情很高，共收到捐赠图书 4301 册，图书馆"爱心交换空间"现在已然成为图书馆的一个特色阅览区。

2.2 "图书馆，我想对你说"留言墙有奖征言活动

活动内容：师生畅所欲言，图书馆倾听心声。鼓励每位读者真诚地与图书馆沟通，为我们提出宝贵的建议或意见，让"留言墙"为读者和图书馆架起一座沟通的桥梁，成就一段知心的佳话。

实施要点：图书馆专辟留言空间，并为读者准备留言笔和便笺纸。

实施成效：读者参与热情很高，为图书馆的工作提出了一些意见，同时也为图书馆的建设提出了一些有价值的建议。

2.3 "温馨提示牌"创意大赛

活动内容：为推进校园和谐文化建设，提升图书馆文化品位，打造温馨、书香浓郁的图书馆，更好地推进我校学风建设，以"图书馆各种温馨提示标语"为主题，包括禁止各种不文明行为的提示，如节约用水、禁止吸烟、拒绝占座等主题，结合所见所闻或相关感受，设计各种温馨提示牌。

实施要点：面向学生读者进行大力宣传，鼓励学生进行原创。

实施成效：通过亲自制作温馨提示牌，使读者对一些不文明的阅读行为有了更深的理解。

2.4 "走进图书馆,漫步知识殿堂"知识竞赛

活动内容:为了活跃校园文化生活,激发学生学习的兴趣,娱乐身心,丰富大学生活,增进同学们对图书馆的了解,共同打造一场全新的知识盛宴,为全校学生提供一个相互认识、相互交流的平台,走进图书馆,认识图书馆、了解图书馆,学会利用图书馆,校传媒、文学社携手图书馆开展以"走进图书馆,漫步知识殿堂"为主题的图书馆知识竞赛活动。

实施要点:精心设计初赛、复赛和决赛三场比赛,在比赛的过程中,穿插各类游戏和才艺表演,活跃赛场气氛。

实施成效:活动仿效热门综艺节目"一站到底",活泼的形式、丰富的知识信息等在学生中引起了非常好的反响。

2.5 馆藏数据库应用专题系列讲座

活动内容:为了提高读者对图书馆数字资源的了解,在纸质文本阅读之外,能够充分利用图书馆的各类数字资源进行数字阅读,图书馆邀请了知名数据库讲师亲临学校,为读者献上一道道数字阅读技巧的盛宴。

实施要点:与学校教务处进行沟通,在讲座时间安排方面,充分考虑到学生的空课时间,以便学生能够有机会参与。

实施成效:通过几场讲座,使读者对图书馆馆藏数字资源有了更深的了解,提高了数据库的点击率,个别数据库在讲座之后几天内的点击量增加了三四百次。

2.6 "中华民族的优秀品德"影片展播

活动内容:为丰富学生的课余生活,让更多喜欢电影的人更深入地领略电影的魅力,组织学生观看影片,旨在增强学生的民族自尊心和自豪感,提高同学的优秀品德,培养学生热爱社会主义祖国、热爱家乡、热爱学校的情感,激发学生为社会主义现代化建设和民族伟大复兴而努力学习的热情,激励他们以饱满的热情和积极的心态过好大学生活。

实施要点:影片的选择是重点,既要满足大学生的感官需求又要选择积极向上的影片。

实施成效:活动很受欢迎,基本每周都会有学生在微信公众平台咨询影片放映信息。

2.7 "我眼中的图书馆"最美图书馆摄影大赛

活动内容:丰富校园文化生活,活跃校园气氛,提高艺术修养和摄影水平,真正掀起图书馆文化艺术创作活动的高潮,促进摄影爱好者之间的影艺交流,并为所有热爱摄影艺术的同学搭建一座展示其精神风貌、记录发现、表现创意的平台。本次大赛以"我眼中的图书馆"为主题,邀请读者通过自己独特的视角,记录下图书馆的人文与历史,缤纷与寂静,读书与快乐,激发读者对图书馆的热爱之情。

实施要点:有效的宣传对这个活动的开展起着至关重要的作用。

实施成效:读者的参与度较高,从自己的视角展现了图书馆的"千姿百态"。参与的同学表示,通过参加这个活动,自己对图书馆又有了新的认识。

2.8 "知识伴我行"万方数据文献检索大赛

活动内容:"大数据"时代背景下,为推动更多的同学利用资源、发现知识,帮助更多的同学有效提升文献检索能力,图书馆携手万方公司举办"知识伴我行"——万方数据文献检索竞赛活动,旨在丰富同学们的课余活动,帮助同学们走上"文献检索、知识发现"的美妙之旅。

实施要点:有效地宣传和赛前万方数据库使用辅导是活动成功举办的保障。

实施成效：通过参加这次检索大赛，使读者对万方数据库有了更加全面的了解。在比赛的过程中，学生学会了一些数据库检索技巧，有利于今后做毕业论文时查找资料等。

2.9 "读一本好书，寻一个知己"微书评大赛

活动内容：丰富校园文化生活，激发读者的阅读兴趣，提高个人文化修养，同时引导大学生养成"读好书、好读书"的习惯，提高大学生对读书的重视，并提供一个读书交流平台。

实施要点：有效的宣传对这个活动的开展起着至关重要的作用。

实施成效：此次活动丰富了同学们的课余生活，提高了同学们的写作能力，增添了校园的书香氛围。以这种新颖的方式来吸引更多的同学热爱读书，给大家创造了一个读书交友的机会。

2.10 图书接力大赛

活动内容：通过"图书接力大赛"活动，比试读者书目检索能力及现场找图书速度，增进读者对图书馆的了解，帮助读者熟悉图书馆馆藏布局、分类排列架构、馆藏检索的方法，提高查书、借书的效率，营造出轻松而富有趣味的找书、借书氛围。

实施要点：有效的宣传和赛前培训、使用辅导是活动成功举办的保障。

实施成效：通过参加这次接力大赛，使读者对图书馆藏书有了更加全面的了解。读者在比赛的过程中，熟悉了利用公共检索的查询技巧，提高了借阅图书的效率等。

2.11 "品味阅读、传递快乐"流动阅读出校门活动

活动内容：与周边学校、社区及部队沟通联系，根据其需求精心挑选相当数量的书刊，为其建立流动图书站，定期更换书刊，满足校外读者的阅读需求。

实施要点：有效的沟通与宣传对活动的开展起着至关重要的作用。

实施成效：此项活动扩大了馆藏图书的阅读群体面，提升了学校在周边地区的知名度与影响，同时也为书香社会建设做出了一定的贡献。

2.12 国学茶话系列文化活动

活动内容：聘请本校国学资深专家团队，以国学文化概说、国学礼仪、京剧文化和中医药养生等为主题，开展国学茶话系列文化活动。

实施要点：与校内专家进行沟通，制定合理的活动方案，利用多渠道对活动进行宣传。

实施成效：活动吸引了广大教职工的热情参与，通过身边的专家学者的精彩介绍，使大家对中华优秀传统文化有了更深刻的认识，同时也激发了大家对传统文化的浓厚兴趣。据统计，系列文化活动结束后，教工借阅中国传统文化类图书数量有了明显的增加。

3 案例启示

制定活动方案之前，针对读者进行的问卷调查分析使活动方案具有较强的针对性，达到了预期的目的，增强了活动的效果。充分利用各种宣传手段，使读者了解活动，提高其积极性。我们不仅制作了一系列的活动海报、条幅，还通过"海之声"校园广播、BBS、图书馆微信公众平台、QQ空间等媒介与读者开展互动，并及时将活动信息发布给读者。同时，图书馆与学生社团携手合作，充分利用"校团属新闻传媒中心"、"校青年志愿者协会"、"校星河文学社"及"校电影协会"等学生社团在学生群体中的影响力对活动进行大力宣传。根据各社团的特点，调动其参与组织活动的积极性，很好地弥补了图书馆阅读推广活动人员短缺的问题。

提升学生人文素质，服务专业人才培养
——潍坊护理职业学院图书馆人文素养教育案例

刘子骥　高芹　钟晓莉　陈晗曦　陈佳祺

（潍坊护理职业学院　图书馆　262500）

我院是一所以护理专业为主的学校，护理专业在校生占到学生总数的70%以上。护理专业学生将来的就业岗位是各级医疗卫生机构的临床护理岗位，主要是面向病人服务，是与人打交道的职业，这就要求一名合格的护士，不仅要有精湛的技术，还应该有较高的人文素养。在我院护理专业的人才培养方案中，人文素养教育占有重要地位。近几年，图书馆本着为专业人才培养服务，为学生服务的理念，在学生中开展人文素养教育，取得良好效果。

1 举办以孝文化为载体的传统文化教育

学院位于历史文化名城山东青州市，青州是古九州之一，具有深厚的文化底蕴，尤其是孝文化积淀深厚。近年来，当地政府深入发掘孝文化资源，以"孝德"为切入点，实施"孝德工程"、"以孝治市"受到社会瞩目，被确定为"山东省孝文化教育基地"。图书馆充分利用当地孝文化资源，在学生中开展以孝文化为载体的传统文化教育活动。

孝文化是我国传统文化的重要组成部分，以"孝"为切入点对学生进行感恩教育，对提升学生人文素养可以起到事半功倍的效果。图书馆多次邀请中华慈孝专家指导委员会委员，青州市孝文化研究会会长曹元国到校举办专题讲座，培养学生感恩父母、感恩社会的情怀。图书馆工作人员与相关部门合作编写了《大学生孝德文化读本》校本教材，汇集了历代的孝德故事，推荐学生阅读。图书馆还组织部分学生利用节假日到"孝文化教育园"等教育基地参观，亲身感受中国孝文化的源远流长。通过一系列活动，让学生从中国传统道德最基本的孝敬父母做起，加深了对传统文化的深刻体悟，懂得感恩父母，回报社会。

2 以大学生读书社为依托，开展丰富多彩的读书活动

图书馆"悦读"书社是学院唯一的大学生读书社团，图书馆以"悦读"书社为依托，充分发挥学生主观能动性，开展丰富多彩的阅读活动，提升学生人文素养，建设"书香校园"。

2.1 "我爱读书"文化知识竞赛

2016年4月15日—17日，图书馆读书社组织了"我爱读书"文化知识竞赛。本届知识竞赛创新了活动方式，采用微信答题的形式，学生只需要通过手机、iPad等移动通信工具关注"潍坊护理职业学院图书馆"微信公众号即可参与答题，提高了活动的时效性和广泛性。学生答题结束之后系统自动评分，每天可答十道题，三天共计三十道题，相同积分会自动按照答题时间进行排名。竞赛题目涉及文学、历史、地理、校史等多方面内容。三天内，共有1200余名学生参与，最终根据得分评选出了优胜奖10名，优秀奖20名。通

过知识竞赛活动可以开阔学生知识视野，培养阅读兴趣和阅读习惯，对提升学生人文素养起到了很好的作用。

2.2 积极参加青州市全民读书节活动

每年读书月期间，图书馆读书社都会组织校内读书朗诵比赛，营造读书氛围。同时，通过比赛选拔优秀选手，参加每年一次的"青州市全民读书节朗诵大赛"。在历年的全民读书节朗诵比赛中，图书馆选送的选手都取得较好成绩。在2016年的大赛中，我院学生高扬以《在山的那边》为演讲题目，从近50名选手中脱颖而出，获得了本次大赛成人组比赛三等奖。

2.3 加强读者培训，推广移动阅读

图书馆目前已有歌德电子书借阅机、电子期刊、电子报纸、超星电子书等数字资源，均可在校内网访问，利用手机等移动终端使用。图书馆通过新生入馆培训、检索技能培训等形式，向学生推送数字资源，积极开展阅读推广工作，提高数字资源利用率。为提升培训效果、培养学生信息素养，图书馆定期举办检索技能大赛，既包括纸质图书检索，也包括电子资源检索。今年的比赛有51名同学参加，比赛采取小组赛的方式，3人一组，相互协作，完成检索。

2.4 开展温情免责还书活动

由于学院三个校区的图书馆实行图书通借通还，有的学生还书不方便，容易造成借书超期。为体现人性化服务，从2016年开始，图书馆在"读书月"期间开展了为期一个月的温情免责还书活动：凡在2016年4月30日前逾期未还的图书，只要在活动期间归还，逾期罚款可以全部免除；活动期间，凡来图书馆办理"丢失图书以同样版本实物赔偿"者，一律免除图书加工费；丢失图书无法以同样版本实物赔偿的按照原图书价格进行赔偿；活动之前已经归还的图书如有超期罚款未缴纳者，在活动期间到馆处理，超期罚款费视情况部分或者全部免除；对活动之前，已经发生违章、丢失图书，证件被停用的读者，在活动期间进行处理，将视情况减轻或免除处罚。今后，该活动每年读书月都会开展，让滞留在读者手中的图书及时"回家"，从而提高馆藏图书的利用率。

3 积极开展馆际合作，开通全民阅读直通车

学院图书馆与青州市图书馆不断推进馆际合作，结成馆际联盟。双方签约开通了全民阅读直通车，实现两馆资源共享。图书馆读者可凭证件，利用对方图书馆的文献资源。双方还通过共同举办各种文化活动，实现优势互补。

4 高雅艺术进校园演出

图书馆还联手市图书馆开展高雅艺术进校园活动，由市图书馆联系演出团体到我院演出，陶冶学生情操，丰富学生业余生活，取得良好效果。

图书馆作为教辅部门，服务于专业人才培养是其重要职能，图书馆应该结合学校的专业特点和自身实际，创新性地开展工作。我院图书馆立足于培养学生人文素养，开展一系列活动，取得了良好效果，受到学院领导的肯定和学生的欢迎。今后，图书馆将在充分调研的基础上，按照学生需求和特点，对活动进行系统设计，力争取得更好效果。

图书馆读者荐购图书绿色通道

王 鑫

(青岛酒店管理职业技术学院 图书馆 266000)

1 案例背景

长久以来，我馆就有图书荐购的服务，但由于缺乏一个统一的系统或渠道，一直未成规模。2013年下半年，我馆更换为汇文图书馆管理系统，该系统中的图书荐购功能比较完善。因此，我馆就以汇文系统为依托，建立了面向读者的图书荐购绿色通道。

2 实施方案

2.1 加强宣传，明确荐购途径

为了方便读者荐购，图书馆向读者提供了OPAC网站荐购、手机网页版荐购、微信荐购和现场荐购四个途径。图书馆通过网站发布、大幅喷绘、海报、发放折页等方式向读者宣传这几个荐购途径，确保其知晓并明了使用方法。

2.2 完善读者信息，确保沟通顺畅

汇文系统的荐购功能是通过自动发送邮件来与读者沟通的，这就要求读者的个人邮箱信息必须完善。图书馆在每年新生入馆后，都会导入其邮箱信息。并且针对教职工读者开展了"完善个人信息，畅享资源服务"活动，要求他们完善汇文系统中的个人邮箱信息。以上工作保证了读者随时了解荐购请求的处理情况及进程。

2.3 及时处理荐购请求

图书馆采访人员会定期在后台查看读者荐购请求，并及时、认真地处理，根据需求的轻重缓急选取采购渠道，确定复本数量。因故不能购买或无法买到的图书，及时向读者说明原因。

在购买荐购图书的时候，经常需要在网上购买。经过比较我们发现，亚马逊网站上的图书比较全，而且明细、发票正规，快递迅速且配送时间固定、取货方便；京东、当当的服务水平次之，但也能满足我馆的要求；而淘宝等网站，图书质量和发票都不能保证，有时还会出现盗版图书。因此，我们确定了将亚马逊作为荐购图书的主要采购渠道，京东、当当为辅助采购渠道的采访流程，保证荐购图书的及时到馆。

目前情况看：图书荐购的到书周期基本控制在两天到三周之间，能够很好地满足读者的荐购需要。

2.4 举办现场荐购活动

图书馆会定期举办图书现场荐购活动，为表现突出的读者颁发奖励，也吸引更多的读者参与到图书荐购活动中来，形成一种良性循环。

2.5 传统荐购渠道辅助补充

此外,在以上荐购途径之外,读者也可以直接向图书馆工作人员提出荐购请求。图书馆实行"首问责任制",收到荐购请求的馆员,无论是何岗位,都要负责将请求传递给采访人员,也要将处理结果反馈给读者。

3 案例实施成效

3.1 取得的效果

截止到 2016 年 5 月 1 日,我馆共收到读者网上荐购要求 1997 条(通过其他渠道荐购图书的请求也为数不少),除去无效请求及无法购买到的图书,我馆共购买荐购图书 569 种,1069 册,码洋合计 44000 余元。

图书荐购绿色通道方便快捷,能较快地、有针对性地满足读者的文献需求,提高了图书馆文献的利用率,提升了读者对图书馆的满意度。

3.2 创新点及可推广性

挖掘了图书馆管理系统的图书荐购功能,使其最大限度地发挥了作用。整个图书荐购绿色通道自成体系,便于操作与推广。

4 有待提高的方面

读者荐购请求中,无效请求(我馆已有馆藏、不适合我馆收藏、图书信息有误)的数量较大,降低了采访人员的工作效率。

图书荐购工作仍然需要加强宣传,并反复宣传,因为学生是流动的,每年都有更新,所以读者荐购图书的宣传活动也是周期性的。

目前我馆的图书馆系统只能在校内网使用,节假日时无法处理读者荐购要求。

图书馆"服务超市"模式的建立与研究
——图书馆服务转型与发展案例分析

邵魁德　边国尧　杨　柳　高　兰　章建新　曾爱斌

(杭州万向职业技术学院　图书馆　310023)

1 案例的背景

1.1 改变传统服务方式

常态化的图书馆服务以文献为主体，通常所指的文献主体服务包括"采"、"编"、"典"、"流"、"检"、"藏"、"阅"等功能，围绕文献开展相关服务。读者需求的发生地在图书馆，管理的主体是图书馆，管理的范围是图书馆。随着新媒体阅读技术的开展和普及，传统纸质阅读随之减少，读者的非纸本文献需求增加，读者知识需求的广度和深度增大。图书馆的服务由"文献主体"转向"知识主体"和"读者主体"，时间由"8小时"转向"24小时"，空间由"图书馆内"转向"图书馆内外"。

1.2 改变传统资源配置

传统图书馆资源配置的标准为馆藏图书和期刊（过刊和现刊）的总量、年进书量等，由此而带来的传统工作就是图书馆文献量的积累和年进书量的达标。新技术条件下，图书馆资源的配置是多元的，既有纸质图书、期刊，也有数字资源、虚拟资源、交流资源、共享资源、人力资源、实物资源、工具资源、场地资源等。这些资源统一配置，综合一体，共同服务于新时期的读者。

1.3 改变传统服务形式

从广度看，传统服务的主要内容是文献服务兼顾参考咨询、电子资源推广；从深度看，是基于文献资源的查找与获取服务；从方式看，往往还是等待式、非主人意识；从效果看，被动接受，不求最好，但求无过。新技术环境下，这一简单的服务态势必向新的知识服务、教育服务、生活技能服务、决策分析服务的多位服务转化，即向数据、信息和知识挖掘、知识组合、教学科研支撑等深层次服务转化；向决策分析和智能服务转化；向"百科式"、"全民式"的信息服务转化；向读者受用、读者便利服务转化；向合作服务、联合服务、技术服务、新媒服务转化。

2 案例的内容

图书馆尝试建立各种读者"服务超市"。

2.1 建立学习中心

将图书馆一定区域进行装饰和优组，成为学习、辅导、交流、考试、视频场所。通过环境建设、布局建设、与教学部门的联合建设、教师和课时的安排等，形成图书馆特色学习、辅导或是外语学习的基地和中心。

2.2 建立非遗文化传承教育基地

与学院非遗教育课程结合，成为非遗技能拓展、非遗知识和技能普及教育基地，弘扬传统文化，成为大学生的第二学习课堂。

2.3 咖啡文化创意园

咖啡文化创意园，成为学院"教育基金"资助项目，也是大学生自主创业、展示中西方饮食文化、引导大学生创新创意和创业，展示大学生风味饮食技艺和服务的实践基地。

2.4 企业文化和校史文化展区

将企业文化和校史文化融为一体，融入图书馆信息文化，形成文化系列展，成为图书馆信息服务的一大特色，知识和信息的展示平台。学习之余，学子们了解历史和企业精神，拓展信息渠道，产生向往和奋进的思想。

2.5 大学生设计作品展区

将大学生们的自创作品设专门展区，展示在图书馆，成为大学生创业和设计思路的启发和触感平台。

2.6 视听学习基地

阅、赏、听、观、享，是新时期读者的阅览习惯。建立视听学习基地，一改图书馆只供纸质文献阅读的形式，变多种阅读形式并存。如，建立微信平台，实现阅读、观览、视频和分享同步。同时在图书馆建立视听基地、研讨室、投影播放区等。

2.7 交流、会友、商谈、职业规划基地

将图书馆传统的阅览区改造为多种形式的组合区域，设立休闲区、座谈区、会客区、咖啡区、静思区等，成为新型的学习和社交场所，成为人们在烦闹之余静思的优雅之所。

2.8 区域图书馆联合服务体系

建立区域图书馆联合服务体系，与公共图书馆合作，建立公共服务文献区，包括儿童和老年人文献服务区，全面开展社会服务。开通地区图书馆（学校图书馆与地区公共图书馆系统）的通检、通借、通还、通约功能，实现地区的一证借阅、一体化服务，改变了图书馆原有的服务秩序，发展了图书馆事业。

总之，以上改变是适应新时期读者需求，变图书馆传统服务为"服务超市"的尝试和创新。

图书馆"十二五"发展成效

金瑜雪 梅喜雪 季瑶娴 丰 玮 郭熙焕

(温州科技职业学院图书馆 温州 325006)

"十二五"期间,温州科技职业学院图书馆立足于人的全面发展,创新思路、积极探索、精准发力,着力服务大学生人文素养、师生信息素养和全民科技素养培育,围绕"两馆一中心"的办馆定位,走出了一条富有自身特色的图书馆信息服务之路。

1 精细基础开放服务,引导阅读之需

秉承"读者至上,服务为本"的理念,温情细致的做好流通开放服务。在读者到馆及外借持续下滑的大背景下,本馆的读者年到馆量、纸质图书外借量略从2015年起企稳回升,且数字资源利用率逐年高幅增长。

图书馆总馆藏已达到教育部人才培养指标要求,初步形成具有农字特色的,基本满足学院教学科研需求的文献资源体系,纸质及数字资源建设成效显著。(见下表)

年度	2011年	2012年	2013年	2014年	2015年
读者到馆人次	23.0万	23.6万	26.4万	21.6万	25.3万
图书外借册次	4.1万	6.0万	5.9万	4.5万	5.0万
数字资源点击下载篇次	19.1万	76.8万	156.1万	146.3万	301.8万
纸质图书总馆藏量	39.5万册	44.9万册	48.8万册	51.7万册	56.6万册
电子图书总馆藏量	58.2万种	58.2万种	70.1万种	81.2万种	86.8万种

2 服务人文素养培育,滋润人文之情

发挥图书馆馆藏资源的作用,开设会昌学堂,推出学生必读书单,强化以文化人。

一是推出图书馆人文素养教育学分套餐:联合学工部门、系部制订文化艺术修养等培育套餐,如会昌学堂系列培训包括数字资源1小时培训、书法课堂、国画课堂培育等套餐;文化活动包括读书节系列活动、悦读人生真人图书馆、巧手做香花、名家视频讲座、读书沙龙、光影俱乐部、书法家现场写赠春联、名家讲座等活动。每年都举办各类活动100余场,读者参与面较广。读书节至今已举办11届,该项目分获浙江省高校图工委高职高专分委会和浙江省图书馆学会创新服务案例大赛三等奖和优秀奖。

二是创新推出《温科院大学生书单》:图书馆联合教务处推出包含人文社科书目在内的24个专业25份参考书目的《温科院大学生书单》,并及时将书单制作成册分发给全体学生,同时在馆区设立"温科院大学生书单"展示专架,引导学生在校三年完成专业必读、专业选读及人文社科类图书的阅读。

3 服务信息素养培育，激活信息之源

图书馆发挥情报信息服务功能，强化师生的信息检索、信息传播、信息分析、信息整合、信息应用等多种能力。

一是抓好资源推广培训工作：1）除常年举办"一小时培训"外，新生入馆教育覆盖全校每位新生；2）开设文献检索课程，毕业生论文写作培训；3）图书馆还深入系部开展"走入式培训"服务；4）为读书节搜索达人比赛获奖者、有论文写作或项目申报需求以及参与课题研究者、各类赛事的同学推出"精英学生"培训活动；5）开展新教师《图书馆资源利用》培训讲座，邀请专业数据库公司培训师给师生做专题讲座。

二是抓好大众科普推广工作：1）利用科技下乡活动开展科普宣传，举办科普培训讲座，内容包括农民信息利用、健康保健知识、农产品电子商务、农作物栽培、加工等；2）制作科普展板开展科普宣传活动，如制作了56个版面的《低碳生活系列知识》展板，利用科技下乡、读书节、社科联科普活动等多次展出。

4 服务科技素养培育，唤醒科技之智

学院坚持开放办学理念，响应政府"全民阅读"号召，利用丰富的图书资源开展社会服务，推动全民阅读，提升群众科技素养。

一是免费开放图书资源：2011年起，学院在温州高校率先承诺面向周边社区成年居民和全市"三农"免费开放，现已办理社会借阅证929张，接待社会读者22338人次。该项工作得到温州日报、温州电视台等多家媒体报道。

二是校地共建社区图书室：先后与新桥社区、永嘉巽宅镇、瑞安马屿农业公共服务中心等10多个社区（中心）共建社区图书室、乡镇文化大礼堂及军营书屋。建成学院图书馆社会服务站点9个，办理集团用户借阅证13张，集中出借图书1万余册。

三是开展远程农技咨询服务：以图书馆丰富的农业信息资源为基础，以学院农技专家为依托，针对农民朋友生产、生活中遇到的实际困难，提供免费的技术咨询和帮助。

四是开展科技下乡零距离服务：多次联合温州市情报学会举办活动，并成功申请北京人天图书公司的蔚蓝公益基金，为泰顺县三魁镇薛内村党员活动室捐赠价值10万元的科普图书3312册。近年来，图书馆组织开展科技下乡活动10余次，赠送农技图书5200余册、农技资料3000余份，举办农技讲座7场，受众群众2000余人次。

图书馆阅读推广案例
——二级院系书屋建设

费文媛　赵华迪　熊　筠　聂俊涛

(无锡工艺职业技术学院　图书馆　241200)

1　案例实施背景和简介

高职院校图书馆纸质藏书在逐年增加，但纸质资源的阅读率却逐渐下降，大量的馆藏图书沉积在图书馆浩瀚的书海中。现阶段，图书馆真的成了藏书的一个部门，每年为了藏书而购买图书。图书阅读率下降，阅读的人群在流失，主要是因为读者资源获得的渠道变得多样化。图书馆要了解读者阅读习惯变化的现实，要变革服务思维，要让图书馆的资源走出去，主动找到适合她的读者。

我院图书馆通过对各二级院系的走访、调查、座谈，深度挖掘二级院系师生的阅读需求。通过学校相关机构的总协调，图书馆和二级院系达成共识，共同建设二级院系书屋。二级院系书屋既是二级院系阅读推广场所，也是二级院系读者协会分会活动的场所。

二级院系书屋主要是有二级院系和图书馆共同出资建设，二级院系提供场地及阅读设备（比如阅览桌、阅览椅、多媒体设施等），图书馆负责提供资源和阅读指导。图书馆按照各二级院系的专业建设情况，提供主要的专业图书、专业期刊、专业报纸，以及和专业相关的其他资料，满足二级院系书屋正常运行的相关资源。

二级院系在图书馆和学校读者协会的指导下成立读者协会分会，二级院系书屋为读者协会分会的主要活动场地，读者协会定期举办活动，如交流分享会和专业相关的一些比赛，对阅读进行推广。各二级院系分团委对读者协会的活动负有指导和监督的任务，并协助读者协会开展阅读推广工作。

2　案例的创新点

二级院系书屋的建设得到了学校领导和二级院系的大力支持。通过试点建设，逐渐扩大参与的院系，本案例主要的创新点有以下几个方面：

1) 二级院系书屋打破了阅读推广场所在图书馆的惯例，使得阅读推广走进了二级院系，更贴近了广大师生。广大师生可以就近阅读到自己喜爱的图书，也为图书馆资源的推广提供了场地；

2) 二级院系书屋的阅读推广更有针对性，读者协会的所有活动都是以本院系专业为出发点，更能吸引读者阅读，起到了良好的推广效果；

3) 二级院系书屋阅读资源由图书馆提供，在图书不断增长的情况下，有利于缓解图书馆藏书空间的不足，实现图书馆——院系的分布式藏书体系。

3 案例实施情况

2015年10月，图书馆开始和陶瓷学院合作试点建设二级院系书屋，陶瓷学院提供场所、阅览设备，图书馆提供300册图书，20种期刊，10种报纸供陶瓷学院建立院系书屋。自院系书屋成立以来，陶瓷学院读者协会分会在图书馆和分团委的指导下，开展了下述系列阅读推广活动。

1）紫砂知识展：围绕陶瓷学院专业知识，图书馆、陶瓷学院和读者协会共同举办了紫砂知识展。该展览主要围绕陶都宜兴的历史，紫砂的形成和历史来布展，详细地向同学们介绍了紫砂的形成历史，陶都宜兴的发展史；

2）陶瓷学院教师作品展：展示陶瓷学院教师精心制作的各种陶艺作品，包括各种获奖的作品，再现了陶艺老师的精湛技艺；

3）陶瓷学院学生作品展：通过教师推荐，征集了陶瓷学院优秀学生作品进行展览，包含前两年优秀毕业生设计作品和其他同学制作的优秀作品；

4）和大师面对面：读者协会在院系书屋邀请我院高级工艺美术师徐楠大师，为同学们交流陶瓷制作的技艺和经验，以供同学们以后创作参考；

5）院系书屋建设图书展：图书馆邀请书商来校开展专业图书展，读者协会组织陶瓷学院的师生参加图书展，选择自己喜爱的专业书籍，图书馆购买以后用来充实院系书屋；

6）评选我最喜爱的书籍：读者协会和陶瓷学院分团委合作，在院系书屋展出书籍，邀请同学们阅读，然后评选出我最喜欢的书籍。

院系书屋在图书馆和团委的指导下，坚持每个月搞一次活动，丰富同学们的阅读生活。通过这种读书活动，同学们的阅读兴趣得到了极大提高，也拉近了图书馆和师生的距离，促进了图书馆阅读推广活动的进一步开展。经过试点，院系书屋已经扩展至环境艺术系、数字艺术系、服装工程系，图书馆准备逐渐在全院7个院系全部推广。

4 案例实施启示

院系书屋的建设为图书馆阅读推广活动积累了宝贵的经验。这种形式增加了师生了解图书馆的窗口，也为图书馆的阅读推广带来了便利。实践证明，图书馆阅读推广是需要走进读者的生活和学习中去的。只有这样，读者才能信赖图书馆，才能享受阅读带来的愉悦感。院系书屋也为读者协会活动提供了一个很好的交流场所，把所有热爱阅读的人集中起来，为阅读创造条件，为阅读创造环境。

图书一扫进口袋　万卷千册随身带
——盘锦职业技术学院移动图书馆借阅宣传体验活动案例

张振宜

（盘锦职业技术学院　图书馆　124000）

1　阅读体验活动简介

我馆于2013年8月搬入新址，2014年开始数字图书馆的建设，2015年9月和超星公司合作，引进超星移动图书馆的歌德电子借阅机。在一年的试用期中，我馆先后举办两次歌德电子借阅机宣传周活动，师生们大大体会到移动图书馆的便捷性和即时性。

2015年4月23日第20个世界读书日，我馆举办了以"超星无处不在，好书随时看"为主题的读书月宣传周活动。这一活动使校园掀起了"认识超星，爱上图书馆"的新风尚。

2016年4月19日，我馆又联合超星公司举办了第二次以"知识随身带、阅读无处不在"为主题的歌德电子图书借阅宣传体验活动。我们为这次阅读体验活动设计的宣传海报是：书香校园春满色，桃李天下瓜熟落，快乐阅读在超星，图书一扫进口袋，万卷千册随身带，文化荟萃来聚餐，经典名著传四方，开拓创业励志篇，书海美妙绘人生，超星移动是我家，人人享受它。

此次活动内容分为两部分：首先，图书馆指派专业服务馆员，对前来参加活动的师生就此次活动举办目的进行了详细说明；其次，由超星公司的工作人员详细介绍"超星移动图书馆"的概念、作用和使用方法，使师生对"超星移动图书馆"的制作目的、存在优势有所了解，知晓移动图书馆的精髓在于它是新兴的、综合性、快捷的、方便的元数据一站式检索，具有信息资源的云服务共享、个性化服务等特点。

2　阅读体验活动现场纪实

歌德电子图书借阅机是一款纯自助电子书籍借阅机，该机可通过多点触控进行上下操作，支持滑动、拖动等手势，读者只要用手指轻轻地碰机显示屏上的图片就能实现对主机的操作。

借阅机里安装了经典、流行、热门的电子图书3000余种，月月更新。电子图书分为12个栏目，有精品推荐、经典名著、文学艺术、健康生活、少儿教育、小说传记、社会法律、经管励志、科学技术、历史地理、哲学宗教等，读者只要使用手机连接馆内免费WIFI或移动网络，就可以轻松实现"图书一扫进口袋，万卷千册随身带"，真正体现了"文化走亲，越走越亲"一种新颖快捷的阅读模式。

在体验活动现场，超星公司的工作人员就"移动图书馆"具体使用方法进行了操作与讲解，利用歌德电子阅读机，对来咨询师生进行"一对一"的操作指导，具体操作步骤如下：1）指导师生下载安装手机客户端；2）指导师生扫描二维码下载图书；3）指导师生在歌德电子阅读机上选择心仪的电子图书，轻松"扫一扫"，把电子书"借"到手机上带走，随时随地阅读。

3 阅读体验活动成效

此次活动极大增加了师生们对"移动图书馆"的认识和使用兴趣，促进了师生对歌德电子借阅机喜爱度，让师生切身体会到移动图书馆的便捷服务，极大地满足师生即时信息需求，随时随地体验"掌上阅读"的绚丽。

通过阅读体验活动，提升了我院师生阅读品位，提高了图书馆的利用率，使读者无论在何时何地都可以在线阅读，真正体现了我馆所开展"实体馆藏与虚拟馆藏相融合，传统阅读方式与移动阅读方式相结合"的创新性阅读服务理念。

通过师生们的亲自操作体验，最大限度地彰显了我馆"移动图书馆"这一崭新专业图书移动阅读平台独特的阅读服务之魅力！

微信在高职图书馆社会服务中的应用
——大连职业技术学院图书馆社会服务案例

王家莲　赵晓辉　姜笑楠　郭香凝　葛　亮

（大连职业技术学院　图书馆　116000）

1　微信服务平台实施背景

微信受到全民的共同关注。利用微信开展社会服务，成为高职图书馆服务领域崭新举措，备受瞩目。携手政府、媒体、民间组织等社会各界共同搭建微信服务平台，深入到社会各界读者中开展微信社会服务，传播微信社会服务正能量，使高校图书馆的社会服务更接地气。

高职图书馆以服务社会为己任，成为微信上的知识提供者与社会服务者。利用微信的技术优势和庞大读者群，全方位开展社会服务，提高社会公众对高职图书馆的认知与利用，凝聚全社会的力量，支持图书馆建设。微信社会服务可以激发图书馆的活力，更好地为促进地方社会经济文化发展提供智力支持，与社会发展共荣共生。

2　微信服务平台实施内容及效果

1）利用微信平台开展"流动图书进社区"活动，文化共享千万家，拉近了图书馆与社区之间的距离，提高了图书馆的藏书利用率，使社区居民受益匪浅，活跃了社区文化生活，促进社区文化建设；

2）利用微信平台开展"夕阳红书香服务"活动，让老年人真正老有所学，老有所乐，感同身受社会各界的关爱；

3）利用微信平台开展"少儿微信经典阅读"活动，让小读者尽情地享受博览群书带来的欢乐；

4）利用微信平台开展"关注特殊孤儿，爱心助力社会"，情满儿童村送温暖献爱心公益活动，大爱无言—小爱无边；

5）利用微信平台开展"书香军营"优秀图书推荐活动，进一步提高官兵的科学文化素养。

3　微信服务平台实施模式

3.1　微信好友圈模式

通过微信好友圈提供图书馆的最新服务动态、新购数据库、新书通报等各种服务。可以利用微信平台中建立多个不同服务需求的微信好友圈，每个读者都可以加入自己喜好的图书馆微信好友圈，如组建了经典阅读微信好友圈、流行图书微信好友圈等，构建专题知识的受众微信群体。我校图书馆运用微信对图书馆粉丝进行分组管理，组建不同社会读者群体的微信好友圈，展开相关知识的探讨，促进社会服务的创新。

通过在微信好友圈中推荐和评论优秀图书、畅销书的运行模式，形成"百花齐放、百家争鸣"的阅读新生态，一部好书常常会好评如潮，引起众多关注，激起无数读者争相评论，这样有利于促进读者之间相互交流探讨、彼此争鸣读书心得，提升读者阅读鉴赏能力，打造社会服务新范式。

3.2 精品团队模式

我校图书馆领导身体力行微信社会服务，亲自组建精品微信社会服务团队，融合理论研究和社会服务实践于一体，加强社会服务理论研究，注重理论的科学性、指导性，作为微信社会服务的科学依据。利用团队优势，面向整个劳动力市场开展服务，满足职前、职中和职后的各类劳动力大军的信息服务需求，为培养更多德才兼备的劳动者提供智力支持。

微信社会服务团队注重集众多智慧，为读者提供喜闻乐见的微信信息服务，吸引更多的关注，如定期向特定读者群体传递信息、推送服务，形式包括言简意赅的文字、生动形象的视频、丰富多彩的图片，以及语音和涂鸦等，让社会读者感同身受图书馆服务无所不在，增强图书馆微信社会服务的魅力。

团队成员不断学习微信社会服务技巧，熟练地运用微信与读者深入沟通，提高信息素养和社会服务能力。发挥团队微信社会服务创造力，倡导主动献计献策，集合众多高职图书馆界精英们的微信社会服务智慧，促进微信社会服务的大发展、大繁荣。

3.3 信息共享模式

构建区域性图书情报联盟，联合公共图书馆、高校图书馆、文化馆、博物馆等，共同面向社会读者开放，借助微信进行文献传递共享，做强信息共享社会服务功能。

通过微信构建网络社区办起"网络图书馆"，形成围绕微信网络信息集聚的良性生态网络社区，增强社会服务信息共享功能和效益。图书情报联盟可以共享课题咨询及专题报道等形式社会服务，还可以开展特色社会服务，使得"微信走进社区，咨询无处不在"。

打造全民共享的知识管理型图书馆，利用微信建立信息共享机制。微信信息传递快捷且成本低，有利于社会读者参与信息共享活动。在持续的微信信息共享中，拉近微信读者距离，利用微信"群聊"功能，促进各种读者群体沟通交流，提高信息共享活动的活跃度。

携手政府、媒体、民间组织等社会各界共同搭建微信服务平台，深入到社会各界读者中开展微信社会服务，传播微信社会服务正能量，使图书馆的微信社会服务更接地气。利用微信"群聊"激发读者行使文化话语权，畅所欲言地在分享阅读心得，阅读鉴赏水平与日俱增，使高职图书馆由藏书借阅馆转化为信息共享馆，功能不断拓展，服务文化内涵不断丰富。

我校图书馆充分利用微信共享功能，促进不同层次读者群体知识沟通交流，提高服务信息共享的活跃度，增强了图书馆社会服务质量。

3.4 实践创新模式

微信社会服务实践活动对于读者服务创新具有推波助澜作用。结合我国国情特点，通过开展微信社会服务实践活动，如：书香社会活动、世界读书日系列活动、经典阅读活动等，加强对读者的国情教育、传统文化教育以及民族精神教育，培养读者爱国爱民的社会服务活动规范，实现社会服务的知行统一。

我校图书馆利用微信平台开展丰富多彩的实践活动，面向社会读者举办世界读书日读书活动、有奖微书评活动、经典阅读活动、畅销书阅读大赛活动等，吸引读者参与图书馆微信服务互动，取得良好效果。

3.5 管理创新模式

微信社会服务存在管理不规范问题，微信的精准、互动等许多功能还没有充分发挥出来。图书馆要构建完善的微信社会服务管理模式，做好图书馆微信服务平台搭建，必须完善微信管理系列制度，例如要制定好微信使用许可协商与权利保障制度、微信信息测评制度、微信试用与信息跟踪社会服务制度、微信的使用与社会服务参考咨询工作制度、微信的运行与社会服务信息维护制度、微信的运行与社会服务电子文献利用制度等。通过健全微信管理各项有效制度，做好对微信的监控管理工作，为社会读者提供安全、高效、经济和便捷的服务。同时，要加强监察与考核，建立完善的绩效考核标准，充分挖掘微信社会服务功能的潜力，为读者提供个性化和精准化的社会服务。

3.6 数据服务模式

为了提高社会读者的满意度，图书馆可以利用微信问卷调查、移动服务终端、读者阅读行为记录等方式收集到核心读者信息数据，将这些数据集中存储于核心读者信息数据库，诸如读者阅读选择、注册信息、评判标准、知识成果等个人信息，利用数据挖掘、知识发现、预测分析等数据技术进行分析，挖掘核心读者变化的信息需求数据，构建动态的核心读者信息需求数据库，以此为基础对数据进行搜集分析整理。图书馆员结合本校读者实际，收集分析整理数据，关注读者个性化信息服务需求，制定读者个性化服务方案，利用微信保持随时沟通，保证社会读者随时获取深层次服务。通过对数据进行价值挖掘和分析，来满足读者的个性化服务需求。构建动态的核心读者个人信息数据库，还需兼顾读者隐私数据的使用私密性，严禁随意泄露读者隐私数据。

3.7 理念创新模式

馆员的学术资历、业务水平、思维方式、服务态度、价值取向、工作能力等参差不齐，要为读者提供个性化、精确化、智能化、移动化的微信社会服务，馆员要意识到适应微信时代图书馆社会服务变化对自己提出的严峻挑战，需要关注图书情报专业的前沿热点动态，增强文献搜集、整理、贮存等服务能力，主动适应微信社会服务发展需求，掌握相关的微信社会服务技术。通过微信随时随地将图书馆业界微信社会服务的最新理念传递给广大馆员，造就一支精通图书情报学知识、熟练使用信息检索技术的复合型数字服务馆员队伍。

在微信时代的智能化在线学习热潮中，利用各种在线平台学习重要微信服务知识，掌握信息推送、个性化定制的技能，达到熟悉微信社会服务价值的目的，发挥馆员在图书馆微信社会服务领域的应用价值，促使全体图书馆员成为微信社会服务的推广者，为社会读者提供完美、优质、温馨的微信社会服务。

4 微信服务平台的创新性及推广性

微信粉墨登场，具有语音、图片、文字等良好沟通功能的实时交互的自媒体特色，成为社会大众的时尚新宠和图书馆社会服务的新贵。为读者提供"无微不至"的个性化、精确化、智能化、移动化的微信社会服务，是高职图书馆社会服务的创新，是构建书香社会的一项极具现实意义的新举措。高职图书馆做微信社会服务活动的倡导者、实践者和示范者，推广有利于促进社会读者的健康成长、满足大众读者所需要的精神食粮，满足图书馆服务价值实现需求，提高高职图书馆社会影响能力。

运用微信开展社会服务是低成本的服务方式，促使图书馆的各种资源优势被淋漓尽致地利用，达到全天候、全方位的服务，创新了图书馆的社会服务品质。利用微信为社会读者提供有针对性的量身定制的个性化社会服务，提升社会服务效果，深化图书馆服务领域。

新常态下的图书馆阅读推广创新案例

张凤霞　杜长娥

（山东科技职业学院　图书馆　261053）

1　以创新管理制度为抓手支持阅读推广

"图书馆能力的大小不在于其规模，而在于其智慧"。由于历史原因，山东科技职业学院图书馆（以下简称山科图）条件先天不足，馆舍面积只有 7000m^2（按国家标准应为 20000m^2）。面对现有条件，我们不但实施了延长工作时间、工作人员轮流上岗、送书到公寓等以时间换空间的积极服务措施，还在管理工作中建立了以个人评估为中心内容的目标责任机制，以读者满意为中心内容的监控机制，和以人为本为中心内容的激励机制三大机制，从制度上加强对馆员的管理、监督、激励，很好地提高了服务效果。

为了把精细化管理的要求落到实处，建立了"三个一制度"，即每个月修订一项制度，提出一份建议，创建一个亮点：1）一项制度：为做到"事事有制度，处处见管理"，把精细化管理的工作做实、做细，每个月要根据工作需要制定或修改一项制度；2）一份建议：每个月要在对每个部门、每个人的工作进行检查、考核、督导的基础上提出一份工作改进建议；3）一个亮点：每个月根据全馆部门或个人工作结果，找出一个亮点，每个部门或个人亮点的多少，全年累计计算，作为年度考核的重要内容。由于管理制度的创新实施，极大地提高了山科图馆员服务读者的创新热情与创新激情。

阅读推广工作作为读者服务工作的重要组成部分之一，同样适用于"三个一制度"，而这种管理制度的创新实施无疑为其注入了新的活力。

2　以传承历史文化为亮点实施阅读推广

以书育人离不开历史文化的传承。我们山东科技职业学院坐落在潍坊浮烟山区，是一年一度的国际风筝节之风筝放飞地。今年的风筝放飞时节，山科图精心策划与组织"书鸢山科"阅读推广活动。通过推荐相关书目，开展风筝知识问答活动，使学生在"远眺风筝、放飞梦想"的同时，从阅读中了解到了潍坊风筝的历史文化、制作技术、放飞条件，提高了他们的阅读兴趣，丰富了风筝知识，感受了中国的历史文化以及中国风筝飞向世界的意义，增加了民族自豪感。

同时，图书馆以 4.23 世界读书日为契机，组织"致敬经典"阅读推广活动。让学生在山科图经典阅读栏目中，挑选自己喜爱的图书，参加 4.23 早晨的大型晨读活动，使学生在晨曦中感受经典的魅力，凝聚集体阅读的力量。晨读结束后让同学互换所借图书进行阅读，分别写下自己的读书心得，发表自己的读书感言，并结合平时的阅读情况评选出"读书之星"。

3 以服务人才培养为核心尝试阅读推广

高职院校的人才培养离不开实践，而实践的理论基础与质量提升更离不开文献信息资源。山科图紧紧抓住高职教学这一特点，将服务融于学科教学实践之中取得了较好的效果，同时也为创新阅读推广提供了有益的尝试。

山东科技职业学院作为示范院校，专业学科发展至关重要。山科图与纺织、汽车、土木等工科专业积极联系，密切合作，组织以"羽裳·书韵"、"书香车影"等为主题的阅读推广活动。"羽裳·书韵"活动通过自荐读书、答辩等环节，将服装设计、制版、制作等专业知识，以及中国几千年的服饰文化与现代时尚服饰与读书联系在一起；"书香车影"活动，通过"书中寻车千百度"将汽车制造原理、品牌汽车的标识文化与精神用读书、讲故事的方式展示出来，极大地提高了同学们读书兴趣，使学生的专业知识得到巩固与拓展，也为阅读推广活动开辟了新的途径。

特别是在去年我院成立了大学生创业基地以来，山科图在"创业基地"建立了以当代大学生创业为主题的法律、社会、产业，以及心理等方面的专题书屋，并配备了专门的导读馆员，受到创业基地学生的好评，为大学生创业提供了信息支持与帮助。

4 以自建全文数据库为补充创新阅读推广

目前山科图存在两个突出问题：一方面受资金制约，不可能买很多图书；另一方面采购的数据库普适性强但针对性差，很难满足学院教学、科研的个性化需求。因此，我们开始自建全文数据库。学院建校已有三十年的历史，晋升为高等职业学院也有近十年的时间。学院具备高学历、高职称、有经验、能创新的人才增加较快，从事学术研究、著书立说、编写教材等方面的人员也越来越多，学术专著、科研成果不断增加。为了达到查找方便、保存成果、提升学院形象的目的，我们制定了建立学院教职工文献资源库的计划，其中的一个子项目就是把学院教职员工每年发表的有价值的论文收集起来，加工整理后建立学院教职工的学术论文全文数据库。该数据库不同于市场上的万方、CNKI等数据库，整合的是学院内部教职员工的智力成果，这些成果扎根于学院土壤，立足于学院教学、科研实际，服务于区域经济，具有很强的针对性和现实性，是花钱也买不到的特色资源。

目前，该数据库已经初建成型，收录了教职员工论文100余篇，在学院局域网范围内，教职员工可以登录、查询有关信息。由于学院教职工对图书馆工作的认可，学生对老师的敬仰以及山科图宣传到位，目前自建全文数据库点击量达到了每月5000余次，达到了创新阅读推广工作、尊重与应用教职工智力成果的双重目的。

5 以提倡快乐阅读为理念推动阅读推广

根据当代青年人的成长环境与心理特点，山科图以提倡快乐阅读为理念组织策划了"我是读书CHO（首席快乐执行官）"主题演讲活动。聘请学校心理学教师以及其他高校的老师作为评审专家，通过对参赛学生"我是读书CHO"、"我的读书情结"、"CHO与人生"等演讲内容及答辩，评出由10名同学组成的读书CHO团队。通过他们发放主题为"我读书、我快乐"的读书倡议书，开展日常宣传与交流、会议、好书推荐等。通过一年来的组织实践，收到快乐读书心得 100 篇，使学生进一步理解了快乐读书与人生的意义，图书馆的图书借阅率同比也上升了 5 个百分点。

总之，阅读推广是一项快乐而辛苦的工作，需要图书馆人的智慧与付出。我们有理由相信，随着建设书香社会的不断推进和国民阅读意识的不断提高，新常态下的阅读推广之花将在全国盛开，一个全民阅读，读书进步的时代即将来临。

依托移动图书馆,感受图书馆创新服务

韩 玲

(武汉职业技术学院 图书馆 430000)

根据 2015 年教育部发布的《普通高等学校图书馆规程》,信息服务职能是图书馆的两大职能之一。因此,武汉职业技术图书馆结合当前移动互联网环境的特点,依托移动图书馆,不断创新传统服务,为教职工与学生提供更加便捷、强大的文献保障,从而助力职业教育的改革创新。

1 移动图书馆开通背景

互联网的普及以及手机等移动终端上网用户的增多,是移动图书馆开通的前提条件。2016 年 4 月 18 日,中国新闻出版研究院发布"第十三次全国国民阅读调查",报告数据显示:2015 年我国成年国民图书阅读率为 58.4%,同比上升 0.4 个百分点;数字化阅读方式的接触率为 64.0%,同比上升了 5.9 个百分点。其中数字阅读首次明显超过纸质阅读,成年国民网络在线阅读阅读率首次过半,达到 51.3%,同比增长 1.9%;成年国民手机阅读率最高,达到 60.0%,同比上升高达 8.2% 个百分点,电子阅读器阅读、IPad 阅读及光盘阅读等都呈增长态势。

据报道:中国 2015 年移动互联网用户已达到 7.9 亿人,移动阅读经济规模达到 52.4 亿元。南京农业大学信息科技学院的茆意宏教授的一项调查研究发现:87% 的大学生青睐移动阅读,数字化阅读已成为新一代的读书方式。国内众多高校,包括高职院校在内,大多开通了移动图书馆,可以看出,移动图书馆已成为未来图书馆发展的主流方向。

我校校园已全面覆盖无线网络,教职工与学生大多拥有智能手机、IPad 等移动终端设备,在校园内也随处可见拿着手机的"低头族"。为满足读者新的阅读需求,方便教职工与学生使用网上图书馆,提高图书馆文献资源使用率,进一步优化图书馆的服务,我校于 2014 年 4 月 23 日世界读书日暨"第十届读书节"开幕之际开通了移动图书馆,并将其作为"书香校园"活动的一个重要环节,受到了教职工与学生的热烈欢迎。

2 移动图书馆功能介绍

目前,国内各高校移动图书馆的建立主要有两种方式:一是委托业内相关公司建立移动图书馆,并负责移动图书馆的技术事务,如系统维护等;二是图书馆自建移动图书馆。由于第二种方式对人力、物力与财力的要求都较高,因此,我校采用第一种方式,即与超星公司开展合作,建立移动图书馆。通过两年多的建设投入,移动图书馆已适用于 Andriod、IOS 两大主流平台,从手机到平板都可使用,方便了教职工与学生的使用。

目前,我校移动图书馆开通的功能可分为传统功能与延伸功能,传统功能为传统图书馆所具有的一般功能,延伸功能为与移动互联网环境相结合,并依托移动图书馆平台所产生的运用。

2.1 传统功能

1）馆藏查询：移动图书馆与学校图书馆的图书管理系统对接，可查看本馆馆藏文献情况，及图书馆主页上的"通知公告"与"新闻动态"等内容；

2）书籍、报刊阅览的同时，可在线检索超过 3 亿篇中英文文献元数据，并通过文献传递功能来获取原文。书籍本地导入与书籍上传的功能，用户之间可共享书籍；

3）借阅查询：使用自己的账号登录移动图书馆后，可在"借阅信息"栏目下查询自己的图书借阅情况并实现图书的在线预约和续借；

2.2 延伸功能

1）网上视频：目前提供观看的视频主要为国内外各名牌高校与科研院所的公开课视频，为教师的教学、科研以及学生的自主学习提供了内容保障；

2）有声阅读：用户登录移动图书馆后，在"有声读物"栏目下添加下载所需的内容后，即播放收听有声读物；

3）阅读推广：我馆以移动图书馆作为阅读推广平台之一，通过多种方式进行阅读推广，如每月向用户推荐当下最热门或最新出版的新书，针对不同用户的阅读兴趣推荐相关主题系列书籍，如影视原创、香港大学推荐 10 本必读书籍等；

4）其他应用：与当下较热门的应用相结合，提高用户的使用兴趣，如"摇一摇"功能，用户"摇一摇"后可查看其他用户所读书籍；展示功能，如"最美图书馆"评选，用户登录后通过这一模块可上传自己的作品；参赛功能，如 2016 年移动阅读大赛将移动图书馆作为答题平台，用户输入自己的身份信息后，在相应的比赛模块下即可参与答题。

3 移动图书馆推广方式

为进一步促进移动图书馆的普及，增加移动图书馆的使用人数，图书馆结合当前移动互联网环境特点，同时依托自身的资源优势，通过多种方式对移动图书馆进行宣传。

1）网络平台宣传：在图书馆网站主页醒目位置放置移动图书馆的二维码及下载安装方式，也会不定期更新相关信息，告知用户移动图书馆的下载安装以及使用方法；

2）海报宣传：每年在新生入学、读书节等时间节点，在图书馆、食堂、教学楼等醒目位置张贴海报，鼓励使用移动图书馆；

3）服务中推介：入馆教育、学科服务、信息素养教育等服务中推广移动图书馆的使用；

4）活动推广：从 2014 年开始，图书馆都会以读书节为契机，通过举办相关活动对移动图书馆进行推广。

2014 年第十届读书节之际，我校开通移动图书馆，同时举办了"掌握图书馆"注册有奖活动，用户下载注册当场赠送小礼品，并在之后每年的读书节开幕式上随机抽取 20 名幸运注册用户，赠送奖品；2015、2016 年在第十一、十二届读书节期间，以竞赛活动为手段进一步推广移动图书馆的使用。

通过系统后台的统计数据可以看出，自移动图书馆开通以来，每年读书节活动期间注册增加人数最多，如下图所示：

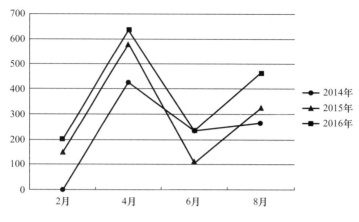

2014—2016年移动图书馆注册增加人数

4 依托移动图书馆创新服务方式

1) 新生入馆教育：在移动图书馆中加入入馆教育内容，让新生在入学时就利用移动图书馆，了解学校图书馆的馆藏和服务；

2) 学科服务中运用：利用移动图书馆，向教职工推介专题服务、图书馆动态、解答咨询问题；

3) 在阅读推广中的运用：把移动图书馆作为阅读竞赛平台，使用方便、时间灵活，适合高职学生特点。

为提高学生搜索能力，增长知识，从而提升综合素质，2015年4-5月，我校图书馆联合全省21所高职院校，在超星公司支持下，举办了湖北省"读秀杯"知识搜索技能大赛。学生在移动图书馆下载试卷，并在规定时间内提交答卷。后台根据得分与答题用时确定成绩，获得前三名的学生参加最终决赛。由于一年来持续不断的宣传普及，移动图书馆平台使用方便，吸引了大量读者的兴趣，参与者众多。5月我校承办的"读秀杯"知识搜索技能大赛决赛成功举行，21所高职院校的选手代表进行了激烈的角逐，将活动推向了高潮，使得移动图书馆更加深入人心。

2016年4月23日世界读书日暨第十二届读书节之际，为进一步促进移动图书馆的普及，推动服务创新，我校图书馆再一次联合全省高职院校图书馆组织参加了"超星杯"移动阅读大赛。本次比赛以移动图书馆为答题平台，参赛者注册移动图书馆后进入答题模块后即可参加比赛。图书馆对活动高度重视，赛前进行了广泛宣传，通过微信图书馆和图书馆网站主页对相关活动信息进行实时推送，并组织赛前培训。最终，我校在参赛的44所湖北省高职院校中获得团体二等奖，多名学生获个人奖项。此外，为进一步提高参赛院系和学生的参赛热情，图书馆还进行了校内的优秀团体奖和优秀个人奖的评比。由于宣传广泛、竞赛方式方便灵活、赛事影响较大，因此，参赛者人数显著增加，有力地推动了书香校园建设。

5 移动图书馆的使用影响

5.1 移动图书馆对图书馆本身带来的影响

1) 节约了成本：由于图书馆的经费有限，无法购买所有类型的信息资源。而依托超星公司丰富的内容资源，读者可以通过移动图书馆下载、查看本馆没有购买的书籍、期刊、论文等资源。从一定程度上说，移动图书馆是对图书馆馆藏的补充，有利于图书馆节约成本；

2）提高了图书馆的数字资源使用率：移动图书馆与我校图书馆系统对接，用户可通过移动图书馆查看并下载我馆已购买的数据库内容，包括期刊论文、学位论文等，方便用户使用的同时也有利于提高我校数字资源的使用率；

3）提升了图书馆的服务质量：移动图书馆是针对当前移动互联网环境的特点所推出的服务应用，满足了用户对图书馆移动服务的需求，并促进图书馆不断推动内涵建设，创新传统服务，提升服务质量，从而提升了用户对图书馆服务的满意度。

5.2 对用户所带来的影响

1）优化了用户对图书馆服务的体验：用户利用手机、平板等移动客户端能够享受图书馆的馆藏和服务，深刻体会到"图书馆就在我身边"，在一定程度上优化了用户对图书馆服务的体验；

2）提高了用户的阅读兴趣：在移动互联网的大环境下，移动图书馆为用户提供了移动阅读的平台，符合用户对移动阅读的需求。同时，与当前的一些热门应用相结合，使读者在趣味中品味阅读，分享阅读，从而提高了用户的阅读兴趣。

阅读·成长·提升
——第四届读书月活动纪实

田 芳

(沈阳职业技术学院 图书馆 110000)

为积极开展"全民阅读"推广活动，沈阳职业技术学院图书馆以"4.23世界读书日"为契机，开展深入有效的读书月活动，吸引读者走进图书馆，关注图书馆，引导其热爱阅读，享受阅读快乐，使阅读活动常态化、生活化，逐步创建校园文化活动品牌，有力地推动书香校园建设。

2016年4月21日，图书馆联合党委宣传部、学生处（团委）、建筑工程学院举办了以"阅读·成长·提升"为主题的第四届读书月活动。

1 部门联动群策群力开展活动

学院党委高度重视书香校园建设，给予专项经费支持读书月活动。读书月活动主办部门密切配合、群策群力，多次召开研讨会，研究开展适合全院师生实际的读书活动，制定活动方案。图书馆通过周密安排、细化分工、明确责任，确保了各项活动深入有序地开展。

本届读书月活动图书馆联合了多个部门，如：党委宣传部、学生处（团委）、建筑工程学院等，形成了良好的读书月活动联动运行机制。分管图书馆工作副院长详细了解了活动方案，具体部署，并亲自主持启动仪式；党委副书记出席启动仪式，致辞，代表学院党委预祝活动圆满成功，对读书活动寄予了希望。图书馆借助宣传海报、学生社团、校园网、院报、电子大屏幕、微信平台等多媒介、多渠道、深层次地宣传了读书月的各项活动，吸引了读者的注意力，引导其关注图书馆，并积极参与各项活动，营造了浓郁的校园阅读氛围。

2 隆重的活动启动仪式

2016年4月21日中午，学院第四届读书月活动隆重召开，主管图书馆工作副院长主持启动仪式，党委副书记，党委宣传部、学生处（团委）、图书馆等部门负责人，各二级学院党总支书记、学办主任、辅导员、图书馆全体馆员、部分学生代表及属地街道的党工委书记、街道武装部部长以及社区的书记和部分志愿者代表共约400人参加了启动仪式。漂流图书的发起者和图书馆的优秀志愿者代表分别发言，号召全院师生积极参与读书月各项活动，热爱阅读并养成好的阅读习惯。党委副书记杨明为社区捐赠杂志，图书馆全体馆员向全院师生发出文明服务的郑重承诺。启动仪式取得了良好成效，读书活动深入全院广大师生心中。

3 丰富多彩的主题活动吸引读者参与

本届读书月历时1个月，以"阅读·成长·提升"为主题，以"品书香、长知识、多受益"为主线,开展了图书漂流、"优秀读者"评选、特别还书周、数字资源有奖知识竞赛、图书馆资源宣讲、书海寻宝、问卷调查、经典影片播放、"我的中国梦——奋斗的青春最美丽"主题征文、"重温经典、感动阅读"诵读大赛等 10 余项深受广大师生喜爱的、有内涵的阅读推广活动,活动以内容丰富、形式新颖、格调高雅、参与广泛为特点。

3.1 通过"书海寻宝"等系列活动让读者了解图书馆

1)"优秀读者"评选活动

对师生读者借阅和到馆登记情况(2015 年 4 月 23 日——2016 年 4 月 23 日)进行统计,并根据各阅览室、各书库推荐,从那些经常参与图书馆活动,并能够给图书馆提出好的建议和意见的读者中评选优秀读者,最终有 25 名教师读者,35 名学生读者获得了"优秀读者"的光荣称号。通过"优秀读者"的榜样作用,积极带动和引导全院师生热爱读书、多读书、读好书,多关注图书馆。

2)特别还书周

为保护图书馆馆藏资源,更大程度上回收读者手中没有流通的图书,提高图书利用率,图书馆举办"特别还书周"活动,凡是在 2016 年 5 月 3 日至 10 日前来还书的读者,全部免除其超期费用。活动除了通过各学院学办下发通知外,还在 QQ 群、微信群向读者进行宣传,吸引了不少读者参与此项活动,尤其是激励了大三和外出实习的学生,他们利用此次机会把陈欠的图书归还图书馆,使图书又能再次流通起来。

3)书海寻宝

为了达到学生的信息素质和阅读素质同时提升的目的,我们在书海寻宝活动中为参与者提供去年活动月读者们评选出来的推荐图书相关信息。活动参与者不仅在活动中体验寻找的乐趣,还可以阅读推荐的好书,一举两得。活动结束后,同学们纷纷表示此次活动既有趣味性,又有指导性;既了解了图书馆丰富的馆藏资源结构,又掌握了图书馆搜索平台使用和检索技巧,以及了解馆内其他检索工具,今后会积极利用图书馆的信息资源,助力学习。

4)瀚海拾遗,墨苑存香

此项活动与建筑工程学院联合举办,目的是增加学生的课外阅读量,提高学生的读写能力,激发学生的读书兴趣,让学生养成热爱读书的好习惯,促进学生个性和谐发展,提高学生的综合素养。在活动时间内,建筑学院组织 15 级学生每周 2 次在图书馆上晚自习,图书馆专门为学生提供三楼阅览室进行学习,既节约了学院教室资源,又提高了图书馆利用率。活动结束后,每位同学以自我总结或向其他同学推荐一本好书等形式谈心得体会。学生的秩序意识、纪律意识、团队意识、自主学习意识较之前大幅度提高,逐渐喜欢上了图书馆的图书阅读,进一步推进了学风建设。

3.2 通过知识竞赛、问卷调查让读者"长知识"

1)智赢未来·我爱数字图书馆有奖知识竞赛

与中科软股教育科技(北京)股份有限公司共同举办"智赢未来·我爱数字图书馆"有奖知识竞赛。竞赛面向全院师生读者,全部采用网上答题的方式,考题内容主要包括:图书馆数字资源使用常识、数字资源检索基本知识等。通过知识竞赛,进一步加深了广大师生对图书馆馆藏资源的了解,帮助他们学会利用各种数字资源,为教学和科研提供信息支撑,提高了数字资源使用率。

2）"走进数字资源，助力教学科研"数字资源宣传活动

为充分地利用好图书馆资源，尤其是电子资源，分别针对教师、学生做两次室外宣传和三场专题讲座，发放数字资源宣传资料 2000 余份，并现场解答有关数据库的使用方法及功能。千余名师生读者参与了现场咨询活动，亲身感受和体验了图书馆的数字资源及新技术、新服务，进一步提高了图书馆数字资源的利用率。

3）"一站到底"知识竞赛

与建筑工程学院联合举办以读书为主题的知识竞赛，由 8 个班级分别选出 40 名代表，分 8 组参加了比赛。经过激烈的角逐，评选优秀班级 3 个和 5 个优秀个人。通过这种知识竞赛活动让学生更进一步了解图书馆，走进图书馆，激发学生阅读的兴趣。

4）你问，我答问卷调查

问卷调查不仅成为调查图书馆利用率和资源使用情况的一种数据收集手段，还可以通过问卷中的提问与读者产生互动感。图书馆将问题整理后对读者普遍关注的问题在图书馆网站主页中统一进行解答，加深读者对图书馆的了解，进而对图书馆的相关事项加以关注。图书馆也将根据读者提出的意见和建议，进一步整改工作作风，按照"两学一做"的要求，提升读者服务能力，提高读者满意度。

3.3 通过多媒体播放等形式让读者体验阅读的快乐

1）名著有声阅读——经典影片播放

面向学生读者播放《了不起的盖茨比》、《格列佛游记》、《当幸福来敲门》、《智取威虎山》等经典名著影片，通过读书与影片结合的形式，拓展学生阅读视野和人文底蕴，并且进行了优秀影片进社区活动，为社区的有声阅读活动提供服务。

2）"重温经典，感动阅读"诵读大赛

与学生处（团委）联合举行"重温经典、感动阅读"诵读大赛。经典是最具代表性，最完美的作品，它可以经久不衰，在阅读中重温经典，细细品味，与产生共鸣的人一起分享学习和感动。朗诵比赛进一步促进了大学生对经典作品的学习，弘扬优良传统，繁荣校园文化。

3）书香漂流，好书共享——图书漂流

4 月 22 日，由图书馆志愿者江银同学发起了以"分享、信任、传播"为宗旨的图书漂流，活动得到许多读者的积极响应，活动开始当天就征集到百余册漂流图书。图书现已都上架漂流。截至目前已有过半的图书进行了续漂，并且还有陆续的漂流图书上架。图书漂流活动为爱读书的师生读者提供了更多阅读机会，激起大家惜书、爱书的情感，掀起读书热潮。

4）"我的中国梦——奋斗的青春最美丽"主题征文活动

图书馆与学生处（团委）联合举行"我的中国梦——奋斗的青春最美丽"主题征文活动。征文活动进一步增强了学生文学创作能力，丰富课余生活；激发同学们对自身梦想的勇敢追逐，使同学们对中国梦有更深、更清晰的认识。

3.4 读书月活动闭幕暨书画艺术讲座

2016 年 6 月 3 日下午，沈阳职业技术学院第四届读书月活动圆满落下帷幕，总结了各项读书活动，表彰优秀读者，并以书画艺术讲座完美收官。

图书馆历时一个月的读书活动，为广大师生提供了更广阔的阅读平台，在全院掀起了

读书热潮，对营造浓郁的读书氛围、建设优良的学风校风、引导广大师生积极培育和践行社会主义核心价值观、加强书香校园建设起到了积极的推动作用。

图书馆借助"读书月活动"的品牌力量进行阅读推广实践，将阅读嵌入学生的各项活动中，有利于提高大学生的阅读兴趣，培养学生养成自觉阅读的良好习惯。通过"读书月活动"的开展，引导师生认识、了解、利用图书馆的资源，有利于提高馆藏资源利用率和图书阅读指数，实现图书馆的核心价值，提高图书馆在校园文化建设和人才培养工作中发挥文化育人功能的广度和深度，推动图书馆的健康可持续发展。

阅读传经典、书香盈校园
——基于移动阅读环境下读书节活动

郑丽仙　胡朝德　胡雁飞

（金华职业技术学院　图书馆　321007）

高校图书馆是推动全民阅读的重要力量，举办读书节是图书馆发挥教育职能的重要体现，同时也是参与校园文化建设的重要举措。金华职业技术学院图书馆在2016年3月—5月，开展了基于移动阅读环境下的读书节活动，为全校师生献上一场与"书"有关的盛宴！

1 活动主题及活动内容

此次读书节的活动主题是"阅读传经典、书香盈校园"。

读书节宣传声势浩大，内容丰富多彩，范围涉及广泛。围绕活动主题开展了以《知识竞赛篇》、《才艺展现篇》、《资源推介篇》、《阅读促进篇》、《社会推广篇》为专题的五大系列18项活动。2016年读书节活动从3月份开始启动，4月份迎来了活动高潮，"国学在心中，书香伴我行"阅读知识大赛、"翰墨书香"毛笔书法现场大赛、新华书店进校园等等活动密集举办，吸引了大批读者参加。

2 充分利用移动阅读的手段开展活动

2.1 线上发动、线上开展、线上宣传

2016年4月1日，图书馆以传播校史、激发广大师生的爱校热情为出发点，发起了"知校、爱校、荣校"校史校情网上知识竞赛活动。活动历时一个半月，通过采用"金职图文"微信公众号平台宣传发动，开展有奖答题形式，先后共吸引了5458人参与答题，在校内引起了强烈的反响。为了激励师生参与答题，活动还设置了大量获奖名额。最后共有学生100人、在职教工和校友12人获奖。本届读书节校史、校情网上知识竞赛的开展，增进了广大师生对学校历史和文化的了解。

2016年5月11日，图书馆的移动"悦"读知识竞赛开启了序幕。活动充分利用图书馆"金职图文"微信公众平台开展线上知识答题。活动广泛获取了我校师生们的关注，吸引了大批读者参与，取得了良好的效果。

2.2 线上发动、线下开展、线上宣传

为弘扬中华优秀传统，助推校园文化建设，展现我校师生才华，2016年3月22日——4月23日，图书馆举办了有奖征联活动，面向全体师生征求对联对句。活动一经推出就获得了师生读者们的积极关注，收到了大量征联作品。2016年5月初，经专家评选，有来自各学院学生的30幅征联作品和我校教职工的6幅作品获奖。

2016年4月21日，"翰墨书香"毛笔书法现场大赛在图书馆五楼成功举行。来自各个学院的45名选手挥笔泼墨，展现了各自的书法风采，有的刚劲有力、有的潇洒自然、有

的行云飘逸，在一旁观看的同学们纷纷赞叹不已。

为了展现校园文化和读书氛围，2016年3月下旬，图书馆发起了"美在方寸、签动我心"书签设计大赛活动，陆续收到了来自各学院学生的书签投稿作品。4月中旬，经过初选，入围的前30幅作品在"金职图文"微信公众号上进行公开投票。迅速获得了读者密切关注，引起强烈反响，书签微信投票点击量达9万多人次。

2.3 线下发动、线下开展、线上宣传

2016年3月24日—4月23日，举办了"我与图书馆谈一场恋爱——三行'情'诗"大赛活动。以简练精致的三行文字来表现阅读感悟、表达读书热情。活动影响广泛，收到了大量读者投稿。

3 建立多方参与体系，改变单兵作战的活动常态

读书节活动不仅有图书馆各部门参与，还得到校宣传部、团委、学生处大力支持与合作。同时，图书馆还与二级学院联动，提高了活动的影响力；与学校各个学生团体合作，提高图书馆活动在学生中的知名度；利用社会力量，与数据库商、出版商、媒体等社会机构合作，共同举办读书节活动，让读书活动走出校园服务社会；通过社会舆论引导，壮大声势，提高规模，激发读者的阅读兴趣；通过媒体宣传扩大影响，提升图书馆读书节的品牌效应，提高阅读推广的成效，赋予读书节更深更广的内涵和影响力。

3.1 上下贯穿整体贯穿开展活动

校领导高度重视图书馆的读书节活动，将读书节纳入《金华职业技术学院文化校园建设三年行动方案》（2015-2017年）。

2016年4月21日下午，在实验剧场隆重举行2016年读书节开幕式暨读书协会成立仪式，这是学校第一次举行读书节开幕式。开幕式由图书馆分管校长主持，学校党委副书记致辞，各相关职能部门领导、二级学院分党委书记、团委书记和师生代表630人参加。

图书馆组建业余阅读推广小组，来自各业务部门的11位同事主动报名参加，在馆内形成合力，并积极开展活动。如：2016年读书节主题的确定，是在广泛征求同事的意见后，尤其是在阅读推广小组内部开展讨论，推送4个主题词，经领导最后商定为"阅读传经典、书香盈校园"。

全馆群策群力制作了300块提示桌牌，所有语句提供、选择、配图都由馆员完成。全馆每位同事都分别向馆领导提供了五句以上的励志语言，多者提供了几十句。

3.2 左右联手——与学校各职能部门、二级学院联手开展活动

2016年4月21日下午，图书馆与宣传部、团委、联合组织的"国学在心中，书香伴我行"阅读知识大赛在实验剧场成功举办。2016年4月23日，图书馆与旅游学院联合举行了"我爱阅读、快乐毅行"百人团上街宣传全民阅读活动。活动启动仪式在图书馆前广场举行，旅游学院110名师生代表参加，倡导爱书、读书，进一步激发大家的读书热情。此次活动由百名志愿者分两条路线上街开展"4.23世界读书日"宣传活动，在市民广场和金发广场等地举行集体朗诵等活动，并对市民进行世界读书日宣传，倡导阅读，为地方文化建设尽绵薄之力。

2016年6月2日，图书馆、国际商务学院创新创业部、EYE GREEN英语背诵协会联合组织了以"书香留心间、签语谋益友"为主题的"收获一枚书签，开启一段与书的缘

分"的书签缘活动。图书馆的工作人员把2016年读书节书签设计大赛获奖的,以及国际商务学院学生手工精心制作的五千枚精美书签夹进了各书库藏书中,让读者借阅图书邂逅书签。

3.3 "内外勾结"——利用社会力量,共同举办读书节活动

2016年4月20日,图书馆联合新华书店举行了"优秀图书进校园展销"活动。近500种价值约5万码洋的图书参与展销。此次活动是我校首次开展的图书销售活动,优惠力度较大,吸引了学校广大师生前来参与选购。

与万方公司联合开展了"找文献、上万方"疯狂微信活动。通过新颖有趣的微信答题赢取红包形式,吸引了大量师生关注"金职图文"微信公众号和万方数据平台。活动激发了广大读者的热情,获得了大量微信"粉丝"关注。与万方公司联合举办了第三届"知识伴我行"——万方数据文献检索大赛活动,让同学们在课外活动之余,体验"文献检索、知识发现"的美妙之旅。图书馆通过网站、微信、海报等展开宣传,并将活动融合到信息素养教育中,精心设计文献检索主题,有效结合了大学生创业等当下热门话题,激发了同学们参赛的兴趣和热情。活动引起了广泛关注,收效良好。

图书馆在实验中学设立了图书流通站,为校图书馆在校外合作基地服务。

2016年3月1日,图书馆发出了"学雷锋献爱心,捐书公益行"活动倡议。主管图书馆副校长杨艳教授、金职院旅游与酒店管理学院院长胡彦教授、金华新华书店总经理许汝兴、民进金职院支部、旅游与酒店管理学院团委纷纷主动参与捐书。众人拾柴火焰高,此次活动共收到776册图书,价值一万多元。3月16日,在馆长胡朝德的带队下,图书馆将募集来的图书送到为我校开设的第一个乡镇小学图书流通站——婺城区长山乡石门小学。

3.4 团队助力、师生参与使活动开展得有声有色

与有关学生社团、组织、骨干队伍、和部分热心学生联合开展活动,如:设立校青年志愿者大队图书馆志愿者基地活动。以前每年图书馆的志愿者1000余人次,今年达到了3500人次;组建学生读书协会,开展读书节推广活动;培训各学院的班主任助理,作为阅读推广的学生骨干队伍;聘任热心学生代表作为图书馆阅读推广的助手,成立读书协会分会等等。

4 基于移动阅读环境下多方参与读书节活动的效果体现

读书节活动阅读推广效果明显,主要体现在以下几个方面:

一是图书馆读者人气激增,勤学苦读之风渐浓。学校官微、校学生会官微、各二级学院的团委、学生会官微等纷纷推出介绍图书馆专题,宣传图书馆的活动,加深读者对图书馆的了解,进一步激发了他们利用图书馆的热情;

二是图书馆的微信公众号关注人数骤增。新学期,通过移动阅读推广系列活动,"金职图文"微信公众号累计"粉丝"数不断增加,至2016年6月底总关注人数8616人,2016年1——4月图文阅读人数达29011人、图文页阅读次数52702人次;

三是社会影响力提高。图书馆的读书节活动,金华电视台新闻播报予以报道,社会影响力剧增。4月23日"世界读书日,"图书馆参与的,由金华市人民政府主办的"书香金华"全民阅读的推广活动获得佳绩,得到远方读者的关注。内蒙古民族大学2014级的研究生黄宇,由于关注了"金职图文"微信公众号,参加了2016读书节举办的"三行'情'

诗"大赛活动，在盲评中获奖。6月20日，他特地不远千里来到金华领奖，并参观了我校图书馆，同时还现场赋诗一首："金华才华锁繁华，职教绩予国与家。图书藏宝览怡情，文道行实鞠华夏。"

我校图书馆读书节鲜明的主题是活动开展的方向，丰富的项目是活动的灵魂，优质的编排是活动的保障，各方助力是推手。图书馆在移动阅读环境下，借助于微信平台开展读书节活动，传递信息情报，提升读者的阅读感知度，对传播社会正能量，弘扬传统文化精髓起到积极促进作用。

正确定位　创新发展

方　丽　张　燕　张军荣

(山东商业职业技术学院　图书馆　250100)

图书馆作为学校的文献信息资源中心，是学校信息化建设的重要组成部分，是校园文化和社会文化建设的重要基地。近几年，我馆坚持从文献资源建设、阅读推广活动、网络空间和阅读环境建设等方面入手，利用馆藏资源和馆舍条件优势，与学校多部门合作，不断充实图书馆服务的文化内涵，营造浓郁的文化氛围，努力建设成学校的学习资源中心、文化交流中心和艺术展示中心。

1　汲取优质资源，打造学习资源中心

1.1　坚持以需求为导向，不断优化资源配置

充分发挥我校图书工作委员会、学生联络员组织的作用，通过读者座谈会、问卷调查、QQ群、空间留言、微信平台等方式，广泛听取读者意见。根据读者需求和馆藏特点确立文献资源采购原则和策略，不断创新采购模式，优化馆藏结构，提升文献资源的采购质量，主要采取以下几种方式：一是组织专业教师和科研人员参加图书展销会，确保采购的专业性和实用性；二是充分利用网络优势，打破时间、地点、距离限制，启用"网上荐书"采购新模式，为读者创造一种"省时省力、随时随地、鼠标一点、读你所选"的购书新途径；三是通过各大出版社QQ群获取最新出版信息，多渠道收集各大网站图书销售排行榜，及时补充馆藏图书；四是与书商联合开展"你推荐、我买单"图书荐购活动，将爱书的读者纳入到文献资源建设中来；五是加大对数字资源的采购力度，引进十余个特色鲜明、功能多样的优质数字资源，为我校教学、科研、人才培养等方面的文献资源需求提供了有力的保障。

1.2　开展阅读推广活动，营造浓郁的读书学习氛围

在原有成熟的阅读推广活动基础上，自2014年起，我馆组织开展丰富多彩且集思想性、知识性、趣味性于一体的"书香商职·阅读天下"系列活动，营造校园读书、爱书新风尚。

一是做好导读推介活动。开展"每周一本书"书目推荐活动，目前已连续推出90期，推荐图书千余册，设立不同主题的图书专架；与学校人文学院联合开展"与经典同行、教授入馆导读"活动；与济南新华书店联合开展"你推荐　我买单"活动；推出图书馆阅读数据报告，及时客观地反映每月读者的阅读状况和阅读倾向；与外语国交学院共建的外语中心活动频繁，专业咨询、阅览导读等活动有序开展。

二是开展多主题讲座。举办"读书·人生"专题报告会，邀请在省文化领域有影响的专家教授来校做报告，场场听众爆满；举办阅读分享会、数字资源现场推荐会、数据库使用讲座，激发学生的阅读兴趣，提高学生们的阅读层次和阅读技能。

三是举办多项赛事。举行图书馆知识达人赛、知识检索大赛等，帮助和指导师生了解数字资源，掌握快速检索数字资源的方法；开展多期有奖征文活动，吸引数百名同学参加；自2012年起，成功举办五届美文诵读大赛，每年都吸引500名左右同学报名参赛，成为学校的经典活动项目。

四是启动"真人图书馆"。2016年4月以来，先后推出以"身有限·梦无疆"、"知识改变命运、自考放飞梦想"为主题的真人书，受到师生的一致认可。大家认为阅读"真人书"形式新颖有趣，是一种全新的阅读感受，非常受震撼和鼓舞。

五是与外语国交学院共建外语中心。通过馆院合作，共同举办"好书如好友"读书研讨会、"美国文化之旅"讲座、"英语读书研讨会"等系列活动，达到了合作育人、活动育人、环境育人的效果。

1.3 应用互联网技术，开辟阅读推广新途径

面对"互联网＋"时代，我校图书馆顺势而为，充分利用全开放、全方位、全接触的网络空间，更好地将互联网与图书馆学习环境相结合，以信息技术来提高服务质量。

一是建成云空间图书馆。利用世界大学城云空间，建设部门机构空间和个人空间，展示丰富的文献资源，先后开展了利用图书馆资源技能的"达人"赛、读书千人行活动、"空间欲语——我与图书馆"打油诗比赛等活动。

二是搭建移动数字图书馆和图书馆微信平台。通过移动终端实现文献检索、查询、阅读、信息资源推送等服务。通过移动数字图书馆和微信平台，实时发布各项活动讯息，推荐主题热门图书、经典视频。并利用微信平台引导学生就某个问题、某个活动进行研讨和分享。例如，同学们通过阅读"真人书"深受感动，我们随即在微信上搭建了"欣悦"——真人书阅后感展示平台，对学生起到了很好的示范带动作用。

2 用优秀文化打造文化交流中心

近年来，校史馆、鲁商文化博物馆、纪玉生艺术馆陆续落户我校图书馆，使图书馆日益成为我校的文化交流中心。校史馆通过翔实的文字材料、丰富的图片材料和历史实物，展示了学校发展、壮大的艰辛历程和骄人的建设成就，成为学校重要的思想教育阵地，激励广大师生员工和校友缅怀先贤、传承文脉，孕生出将学校精神发扬光大的无穷智慧和力量；鲁商文化博物馆向师生展现了一幅波澜壮阔的鲁商发展史，展示了鲁商人秉承崇德重义、诚实守信的价值准则，以人为本、和谐共荣的经营哲学，自强不息、仁厚侠义的文化精神，锐意进取、追求卓越的发展理念，助力培养具有人文精神和科学素养统一的具有创新精神的新一代大学生；纪玉生艺术馆向师生展示了鲁派国画大师纪玉生先生捐赠的100余幅精品力作，成为提升学校知名度和美誉度的重要窗口，是我校推动中华文化走向世界、增进国际文化交流的良好平台。

3 用艺术作品打造艺术展示中心

为了给读者营造宁静整洁宽敞、富有人文气息的环境，使读者在潜移默化中接受文化气息的熏陶，净化心灵，提升人格，我们力求在馆舍场所中处处体现出浓厚的文化艺术气息，提升图书馆的文化魅力。

一是引入知名书画家作品。借鲁商书画院和齐鲁书画研究院之力，引入知名书画大师

作品50余幅，分别装扮于图书馆大厅、各书库、阅览室内，使文化意蕴渗透到图书馆的每个角落。

二是举办师生艺术作品展。近几年来，我们引入教职工个人摄影、书法、绘画作品展和艺术设计学院毕业生艺术设计展共12场，每场作品展都吸引众多读者驻足欣赏。

三是举办"印象图书馆"摄影大赛。自2014年以来先后成功举办两期，征集作品300余幅，具有丰富的艺术性与创新性，体现了师生们较高的摄影技术及审美水平，同时也增进了读者间的交流，提升了图书馆文化品位，有效地推进了校园文化建设。

四是提供休闲阅读环境。开设了读者"悦读区"，通过制作温馨提示桌牌、录制播放清场音乐和《简便脊椎放松操》、购置摆放多种绿植等，吸引更多的读者在身心放松、精神自由的环境里享受阅读的快乐。

总之，图书馆紧密围绕学校人才培养目标，通过丰富多元的文献资源和形式多样的各项活动，打造我院优秀的文化品牌。2014年图书馆获学校"一院一品"评选二等奖，2015年被评为学校"商院优品"建设支持项目。图书馆日益成为学生成长成才必不可少的第二课堂，成为学校的学习资源中心、文化交流中心和艺术展示中心，为学生拓展视野、增长知识、陶冶情趣提供了广阔平台，为学校培养高素质的专业技能人才发挥着越来越重要的作用。

知识竞赛：从"现场抢答"到"手机作答"

宋其湖

（鄂州职业大学　图书馆　436000）

1　开展知识竞赛的背景

随着信息环境的变化，高校图书馆的数字化、网络化、云计算平台等技术应用越来越广泛，学科化、知识化服务越来越深入。各高校图书馆正在寻求自身的变革和创新，知识竞赛的方式方法也愈来愈多样化、时尚化、科学化，以期实现图书馆业务模式与服务能力的转型和超越。

作为知识竞赛的主体，当代大学生的主体意识、竞争意识、创新意识日益增强，在行为上突出自我，张扬个性，是勇于展示自我的一代。知识竞赛紧紧把握当代大学生的这些特点，既强调整体意识，又突出个性需求，借助愈来愈先进的技术手段和操作平台，通过比拼的方式，展示传承知识的趣味性，激发学生的兴奋点，提高学生到馆学习的积极性，更好地发挥了图书馆的职能和作用。

我校图书馆结合高职院校图书馆的实际，提出创立大学生读书协会，开展大学生知识竞赛等系列活动，受到学校师生的广泛关注。

2　知识竞赛内容的选择

我校开展的大学生知识竞赛，一般安排在每年的春季学期。此项活动，由校图书馆主办，大学生读书协会承办。从2013年开始，我校已连续开展了四届知识竞赛活动，每年的大学生知识竞赛是我校校园读书月和校园社团文化节的重点内容之一。

知识竞赛题库一般由读书协会安排2名协会成员负责收集，协会指导老师负责审核和整理，内容涵盖政治、经济、文学、医学、历史、地理和其他百科知识，以及礼仪、安全、时事、党团、高职教育、校情、图书情报、电子资源利用等方面的基本知识。知识题库一般提前两周随活动通知上传至图书馆网站或校团委QQ工作群。竞赛题目的选择由读书协会指导老师负责，70%出自题库，30%靠平时积累。

从2015年开始，湖北省职教图协联合电子资源商家，围绕图书馆资源利用及移动阅读推广活动，利用网络和移动通信技术，先后开展了图书馆搜索技能大赛、经典阅读大赛、移动阅读大赛等活动，报名参赛的院校越来越多。知识竞赛逐渐成为我校乃至全省高职院校传播知识和技能、弘扬正能量的重要平台。

3　知识竞赛的形式

目前，我校图书馆组织和参与的知识竞赛，大致可以划分为三种形式，即现场抢答、网络作答、手机作答。

3.1 现场抢答

这种竞赛方式，有主持人现场指挥和衔接，既有参赛选手现场抢答，又有观众现场观摩和互动，是一种最传统、最热闹、最能锻炼学生能力的竞赛方式。我校组织的校内抢答赛，一般以院系为单位组队，分团体赛和个人赛，通过两两对决，在预赛中获胜的代表队进入复赛，在复赛中获胜的前四个代表队进入决赛。通过决赛，团体赛和个人赛分别决出冠、亚、季军和优秀奖各一名，每人颁发奖杯、证书和奖品。

2015年5月，我校组队参加了湖北省职教图协联合电子资源商家在武汉职业技术学院举办的全省高职院校图书馆搜索技能大赛。这次竞赛是以学校为单位组队参加的团体赛，全省共有21所高职院校派代表队参赛。21个代表队同时上场，通过1个多小时的角逐，同时决出团体一、二、三等奖和优秀奖。此次抢答赛，考验更多的是参赛选手反应的速度和21个无线抢答器的灵敏度。

3.2 网络作答

参照驾校网上理论考试的方式，参赛选手在规定时间、规定地点集中参加网络答题。主办方安排巡视员、监考员，参赛选手在规定时间提交答案，网络自动计算成绩和答题时间，主办方根据答题成绩和时间确定获奖名次。

2015年6月，我校设立考点参加了湖北省职教图协联合电子资源商家举办的经典阅读大赛，全省20多所高职院校分设15个考点在规定时间段按学校集中进行了网上答题活动。2015年8月，我校图书馆利用自主开发的竞赛平台，在暑期职工培训期间，组织全体馆员集中开展了一次网上技能竞赛活动，取得了满意的效果。

3.3 手机作答

随着信息传播方式的改变，移动终端服务已普及到每个人生活以及学习的方方面面。移动图书馆以移动无线通信为支撑，以图书馆集成管理系统平台和基于元数据的信息资源整合为基础，提供丰富的移动资源库，并提供App+服务平台。通过手机、ipad等手持移动终端设备，为读者提供搜索和阅读数字信息资源。任何人，无论在何时、何地都能获取所需要的知识，构建现代图书馆信息移动服务平台。手机作答的知识竞赛活动就是利用这个平台，在规定时间段，在不同地点，利用手机等移动终端设备作答。这种竞赛方式，要求参赛选手事先必须下载移动图书馆服务平台，按其要求登录后，才能参赛作答，其目的在于使更多的学生了解和使用移动图书馆。

4 知识竞赛取得的成效

4.1 提升了学生的综合素质

知识竞赛的开展，开拓了学生的视野，拓宽了学生的知识面，促进了学生全面素质和综合能力的提高。通过知识竞赛，激发了学生学习各科知识的自觉性，增强了学生服务意识和社会责任感，培养了学生良好品质。通过策划、组织和参与竞赛活动，锻炼了同学们的组织协调能力、社会活动能力和交际公关能力，培养了团队协作精神，又锻炼了学生的自主能力，心理素质在活动中逐渐得到提高。知识竞赛的内容，每年需要更新，竞赛形式随着时代的发展和设备的更新也变得多样化。竞赛当中的每项活动从策划到实施都需要同学们共同完成，大学生学习实践的主体性和创造性得到了充分发挥。

4.2 促进了校园文化建设

知识竞赛从初赛、复赛到决赛,从现场抢答、网络作答到手机作答,给校园文化注入了生机和活力,对建设良好的校风、学风及书香校园建设起到了很好的促进作用。校园文化是大学精神文化生活的表现形式,富有特色的高品位的校园文化,能拓宽学生视野,使学生的思想境界和情感得到陶冶和升华。知识竞赛为广大学生参加自主学习提供了良好的活动平台,对正确引导学生学习,培养他们健康、积极、向上的精神风貌有极大的促进作用。通过竞赛,激励竞争,促进学习,进而带动其他学生努力上进,从而在校园形成深厚的学习氛围。我校图书馆的知识竞赛活动,起步早、坚持好、影响深,成为我校校园文化活动的品牌。

4.3 提高了图书馆的服务水平

知识竞赛是由图书馆主办,读书协会承办,广大学生参与的全校性活动。知识竞赛题库的内容大都来自图书馆的各类纸质图书和电子资源。开展知识竞赛,有利于吸引学生到图书馆看书、借书和查找各类电子资源,有利于图书馆作用的发挥。图书馆的资源和相关规章制度,可以通过知识竞赛的方式传递给读者,有利于读者认识图书馆,了解图书馆,有利于增进馆员和读者之间的情感,使读者积极参与并配合图书馆的管理,便于图书馆更好地开展工作,促进图书馆服务水平的提高。

抓好学生图书信息员队伍建设
推进"互联网+"时代阅读推广工作

黄旭伟 双林平 陈芝华 吴 冬 任勇旗

(浙江工业职业技术学院 图书馆 312000)

1 学生图书信息工作委员会成立背景

浙江工业职业技术学院图书馆创建于 1979 年，现图书馆位于学校校园中心，于 2002 年建成使用，建筑面积 13440 平方米。

图书馆主要任务是支持学校的人才培养和科学研究工作，收集和提供各类型的文献资源，保障读者的需求。多年来，由于图书馆开展的活动需要通过学工部、团委下达到分院系部，再由分院学工办传达给各自的学生会，再由学生会转达给学生读者，期间环节众多，可控性不强，导致各项活动不能得到积极快速的响应。为改变这种状况，2014 年 3 月，图书馆成立了"学生图书信息工作委员会"，图书馆各项活动可以直接通过学生图书信息员传达给读者，有效提升了活动的参与度。

"学生图书信息工作委员会"的成立在图书馆与读者之间架起了沟通的桥梁，为进一步贯彻"读者第一、服务育人"的服务宗旨，及时、准确、全面了解读者对图书资料的需求信息，充分发挥广大读者参与图书馆建设、管理和监督的主体作用提供了强有力的渠道支撑。

2 学生图书信息工作委员会组成及要求

1) 相关社团、分院选派一名品学兼优、有一定组织能力的学生干部（学生会副主席或学习部长）担任信息员，共计 11 名。

2) 学生信息员要有较好的思想素质和道德修养，较强的团结协作精神，有参与图书馆管理、监督的积极性和为广大读者服务的奉献精神。

3 学生图书信息工作委员会的管理

1) 由图书馆馆长和学校图书工作委员会相关委员负责考核，图书馆办公室进行日常的指导和联络，校团学副主席担任委员会秘书长，其余 10 位信息员根据各自的特长、爱好分成三个小组，分别为宣传组、技术组、后勤组，各设一名组长。

2) 学生图书信息工作委员会信息员每年聘任一次，并颁发聘书，毕业时或聘期到时自动解聘。学生图书信息员因特殊原因需要退出，须向图书馆提出申请，经图书馆批准并报所在分院备案后予以解聘。

3) 在互联网+时代，学生图书信息员建有自己的 QQ 群、微信群，方便迅捷发布信息，利用课间活动时间进行视频小会议等。同时图书馆定期组织召开学生图书信息工作委员会会议，听取信息员的信息反馈，组织布置各项活动。

4 学生图书信息工作委员会信息员的考核与奖励

图书馆对学生图书信息工作委员会信息员进行全程考核,对认真履行职责、工作效果显著的信息员授予"学生优秀图书信息员"荣誉称号并给予奖励;对工作不认真、不负责任,不能很好履行职责或有违法乱纪行为的成员,经核实后取消其信息员资格。

5 学生图书信息工作委员会的工作成效

5.1 架起沟通桥梁

学生图书信息员架起图书馆与学生读者沟通的桥梁,每期的学生文献信息需求反馈都能为图书馆资源建设和读者服务提出意见和建议,为提升服务水平献计献策。同时,图书馆高度重视对所反馈信息的收集、整理、改进工作。

5.2 协助开展新生入馆教育

依托学生图书信息员和学生会干部双重身份,要求他们利用晚自习时间,召开主题班会或深入寝室向学弟学妹们推广图书馆的官方微信公众号,开展关注有奖体验活动和移动场景式入馆指南学习,使得图书馆微信公众号在新生中的关注率将近90%,为他们即将开始的大学生活提供良好的阅读环境,信息支持。

5.3 参与读书节活动筹划、组织、开展全过程

学生图书信息员在历届大学生读书节中发挥了关键的作用。他们向全校师生读者宣传大学生读书节的活动内容,组织并主持大学生读书节的开幕式、闭幕式等活动,受到学校主管领导好评。

1)每一届"大学生读书节"开始之前,学生图书信息员们都深入各个分院,征集读书节活动方案,积极讨论,为读书节活动开展贡献自己的力量。

2)2013年第七届大学生读书节开幕之际,图书漂流驿站正式起航。几年来,通过所有学生图书信息员坚持不懈的宣传和努力,漂流驿站现已深入到学校的各个角落,公寓、教学楼里都可以看到它的身影。"留一本书,流一份情"不仅是对知识的分享,更是对读者诚信的考验。学生图书信息员定期对漂流驿站的图书进行管理、筛选和更换,激发大家的阅读兴趣。

3)学生图书信息员积极组织学生参加读书节期间举办的数字课堂系列讲座,配合图书馆推出的图书馆官方微信"每月一库"有奖答题活动,让同学们更好地利用数据库资源获取信息,从而提升自主学习的层次;积极组织开展读者沙龙活动和热心读者座谈会,及时将大家的意见和建议反馈给图书馆。

4)每一届大学生读书节闭幕式,学生图书信息员都会对优秀的读者作品进行演绎,让广大师生感受阅读的魅力,发现阅读的美好。

5.4 共同参与图书馆官方微信号的推送和宣传

在学科馆员的指导下,学生信息员们还担任了图书馆官方微信公众号的撰稿、编辑、排版等工作。微信平台每周推送本馆新闻、新书推荐和各类对读者成长发展有帮助的文章。在移动阅读模式迅速发展的今天,读者可以在任何地方利用手机、Ipad等掌上设备随时浏览图书馆各类信息服务和他们感兴趣的网上资源。

5.5 参与图书馆文化氛围的建设

学生图书信息员致力于图书馆环境的美化，书架上的"读者心语"是大家对阅读心得的分享，同时也为后来的读者提供了阅读此书的推荐理由。

5.6 组织参加相关知识竞赛活动

1) 学生图书信息员连续两届助力"知识伴我行"万方数据公益助学文献检索大赛。他们利用课余时间，通过深入班级、深入寝室、在食堂门口设摊等多种方法宣传这次大赛，使得我校共有4000余名师生参加了万方的两季检索大赛，在浙江省参赛的79所高校中名列前茅。

2) 学生图书信息员深入分院、寝室向全校读者推广并详细讲解如何参加CNKI举办的"畅知悦读"有奖体验活动。他们的不懈努力使我校成为全国参与面最广、准确率最高的职业院校。为此，图书馆荣获了全国职业院校系统唯一的一个优秀组织奖，引起兄弟职业院校图书馆的极大关注。

6 学生图书信息工作委员会实践活动成效

1) 图书馆生均纸本图书年借阅量逐年提高，2015年生均达到10册以上，有效提高了图书馆纸质资源的利用率。

2) 图书馆官方微信公众号在新生中的关注人数达到2896人，新生关注率近90%。

3) 从2007年至今，我校已成功举办十届"大学生读书节"，该项目被绍兴市建设学习型城市指导工作委员会评为绍兴市第一批全民阅读优秀项目，这与学生图书信息员坚持不懈的努力密不可分。

4) 在连续两届"知识伴我行"万方数据公益助学文献检索大赛中成绩喜人，学生图书信息员马建群同学获得了"杰出推广大使"荣誉，我馆连续两届获得优秀组织奖。

5) 在CNKI"畅知悦读"有奖体验活动中，我馆荣获全国职业院校系统唯一的一个优秀组织奖，得到中国知网特别奖励的一台价值6万元人民币的畅知数字阅读机。同时在第十届大学生读书节闭幕式活动中特设一个颁奖环节，中国知网浙江分公司总经理罗敏先生亲临致辞并给学生图书信息员进行颁奖。

7 思考与启示

在互联网+时代，读者获取信息的渠道变得多元化，图书馆已经不是获取信息的唯一途径。在这样的背景下，图书馆以新技术为手段，以委员会为组织机构，以活动为载体，以考核为推手，吸收学生参与各项活动，利用学生发动学生、学生影响学生的方式，很好地培养了学生的办事能力和阅读习惯。通过互联网+学生图书信息员的阅读推广模式，把图书馆真正地嵌入到人才培养全过程，使得校园内的读书氛围日渐浓郁，丰富了校园文化生活，改善了校园人文环境，是学校建设美丽校园、幸福校园的重要力量。